AF561799

Anja Bagus

ZEITARBEITERIN 2
Undercover!

Kinderparadies

Schuhgeschäft

Schokoladenladen

Spielzeugabteilung

Reisebüro

Abends: Sofa mit Björn

Edition Roter Drache

Dieses Buch wurde klimaneutral gedruckt.

1. Auflage März 2022

Copyright © 2022 by Edition Roter Drache
Edition Roter Drache, Holger Kliemannel, Am Hügel 7, 59872 Meschede
edition@roterdrache.org; www.roterdrache.org
Buchgestaltung: Daria Stender
Umschlaggestaltung: Anja Bagus
Couch-Icon: EvA Bagus
Lektorat: Daria Stender
Hergestellt in der EU

Alle Rechte vorbehalten.
Kein Teil dieses Buches darf in irgendeiner Form (auch auszugsweise) ohne die schriftliche Genehmigung des jeweiligen Autors reproduziert, vervielfältigt oder verbreitet werden.

ISBN 978-3-96815-037-6

Inhalt

Vorwort

Achtung, hier wird sehr umgangssprachlich und an manchen Stellen auch unsensibel gekalauert. Im Nachwort erkläre ich einiges dazu. Bitte glaub mir, dass ich fast nichts davon abwertend oder gar böse meine. Ich hab sie alle lieb, die komischen Menschen, die ich so treffe und getroffen habe. Circa 50% von dem, was ich auf den kommenden Seiten beschreibe, ist autobiografisch. Genau so passiert. Also: Tief durchatmen !

Frittenschmiede

Wäre nur endlich Feierabend, denke ich. Das Credo aller, denen die Arbeit keinen Spaß macht.

Während ich einen schmierigen Eimer links und einen rechts aus dem Aufzug trage, vergeblich bemüht, die Dinger nicht meine Beine berühren zu lassen, möchte ich die brennenden Augen schließen und für einen Moment denken, ich wäre Zuhause. Auf meinem Sofa. Eingekuschelt in eine Decke, mit einem Getränk, einer Folge einer Serie und Björn. Nichts davon erwartet mich in den nächsten Stunden. Stattdessen befinde ich mich jetzt in einem schummrigen Untergeschoss eines Einkaufszentrums eurer Wahl.

Es ist eigentlich eine Shopping-Mall, neudeutsch gesagt. Dabei ist nichts Deutsches an diesem Wortungetüm. Ein Einkaufszentrum könnte aber auch nur ein riesiger Supermarkt sein. Einer von denen, in denen man alles bekommt. Von der Nähnadel bis zum U-Boot. Letzteres natürlich in der Spielzeugabteilung, aber für einen Moment habt ihr es geglaubt, oder?

Was mache ich hier? Diese Frage stellt sich jeder Arbeitnehmer ebenfalls stetig. Was ist mit der Genfer Konvention oder wenigstens mit dem Arbeitsschutz? Warum muss ich in diesem gruseligen Untergeschoss sein und kaltes, halbfestes Frittenfett in einen großen Behälter leeren. Welche Arbeit fordert diese Zumutung?

Ich arbeite seit zwei Tagen in einer Pommesbude.

Hmmm, Pommes, denkt ihr jetzt. Ich weiß es genau! Goldgelbe Kartoffelstäbchen, in heißem Fett genau bis zu der Konsistenz frittiert, dass sie außen knusprig und innen mehlig kartoffelig sind. Dazu Soßen nach Wahl und was alles sonst noch für euch dazu gehört.

Gute Pommes machen, das ist eine Kunst. Ich rede jetzt nicht von den Dingern, die aus Kartoffelbrei zusammengepresst wurden, innendrin auch schon irgendwie gewürzt sind, vermutlich mit Zucker, weil alles mit Zucker sich besser verkauft. Alles. Nein, ich rede von frischen Kartoffeln: Erst kurz blanchiert, dann ausgekühlt und kurz vor Verzehr endgültig zum heißgeliebten Futter aller Deutschen gemacht. Und dafür haben wir tatsächlich einen gelernten Koch in der Bude. Wir sind nämlich nicht irgendeine Bude, Gott bewahre!

Ich hol mal kurz aus, sorry. Ich bin nämlich hier in der Mall nicht nur zum Pommesschütteln, obwohl das der Beginn meiner Mission ist. Ich bin tatsächlich Undercover unterwegs. Ein Traum, sag ich euch! Warum das ein Traum ist? Nun, meine Arbeit ist endlich. Damit meine ich das Gegenteil zu unendlich. Unendlich meint dieses: Bis 67 oder so lange, wie es der Regierung gefällt.

(Das wäre dann der dritte Ausruf des stets Arbeitenden: *Wie lange geht das alles noch?*)

Nein, ich habe tatsächlich in den nächsten Wochen folgende Aufgabe: Ich darf in vielen Läden in dieser Mall arbeiten und soll am Ende dem Besitzer ein paar brandheiße Geschichten erzählen. Es geht dabei nicht darum, wer sich am erfolgreichsten vor der Arbeit drückt oder welcher Streber länger bleibt, nein, der Besitzer der Mall hat den Verdacht, dass etwas nicht stimmt. Er – oder sie, ich hab diesen Menschen nie gesehen. Ich bekomme meine Anweisungen von Janne. Der Besitzer der Mall möchte mir nicht sagen, was das sein könnte, damit ich quasi jungfräulich bleibe, aber er hat mir versichert, dass es nicht gefährlich sei. Ich soll nur gucken. Mehr als gucken: Beobachten.

Ich mache das begeistert, weil ich dafür mehr als den Mindestlohn bekomme und mir die Schichten sehr flexibel aussuchen kann. Und weil Björn auch hier arbeitet, allerdings beim Sicherheitsdienst.

Für die Besitzer der Geschäfte ist das ebenfalls klasse, denn sie bekommen mich quasi gratis. Eine Nettigkeit der Centerleitung, eine variabel einsetzbare Hilfskraft. Und weil man dem geschenkten Gaul nicht ins Maul guckt, fragt vermutlich auch niemand nach. Ich bin ein bezahlter Spion! Aufregend!

Ich durfte mir auch aussuchen, wo ich anfange. Da ich gerade Hunger hatte, nahm ich die Pommesbude. Natürlich ist das nicht irgendeine Frittenschmiede, sondern eine, in der die Kartoffeln nach holländischer Art zubereitet werden. Und wie schon erwähnt, haben wir dafür einen gelernten Koch, der alles überwacht. Ich bekam auch eine Einweisung und musste einiges auswendig lernen. Hygienekonzepte und so. Erst dann durfte ich ran an die Pommes.

Das schlimmste daran ist, dass die Dinger einfach gut schmecken. Egal, wie arg man danach, selbst nach langem Duschen, nach Frittenfett stinkt, wenn einer aus Versehen was falsch macht, dann kommt die Portion nach hinten und ist im Nu von allen Angestellten, die daran vorbeigehen, verputzt. Ich werde unzählige Kilo zunehmen. Die Arbeit ist eigentlich schick, bis auf das Entsorgen des Fettes. Das wird übrigens von einer Kosmetikfirma abgeholt, die verarbeiten das weiter. Sagte Mick. Mick ist der Koch. Er steht ständig unter Strom und redet ziemlich viel, oft auch Unsinn.

Das Problem mit Köchen ist ja, dass sie nicht intelligent sein müssen. Schnell, clever und eine Mischung aus unterwürfig und führungswillig – das ist gut. Denn in einer Küche herrscht gnadenlose Hierarchie und Zeitdruck. Das ist wie in einem U-Boot (wieso denke ich heute so viel über U-Boote nach?) oder einem Schnellkochtopf: Alles muss unter großem Druck funktionieren. Nichts von diesem Druck darf nach außen dringen, der Gast hat nämlich immer recht und Anspruch auf Makellosigkeit.

Und wer jetzt meint, es gäbe für Pommes mit Soße nicht viel zu wissen, um etwas Makelloses zu liefern, der hat keine Ahnung. Aber Mick hat die. Er kontrolliert jeden Tag das Öl, die Hitze, die Dauer, das Anfangs- und Endprodukt und natürlich uns.

Ich grinse, während die Ölmatsche immer noch braucht, bis alles aus dem Eimer gelaufen ist. Kalt ist das Öl recht zäh und unten sind kleine Stückchen drin, die ich aber nicht rauskratze. Ich schüttel den Eimer ein paarmal und gut is‘. Ich grinse nur deswegen, weil Mick natürlich schon seine Arbeit macht ... aber dann ist er auch schnell weg. Wohin? Keine Ahnung. Ich vermutete erst, dass er in dem Gang, der die Fressbuden der Mall für den Besucher unsichtbar verbindet, mit den anderen Budenbesitzern quatscht. Dann stellte ich fest, dass er raucht, und später, dass er manchmal auch einfach total spurlos verschwand. Köche sind rastlos. Aber er taucht irgendwann glücklich mit irgendwas auf, was er gekauft hat – eine Ananas aus dem Frischezentrum zum Beispiel, die schmeckte, wie mir nie im Leben eine Ananas geschmeckt hat.

Naja, wir vermissen ihn meistens nicht. Aber es könnte ja sein, dass ein Testkunde kommt, und dann stimmt was nicht und dann bräuchten wir unseren Chef schon – aber das ist nicht mein Problem. Das muss Mick selbst wissen.

Ein Geräusch hallt durch den außer mir eigentlich leer geglaubten Keller ...Hilfe! Ich hab den Eimer noch in der Hand und kann nicht einfach nach meinem Schlüssel greifen, um mich im Falle eines Falles zu schützen. Ach, Scheiß drauf, wenn einer blöd kommt, schütte ich ihm kaltes Frittenfett über. Da vergeht ihm sicher alles.

Ich entspanne mich dann, denn potenzielle Angreifer pfeifen vermutlich nicht. Schon gar nicht *Final Countdown*. Oder doch? Aber um die Ecke kommt ein Kerl in blauer Uniform. Ich erkenne die Kleidung, denn Björn muss die auch tragen, wenn er hier arbeitet: Es ist einer vom Sicherheitsdienst.

»Moin, junge Frau«, sagt er fröhlich. »Ich kenn dich ja noch nicht. Ich bin der Malte. Dein Mann für die Sicherheit hier.«

Malte lächelt nett – meint er. Er ist wohl so Anfang dreißig und alles an ihm verabschiedet sich von jugendlicher Knackigkeit. Alles, bis auf seinen Humor und vermutlich auch seine Selbsteinschätzung. Er strömt Selbstbewusstsein aus, wie diese Aromastäbchen aus den Billigläden ihren Gestank, der je nach Wunsch Lavendel oder Orange – also alte Oma oder schimmelnder Obstkorb – assoziieren soll. Seine Haare verabschiedeten sich schon eine Weile und zogen auf den Rücken (auch den Handrücken, wie ich zu meiner unterirdischen Begeisterung sehe), seine Taille hat aufgegeben und der Rettungsschwabbel hängt über den Gürtel. Seine

Gesichtshaut nimmt Rauchen, zu viel Cholesterin und Solarium übel, vermutlich wird er irgendwann zentimetergroße Poren haben.

»Mia«, sagt er dann, bevor ich etwas antworten kann. Immerhin kann er mein Namensschild lesen, das hat er bewiesen. »Neu hier?«

»Genau«, sage ich, schüttle den Eimer kurz und weiß, dass er mich im Weggehen beobachtet. Kurz bevor sich die Türen des Aufzugs schließen, fängt der finale Countdown wieder an. Ich schüttle mich.

Danach langweile ich mich erstmal eine Stunde an der Kasse. Kasse heißt: Bestellungen annehmen und ausführen. Frittieren macht heute Frau Herder, die hintenrum von manchen Muhme Rumpumpel genannt wurde. Ich nenne sie Gundula und komme gut mit ihr aus. Aber die jungen Hühner, die sonst eingestellt wurden, kommen nicht gut mit Gundulas Arbeitsethik klar. Sie mag es halt, wenn jemand arbeitet, während er auf der Arbeit ist. Das ist aber tatsächlich für manche jungen Leute nicht ganz klar und klärt sich schnell im Ausschlussverfahren: Auf-das-Handy-gucken ist nicht Arbeiten, Quatschen mit dem Rücken zur Kundschaft ist nicht Arbeiten und weder Rauchen noch alle-15-Minuten-aufs-Klo-gehen ist Arbeiten.

Im Moment bin ich mit Gundula allein. Es ist 10.30 Uhr, wir haben um 10 Uhr aufgemacht. Meistens kommen tatsächlich so früh schon Kunden mit Pommeslust, aber die Notwendigkeit einer dritten Kraft ist erst ab 12 Uhr gegeben. Untätig herumstehen und Leute anstarren ist aber keine Option (weil: keine Arbeit!), also nehme ich die Dreieckstüten mit unserem Logo und befülle sie mit je einem Pappbecher, in den dann die Pommes kommen. Aus den so vorgefertigten Tüten baue ich einen Turm, damit ich später schnell zugreifen kann. Mehr gibt es nicht zu tun. Außer immer wieder da und dort zu wischen und zu wienern. Gundula blanchiert derweil Pommes. Die werden dann oben auf ein Blech zum Abkühlen geworfen und später ein zweites Mal frittiert.

Ich höre mir die Probleme mit ihrer Mutter an. Sie macht sich stets Sorgen um die alte Dame, muss für sie einkaufen, sie zum Arzt fahren etc. Aber das hat wenig mit Liebe zu tun. Eigentlich geht es um Geld. Die Mutter ist pflegebedürftig und Gundulas Geschwister wollen nichts zum Heim dazugeben. Die ganze Familie ist zerstritten. Ich frage mich, ob Gundulas tiefe Falten daher rühren. Es ist als Außenstehender schwer zu entscheiden, ob jemand so ist, wie er ist, weil er das Problem ist oder die Umstände ihn dazu gemacht haben.

Laut Gundula sind es natürlich die Umstände, aber sie kann auch ganz schön über die Arbeitskolleginnen ablästern. Ich glaube, es ist bei ihr eine Mischung aus beidem: Die Umstände sind schwer, aber Gundula ist auch keine grundlegend positive Person. Wenn etwas irgendwo einen Makel oder eine Schattenseite hat, wird sie sie finden und daran herummäkeln. Während ich also an den richtigen Stellen nicke und ab und zu *Hört sich schlimm an* oder *Das ist ja wirklich blöd* erwidere, mustere ich die Kundschaft.

Die meisten, die um die Uhrzeit in eine Mall kommen, sind nicht auf ein gemütliches Shoppen aus. Es sind entweder Gruppen von Schülern, die blau machen, oder Menschen, die es eilig haben. Die wissen, was sie wollen.

Ich hoffe das auch immer bei unseren Kunden, aber nein, es ist zu 90 Prozent das Gleiche: Sie steuern unsere Bude an und sind ahnungslos. Nur eins wissen sie:

»Ich möchte 'ne Pommes.«

»Guten Morgen, gerne, welche Größe soll es denn sein? Mittlere oder große?« Natürlich haben wir auch noch eine kleine Tüte, aber die muss verschwiegen werden. Der Kunde soll das selbst entdecken. So, wie 50 Cent in der Sofaritze oder den Rabattgutschein in der Handtasche. *Ach, da, guck mal, es gibt auch 'ne kleine Pommes …*

»Ja, 'ne mittlere.«

»Welche Soße möchten sie denn dazu?«

«Ketchup."

«Curry- oder Tomatenketchup?"

«Äh, Curry."

»Möchten Sie ein Getränk dazu?«

»Äh, ja, 'ne Cola.«

»Eine mittlere oder eine große?«

»Äh ...« Jetzt dämmert dem Kunden etwas. Aber er steht, wie alle, unter Druck. So viele Entscheidungen, das tut dem Hirn nicht gut. Er wollte doch einfach nur eine Pommes haben ... »'Ne mittlere.«

Alle wählen die mittlere, weil sie ein Kompromiss ist. Wir wollen nicht mehr nachdenken und nehmen halt das Mittlere. Ich frage mich, wie viele Ehen nach diesem Prinzip geschlossen wurden. Die mittlere Option hat übrigens das schlechteste Preisleistungsverhältnis. Das ist den Leuten aber nicht klar. Und selbst wenn es das wäre, Menschen sind so ungeschickt, wenn es um rationale Entscheidungen geht!

»Möchten Sie noch eine Frikandel oder Chicken Nuggets dazu?«

Jetzt bewölkt sich die Stirn des Kunden. Das ärgert ihn. Ich würde gerne denen, die sich einfallen ließen, dass wir das fragen sollen, jeden Tag zurufen, dass das wirklich ein Bärendienst ist. Aber denen geht es nur um den möglichen Mehrverkauf, der nur stattfindet, wenn der Kunde echt blöd ist oder inzwischen geschwächt vom Prozess denkt, noch mehr zu essen könnte ja nicht schaden.

»Nee.«

Ich bedanke mich und sage ihm den Betrag. Bis er sein Geld gefunden hat, fange ich schon an, das Tablett zu richten, denn er will hier essen. Natürlich muss er auch erst sein Portemonnaie suchen. Eigentlich hat niemand seinen Geldbeutel schon bereit, egal, wie lange er gewartet hat. Außer Menschen, die selbst an der Kasse oder in der Bedienung arbeiten.

Es gibt selbstverständlich genaue Anweisungen, wie so ein Tablett auszusehen hat. Von der völlig unnützen Papierunterlage bis hin zu der Art, wie man die Tüte mit den Pommes dekorativ ablegt und einige davon dabei ausschüttetet, blieb nichts dem Zufall überlassen. Nun kommt die unangenehme Zeit, in der alle Augenpaare auf die rückwärts laufende Uhr der Fritteuse starren. Endlich sind die Kartoffelstäbchen fertig, werden geschüttelt, gesalzen und in die Tüte gefüllt. Auch das ist reguliert, wie oft man salzen und schütteln soll, wie oft man an der Portionstüte rütteln darf, damit mehr, aber nicht zu viele Pommes hineinpassen.

Alles ist reguliert! Und man muss alles einhalten, denn es gibt ja die gefürchteten Testkäufer. Der hier war aber keiner. Er studiert immer wieder sein Handy und grunzt nur, als ich ihn ordnungsgemäß verabschiede.

Wir warten dann vergeblich auf einen Kunden, der die übrigen gerade gemachten Pommes will, bevor das Zeitfenster abläuft. Bleiben sie zu lang stehen, können wir sie nicht mehr verkaufen. Also bringt Gundula sie nach hinten und damit sind sie mein und ihr Vormittagssnack. Ich wusste, das würde mein Untergang werden. Ade Größe 36 ... ach, wen belüge ich denn? Ich habe schon lange 38.

Gundula hadert immer noch mit ihrem Mann und ihrem Bruder. Ich höre mir das alles an, so etwas kann ich gut. Manchmal, nur manchmal denke ich, dass es schon schlimm ist, wie wenig die meisten Menschen ihr Gegenüber interessiert. Man kann jemandem eine ganze Schicht lang zuhören, aber diejenige fragt nicht einmal zurück, wie es einem selbst geht. Manchmal habe ich sogar das Gefühl, das gute Zuhören könne einem negativ ausgelegt werden, weil man nun so viel weiß. Egal, wie man es macht, es ist nicht richtig. Aber ich finde die meisten Menschen interessant. Auf gute und schlechte Weise. Manche sind mir ein Vorbild, andere eher Abschreckung. Aber lernen kann man von allen.

Um 12 Uhr wird es voller und es gibt auch manchmal kleine Schlangen, bis endlich eine dritte Kraft kommt. Mick war ab und zu vorbeigekommen, aber er sah absolut keine Notwendigkeit, uns in unserem reibungslosen Ablauf zu unterstützen. Ich kann schlecht schätzen, wie alt er ist, aber jünger als Gundula auf jeden Fall. Vielleicht sogar jünger als ich. Und er genießt es, Chef zu sein. Also uns kleine Anweisungen zu geben. »Nachher macht ihr mal das Kühlhaus sauber«, sagte er dann. Wir nicken und denken, dass wir genau das schon lange gemacht haben. Aber er soll seine fünf Minuten haben. Kein Problem.

Ab 14 Uhr wird es wieder entspannter. Gundula hat Pause und Heike hat übernommen. Sie ist groß und geschwätzig. Während sie erzählt, beobachte ich die Arbeiter, die jetzt beginnen, im Bereich der Tische die Osterdeko anzubringen. Es gibt nur wenige Zeiten des Jahres, in denen keine Deko zwischen den Tischen und in den Gängen der Mall auf- oder abgebaut wird.

»Und dann hat André wieder geklingelt und ich hab ihm gesagt, also ich sagte, spinnst du? Hab ich gesagt. Ich will dich jetzt nicht sehen! Dann sagte ich ihm, dass ich echt sauer wäre. Da sagt er doch, dass er mir keine Nachricht schicken konnte, weil der Akku leer war. Da sag ich, du lügst doch, zeig mal her, du hast doch mit der getextet!«

Ich hab verpasst, mit wem André getextet hat. Mist. Ich nicke aber. Heike ist eine Drama Queen. Sie hat so viel laufen in ihrem Leben, dass sie allein eine Klatschzeitung füllen könnte. Eine von der Art, in der in einer Woche ein Bild von zwei königlichen Hoheiten gezeigt wird mit dem Titel: *Prinzesschen und Prinzbubi vor Trennung? Sie soll die Scheidung wollen!* Das wird innen von einer Expertin für Körpersprache mit Prinzesschens abweisender Haltung erklärt. Sie zeigt ihm deutlich die kalte Schulter, wie man ja auf dem Titelbild sieht. In der nächsten Woche wird ein weiteres Bild der exakt gleichen Veranstaltung gezeigt, wo die beiden sich anlächeln, betitelt mit: *Prinzbubi und Prinzesschen in Harmonie. Der Urlaub hat sie wieder zueinander geführt.* Der Adelsexperte durfte die beiden im exklusiven Ressort besuchen und ist sich sicher: Bald wird uns eine süße Überraschung erwarten. Dass die beiden Fotos vermutlich von einem der 600 Paparazzi in einem Zeitfenster von ein paar Sekunden aufgenommen wurden, interessiert die Leser*innen nicht. Gerd Jäger, Paparazzo, verkauft denen von diesem einen Event 12.000 Fotos, schön auf Festplatte und dann suchen die sich einfach immer mal wieder welche und erfinden dazu Schlagzeilen.

Aber Heikes Leben ist echt. REAL. Für mich allerdings eher surreal. Warum? Nun, gehen wir mal eine Woche durch:

Montag. Heike ist fix und fertig. Am Sonntag war André erst da, dann hat er gesagt, er muss nochmal weg, und dann hat er lange nicht getextet und dann ist er kurz vor elf doch noch aufgetaucht und nun haben sie überlegt, dass sie ein Kind haben wollen. Das war schon immer Heikes Traum und André ist der Richtige. Aber das Drüberreden hat bis zwei Uhr nachts gedauert, darum ist sie jetzt müde. Sie bekommt kurz vor Schichtende, während sie über Jungs- und Mädchennamen nachdenkt, eine Nachricht von Joel (welchen sie übrigens als Jungenname vorher ins Rennen geworfen hatten). Er will sich mit ihr treffen.

Dienstag. Joel war da und es war toll. Sie sind dann spontan abends noch in die Disco und sie hat André gesagt, sie wäre bei Vanessa, damit der nicht auf dumme Ideen kommt. Fast hätten sie sich dennoch getroffen, aber sie hat dann Joel in der Disco gelassen und André zuhause empfangen. Jetzt weiß sie aber nicht mehr, ob sie lieber mit Joel oder André zusammen sein möchte.

Mittwoch. Joel hat ihr einen Blumenstrauß geschickt. Er ist so viel einfühlsamer als André. Überhaupt ist Heike heute sehr *rattig*, wie sie es nennt. Sie denkt darüber nach, heute das Kind zeugen zu lassen. Ihr Körper sagt ja, jetzt muss sie sich nur noch entscheiden, oder? Sie simst mit beiden wechselweise und hat zwischendurch Tränen in den Augen, weil sie beide liebt.

Donnerstag. Joel ist das letzte Arschloch. Der hat doch tatsächlich mit Vanessa rumgeknutscht! Die hatte dann aber ein schlechtes Gewissen und es Heike erzählt, daraufhin flog er sofort aus dem Rennen um den Kindsvater. André musste aber arbeiten und stand daher als Samenspender nicht in Betracht. Außerdem denkt Heike jetzt doch, dass man vielleicht vorher eine Weile zusammenleben sollte. Sie hat schon Wohnungen rausgesucht. Sie textet mit André darüber.

Freitag. Joel wird der Kindsvater. Er kam gestern Abend mit Blumen und dann hatten sie Sex. Er ist ja auch so viel besser als André, der allerdings jetzt stinksauer ist. Wahrscheinlich tröstet Vanessa ihn, aber Heike ist das egal, denn sie ist jetzt ganz sicher schwanger. Welche Farbe man denn nun für das Kinderzimmer wählen sollte?

Das alles geschieht innerhalb einer Woche und ihr könnt sicher sein, dass es sich in der nächsten Woche wiederholt. Die Osterschlumpfhitparade plärrt dazu jeden Tag in Dauerschleife über die Lautsprecher des Zentrums und wenn ich mich beschwere, ziehen alle lange Gesichter, weil sie das so schön finden.

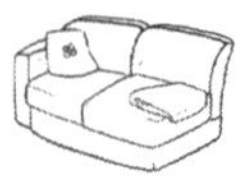

»Ich geh da kaputt«, sage ich zu Björn abends auf der Couch.

»Du riechst nach Pommes«, sagt er müde, während er seinen Kopf an meinen lehnt.

»Ob das je endet?« Ich möchte sofort duschen.

»Hast du schon geduscht?«

Ich boxe ihn und wechsle die Sitzposition. Jetzt erst recht nicht! Er hat doch nur Hunger. »Ich meine jetzt das mit Heike.«

»Achso. Keine Ahnung. Manche sind so.«

»Die werden wirklich irgendwann Eltern! Und dann sind die das viele Jahre! Wie soll das gehen?«

Björn schnauft. »Ich sag jetzt mal hart, die haben 'ne Aufmerksamkeitsspanne wie Hasen und tun´s auch wie welche.«

Ich atme tief durch. »Dein Job bei den Sicherheitstypen färbt arg ab, hab ich das Gefühl. Kein Wunder, der Malte ist ja auch 'ne Oberleuchte. Der Kommentar geht gar nicht.«

Björn reibt sich die Augen. »Kann sein. Ja, wenn der Malte den Raum betritt, muss man aufpassen, dass der IQ nicht in den Negativbereich rutscht.«

»Trotzdem musst du nicht so reden wie der.«

»Findest du das denn gut?«

»Was Heike macht? Das steht doch auf einem ganz anderen Blatt? Wer weiß, vielleicht wird sie eine großartige Mutter? Niemand kann das sagen. Akademikerinnen mit jahrzehntelanger stabiler Beziehung können dennoch miese Mütter werden! Das zu beurteilen, ist ganz schlimm, finde ich.«

»Was willst du denn dann von mir hören?«

»Ich könnte so nicht leben«, sage ich. »Bei Heike ist immer alles schwarz oder weiß. Einen Tag lang ist Joel super. Die ganze Schicht lang beschreibt sie mir alles, was er gesagt, getextet und getan hat, in leuchtendsten Farben. Und ich speichere ab: Joel ist super. Komme ich am nächsten Tag und frage nach Joel, dann ist er plötzlich der letzte Heckenpenner. Das Problem ist dann in meinem Kopf: Ich muss die Attribute stets ändern. Und ich frage mich, wie man so leben kann. Wenn ich versuche, mich in

Heike hineinzudenken, ist das ein Level an Drama, welches ich einfach nicht begreife!«

Björn brummt nur.

»Was?«, frage ich.

»Was?«, fragt er zurück. »Was soll ich denn nun sagen?«

»Ach, verdammt«, sage ich und lache. »Das wäre fast der Grund gewesen, mit dir nichts zu tun haben zu wollen. Ich erinnere mich.«

»Dass ich manchmal nichts zu deinen Geschichten sagen kann?«

»Unsinn. Dass das Level an Drama damals bei dir auch recht groß war.«

»Achso.« Er sieht ein bisschen beleidigt aus.

»Ja. Hat sich ja gebessert.«

»...« Manchmal hat Stille Worte.

»Was?«, frage ich.

»Geht das schon wieder los?«

»Du bist zu still.«

»Silke hat sich gemeldet.« Silke. Björns Freundin vor mir.

Ich richte mich auf. Björns Sofa war teuer, hat aber dennoch die Angewohnheit, einen nach und nach klein zusammenzufalten, während man in die Polster sinkt. »Aha.«

»Sie will jetzt den Bus doch haben.« Unseren Bus? Den gelben US-Schulbus, den sie nach der Trennung plötzlich nicht mehr wollte und den wir – Björn, Janne und ich – jetzt umbauen wollen, damit Janne sich einen Traum erfüllen kann und wir tonnenweise Geld scheffeln? Damit wir *Janne-Tours* aufmachen können und statt Lehrern Reiseführer werden? Damit wir jeden Tag Abenteuer erleben können statt Schulstreß?

»Du machst Witze.«

»Nee.«

»Die kann uns doch den Buckel runterrutschen, oder?«

»...«

»ODER?«

Björn gibt einen kleinen weinerlichen Ton von sich. »Ich hab damals vergessen, den Fahrzeugbrief umzuschreiben.«

»Aber wir haben doch einen Kaufvertrag?«

»Es ist kompliziert.«

»Was ist daran kompliziert? Du machst das jetzt halt.«

»Janne ist doch damit unterwegs.«

»Aber sie hat doch nur den Fahrzeugschein, nicht den Brief? Oder?«

»Ich glaub, der ist in ihrem Safe. Bei ihr Zuhause.«

Janne war mit dem Bus zu einem Bekannten gefahren, der den Motor und einiges andere erst mal in Schuss setzen sollte, bevor wir über einen Umbau nachdenken. Sie hatte ihre Zeitarbeitsagentur Vanessa überlassen und uns einen festen Nebenjob besorgt, bevor sie ging. Uns war klar, dass sie erst mal eine Zeit lang weg sein würde. Wir müssen ja eigentlich auch noch zu Ende studieren. Björn will mal Lehrer werden und ich ... naja, Fertigstudieren ist immer gut, oder?

»Du bist 'ne Marke«, sage ich. »Was hast du ihr gesagt?«

»Dass sie sich das sonst wo hinschieben kann.«

Das hatte Björn nicht gesagt, dessen war ich mir sicher. Dazu war er zu nett. Auch wenn Silke ihn wirklich eine lange Zeit seines Lebens geärgert hatte. Menno, schon wieder das gleiche Thema, oder? Beziehungen.

»Ich mag jetzt nicht drüber nachdenken«, sage ich. »Wie ist es denn bei dir? So nach zwei Wochen Sicherheitsdienst?«

»Langweilig«, sagt Björn erleichtert, steht auf und holt eine Flasche Wein aus dem Kühlschrank. Ich nicke, als er mich anschaut, und er bringt zwei Gläser. »Ich weiß nicht, wie du es schaffst, aus jedem Job immer so witzige Sachen zu erzählen.«

»Die sind vermutlich nicht witzig«, sage ich und grinse. »Aber ich hab halt Talent.«

Björn küsst mich, bevor er den Wein öffnet. Es ist einer mit Drehverschluss und ich weiß, dass er lange gebraucht hat, um sich dazu zu überwinden. Silke hatte ihm eingeimpft, dass ausschließlich Wein mit Korkverschluss diese Bezeichnung verdiente.

»Das hast du«, sagt er. »Was sollen wir gucken, um der schnöden Realität zu entfliehen?«

»Irgendeine Serie, in der völlig unrealistischerweise der Alltag echt witzig ist«, sagte ich und nahm einen großen Schluck Rebensaft.

Verdammt, wenn Silke nun wirklich ... Nein! Es muss doch einmal ein Ende geben mit der Ex? Sollte ich Björn jetzt jeden Tag damit nerven, dass er an die Umschreibung denkt, oder kann er das allein? Bin ich seine Mutter? Pff. Ich trinke lieber Wein mit ihm und kichere über eine moderne Familie. Irgendwie kommt mir der Vater sehr bekannt vor.

Heute ist meine letzte Schicht in der Pommesschmiede. Immerhin eine ganze Woche habe ich hier verbracht. Niemand macht zum Abschied etwas Besonderes, so gut kennen wir uns ja alle doch nicht, oder? Heike ist übrigens nicht schwanger. Joel und André sind beide out, es gibt jetzt einen Karl. Er ist etwas älter, aber furchtbar romantisch. Es sind Osterferien und ein paar Schülerinnen wurden eingearbeitet. Sie sind allesamt schlank und gut gelaunt. Ich versuche, sie ein wenig besser mit den wirklichen Problemen hier vertraut zu machen.

»Ihr müsst auf Testkäufer vorbereitet sein«, sage ich eindringlich, als ich aus dem Augenwinkel einen Anzugträger nahen sehe. Er trägt weder Tüte noch Mantel oder Funktionskleidung, sondern einen blauen Anzug, Krawatte und hellrosa Hemd. Das passt nicht zu seiner mittelalten Erscheinung. Vermutlich hat seine Geliebte ihn bekleidet. Er ist sicher jenseits der Midlife-Crisis, da braucht der Mann so etwas (beides: Neue Kleidung und neue Frau. Sie heißt Mitzi und bewohnt ein kleines Appartement in der Innenstadt, welches er von der Steuer abschreibt als Zweitwohnung, falls er zu lang zu tun hat und nachts nicht nach Hause in den Vorort fahren will.)

Ich wende mich ihm zu und bevor ich ihn weisungsgemäß begrüßen kann, legt er beide Hände auf die Theke. Da hätte ich es schon ahnen sollen.

»Wissen Sie eigentlich, wer ich bin?«, fragt er und seine Augen fixieren mich kurz ernst, um dann einmal prüfend alles rundherum zu checken.

»Guten Tag, nein, das weiß ich nicht. Was kann ich denn für Sie tun?«

»Ich bin Ihr Chef«, sagte er laut. »Der oberste.«

»Ah«, sage ich, weil mir dazu wirklich nichts Besseres einfällt. Will er Applaus? So scheint es. Aber vielleicht will er auch ...

»Möchten Sie etwas essen?«, frage ich deswegen leicht verzweifelt.

»Ja. Machen Sie mir mal so 'ne Pommes.« Er mustert unser Angebot. Sein Aftershave riecht bis hierin. Kater markieren ihr Revier auch stark duftend.

»Welche Größe soll es denn sein?« Mir bricht der kalte Schweiß aus. Eigentlich müsste ich ihm ja jetzt die mittlere oder die große Tüte vorschlagen, aber ... zählt er nun als Testkäufer oder ist er schlicht ... ein Kollege? Ach, was, undenkbar!

»Mir egal.«

Ich weiß nicht, ob ich nun etwas eintippen soll und damit irgendwann Geld von dem Mann haben will oder ... wo ist denn Mick, wenn man ihn mal braucht? »Möchten Sie etwas zu trinken dazu?«

»Nein.«

»Ketchup oder Fritjes-Sauce?« Falsche Reihenfolge! Aber immerhin Fritjes-Sauce statt Majo gesagt!

»Nein.« Er ist jetzt noch ungehaltener. Eine Hand hat sich von der Theke gelöst, die andere liegt aber noch darauf. Es ist eine besitzergreifende Geste – ihm gehört der Laden, ich auch.

Ich wage es kaum, mich wegzudrehen, um auf die Frittenuhr zu starren. Gundula hat den Korb eingelegt und sich dann direkt nach hinten verkrümelt. Jetzt kommt sie mit einer Tüte Pommes heraus, die sie aufschneidet und in die Ablage schüttet, von wo aus sie in die Körbe zum Blanchieren geschaufelt werden. Sie ist beschäftigt, das zeigt sie deutlich.

Der Chef räuspert sich, während er alles weiterhin gelangweilt betrachtet. Ich dekoriere die Tüten um und dann kommt endlich noch ein Kunde, den ich schnell bediene. Ich lege die fertigen Pommes auf das Tablett des Oberchefs, obwohl ich vergaß, zu fragen, ob er hier essen will. Er nimmt sich die Tüte, lässt Tablett und viele Pommes, die nicht sofort in der Tüte blieben, liegen und geht. Ohne zu zahlen natürlich.

»Guten Appetit!«, rufe ich hinterher. Ich bin erledigt. Gnadenschuss bitte.

»Was für ein Arsch«, sagt Gundula.

»Wer?«, fragt Mick, der natürlich jetzt auftaucht und grinsend die Neue begrüßt. Er hat was übrig für die jungen Dinger.

Ich erzähle, was passiert ist, und Mick brummt mitleidvoll. »Die da oben sind ... naja, manchmal weiß man nicht, warum die da oben sind. Mach dir keinen Kopf, der hat keine Ahnung von unseren Qualitätsstandards. Das war kein Testkäufer. Die Chefs haben keinen blassen Schimmer, was wir hier tun müssen.«

Gundula sieht mich an, als würde sie denken, auch Mick habe keinen blassen Schimmer, und ich weiß, dass ich mit dieser Einschätzung nicht falsch liege. Gundula wäre gerne die Chefin. Sie würde uns keine Sekunde aus den Augen lassen, macht aber jetzt Pause und Mick vertritt sie. Er will allerdings nur mit der Neuen quatschen und ich darf die Kundschaft abfertigen. Der Herr Oberchefkoch erklärt dem Mädel, wie man blanchiert und wie viel Salz man auf die Pommes schüttet, nachdem man sie so und so lange abtropfen ließ ... ich lächle. Was anderes bleibt mir ja nicht übrig.

Und weil heute meine letzte Schicht hier ist, freue ich mich besonders, dass es einer der Tage ist, an denen diese zwei Herren kommen, die immer nett sind. Ich habe sie am ersten Tag hier kennengelernt. Mein Lächeln wird breiter und ich begrüße sie besonders herzlich.

»Na, wieder Kino?«, frage ich. Sie nicken glücklich.

Sie sind zwei Lehrer, haben sie mir einmal anvertraut. Und seit sie pensioniert sind, gehen sie jeden Donnerstag ins Kino, aber nur in die 15 Uhr Vorstellung.

»Der neue Film von Hurzelburzel ist endlich da«, sagte der etwas stabilere von Beiden. Er ist aber auch der Gesprächigere. Da Namen für mich Schall und Rauch sind und ich schon gar keine Regisseure oder Schauspieler kenne, nicke ich nur scheinbar wissend bei der Erwähnung.

»Ich erwarte nicht allzu viel«, sagt der größere. »Hurzelburzel neigt dazu, sich auf seine Kameramänner zu verlassen.

»Er hat immer nur Männer?«, frage ich, bevor mein Hirn meiner Zunge verbieten kann, so provokant zu sein.

Der Stabile grinst. Der Größere dreht sich zu mir und mustert mich kurz. »Ich meinte damit allgemein die Neigung, sich auf Bilder zu verlassen, statt auf eine solide Story.«

»Harry, es ist eine Liebesschnulze«, sagt der Stabile.

»Dennoch erwarte ich korrekten historischen Bezug!«, sagt Harry.

Der Stabile lächelt mich an. »Harry liest immer die Bücher vorher.«

»Buch und Film sind aber zwei völlig unterschiedliche narrative Medien. Ich finde das schwierig und versuche, eins getrennt vom anderen zu sehen.«

Harry ist verblüfft. So etwas hat er von einer Pommesverkäuferin nicht erwartet. »Wie stehen Sie zu Remakes?«

»Harry findet, es gibt von jedem Buch eine perfekte Verfilmung. Danach sollte man aufhören«, sagte der Stabile.

»Das ist nicht ganz wahr, Udo«, sagt Harry.

Ich bin glücklich, während ich schon mal die Getränke einlaufen lasse. Heute habe ich die Namen der beiden erfahren. Ich bin, wie gesagt, mies mit Namen, aber die werde ich mir merken.

Danach klinke ich mich ein bisschen aus, weil die beiden jetzt über verschiedene Beispiele reden, welche Filme noch einmal verfilmt werden sollten und welche nicht.

Das ist so langweilig. Ich bin jemand, ich gucke etwas, danach fand ich das *super* oder *geht so* oder *langweilig*. Ich mache nur selten etwas vorzeitig aus; was sagt das über mich? Bin ich unkritisch? Aber diese Menschen, die ALLES über bestimmte Themen wissen ... uff, die sind anstrengend.

»Denk an Himmelseppels Verfilmung von *Strandbegehung*«, sagte Harry jetzt. »Die FladererSophia, der Finnster und in den Nebenrollen Tick, Trick und Track? Gab es je ein besseres Drehbuch?«

»Er hat aber die Eingangsszene derart verkürzt und die Rückblende dafür vorgezogen!«

»Aber die lange Einstellung auf der Rue de la Dingensklabaster? Legendär, nicht zu wiederholen! Der konnte einfach Volltotale!«

»Dafür stimmte doch die Chemie von der Sophia und dem Finnster gar nicht. Sie hat später zugegeben, ihn zu küssen wäre, wie einen Aschenbecher auszulecken!«

»Wenn man ein starker Regisseur ist, dann bringt genau so etwas Spannung in den Film. Man merkt das, es vibriert in jeder Einstellung!«

»Er soll sie gequält haben.«

»Seit wann leidest du denn so mit Frauen mit?«

Uff, jetzt ist Harry persönlich geworden. Udo ist schockiert. Er sieht mich an. Ich zucke mit den Schultern und dann piepen die Pommes endlich.

»Es geht doch ums Prinzip«, sagt Harry. »Schauspieler zu sein, ist doch kein Zuckerschlecken.«

Udo ist immer noch beleidigt. »Wenn es nicht menschlich sein kann, dann kann man gleich einen Kriegsfilm gucken. Oder etwas von G. R. R. Martin, wo sie alle am Ende sterben.«

»Darum gehen wir heute in den neuen Henriette Bummendale. Weil sich da alle kriegen und alle nett sind. Ich hatte genug Drama. Und wenn du noch ein Wort über Politik zur Regency-Ära verlierst, verlass ich dich hier und jetzt!«

Ich hab das Gefühl, ein eigenes Drama hier zu erleben, ganz ohne Kino und Popcorn. So ein Mist! So ist es nur das halbe Vergnügen! Aber die Pommes sind fertig und ich entlasse die beiden mit einem Lächeln. Udo lächelt zurück, Harry ist schon auf dem Weg zum Sitzplatz.

»Spinner«, sagt Heike.

»Ich mag die.«

»Du bist komisch. Ich werde dich vermissen.«

»Ich dich auch«, sage ich und meine das auch so. So seltsam sie auch ist, sie hat echt viel Drama im Leben und ist trotzdem eine der herzlichsten Personen, die ich kenne.

»Willkommen in Clowntown!«, begrüßt mich ein müde aussehender Mittdreißiger. Helge Pitter, der Manager des Kinderspielparadieses in der Mall, ist der, bei dem ich mich hier melden soll.

»Ja, danke«, sage ich. »Ich bin sehr gespannt.«

»Ich setze dich erst mal hier an der Snacktheke ein«, sagt er. »Das andere ... naja, ich hab gehört, du warst unten bei der Frittenbude bis jetzt und darum kennst du das ja. Hier musst du aber dann alles selber machen. Wir haben zu wenig Personal.«

Ich nicke. Die Speisekarte ist übersichtlich. Das bekomme ich schon hin.

Helge interessiert sich absolut nicht dafür, wie ich die Kundschaft begrüße. Es ist ihm egal, was wo auf dem Tablett steht, und ein Blick in die »Küche« zeigt, dass hier niemand eine Hygieneschulung hatte. Es ist nicht schlimm, aber ich bin jetzt anderes gewohnt! Ich erschrecke vor mir selbst.

Der Chef macht sich einen Kaffee, um mir direkt die Maschine zu zeigen, und gähnt. Die Türen sind zwar schon offen, aber niemand darf bisher durch das Drehkreuz. Es ist zehn vor 10 Uhr und Helge ist sichtlich entschlossen, alles bis Punkt zehn zu ignorieren.

Ich atme die Luft ein. Besser wird sie sicher nicht mehr. Sie ist jetzt schon mies. Die riesigen Plastik- und Stahlkonstruktionen, die den Raum zum größten Teil füllen, dünsten vermutlich ständig Weichmacher aus. Die Gänge, Seile und Röhren sind für die Kinder zum Klettern, Kriechen und Hangeln gedacht. Alles, was Kinder sich wünschen, die nicht in dieser unsauberen Natur sein wollen. Der Fußbodenbelag ist aus staubsaugerfreundlichem Niedrigflor, 100% Plastik. Die Bällebäder: Plastik.

Vor dem Kletterirrgarten stehen Tische, die Lesezirkel-Zeitschriften sind noch in den Haltern. Daneben gibt es noch eine Art Käfig, dessen Zaun so niedrig ist, dass Mütter sich darüber beugen, aber Kleinkinder nicht darüber klettern können. Darin sind Schaumstoffwippen und andere weiche Dinge aus Plastik, mit denen die zukünftigen Bürger ihre taktilen Fähigkeiten üben können, während die Mamas ... naja, ich werde es sehen, oder?

Vor der Schranke hat sich jetzt schon eine lange Schlange gebildet und Gekreische dringt zu mir. Ich stelle präventiv ein paar Tassen bereit und warte auf die Kaffeesüchtigen. Dann öffnet Helge das Drehkreuz und die Herde verfällt in eine Stampede, der kein Cowboy Herr werden könnte.

Ich erkenne sofort die Profis und die Anfänger. Die Profimütter sichern sich zuerst einen Tisch mit der bewährten Kleidung/Handtasche/Rucksack-auf-Stühlen-Methode und warten dann ab, bis der Nachwuchs den ersten Bewegungsdrang folgend einmal um die Anlage gerannt ist und nun kommt, um mehr Kleidung abzuwerfen. Denn man darf ja nur in Strümpfen hier herumlaufen. Dann packen die Mütter ein paar Dinge aus und schauen sich um. Natürlich haben sie den Rucksack voller Essen, obwohl hier eigentlich nichts Mitgebrachtes verzehrt werden darf. Sie müssen also früher oder später zu mir kommen, wenn der Nachwuchs die heimlich gefütterten Dinkelkekse verweigert und Pommes oder Nuggets will.

Dann gibt es die Anfängerinnen, deren Kinder vielleicht sogar noch völlig überfordert sind von dem riesigen Gestell und den anderen Möglichkeiten. Manche bleiben direkt erst mal stehen, werden von anderen angerempelt und fallen um ... ein Wunder, dass sich keiner verletzt. Die Anfängermamas versuchen nun herauszufinden, welches die guten Plätze sind, um schnell zu merken, dass das die waren, die von den Fortgeschrittenen schon belegt wurden. Es sind nämlich die am Rand, wo man sich auch mal zurücklehnen kann. Alle anderen Tische sind von allen Seiten frei, um von eigenen und fremden Kindern umwuselt und von den Stuhllehnen der anderen Tischbewohner eingenommen zu werden. Alles ist eng an eng und manche Mama – von Zuhause mit einem Rundumsorglospaket verwöhnt – bekommt sofort Platzangst. Und zwar mehrfach.

Erstens ist es einfach so, dass man sofort etwas *in Besitz nimmt*, sobald man weiß, dass man dort nur ein winziges Zeitfenster verbringen wird. Das Gefühl des persönlichen Raumes, der jedem Menschen innewohnt, also der Entfernung, die zwischen Mein und Dein liegt, entsteht in der ersten Sekunde. Das ist mein Tisch, das meine Stühle, und zwischen diesem Tisch und deinem Stuhl hat gefälligst Platz zu bleiben. Wie groß dieser Platz sein muss, ist von der Person abhängig. Aber man möchte bitte keine fremden Kinder zu nah an sich haben und auch keine fremden Mamis, die einem in den Rucksack starren, ob man denn auch allergenfreie Dinkelkekse mitgenommen oder heimlich sogar Prinzenrolle eingeschmuggelt hat!

Und Zweitens will man die Fremden einfach nicht zu nahe haben, weil Kinder stets krank sind. Die laufenden Nasen und das bellende Gehuste ist schon bei der eigenen Brut kaum zu ertragen, fremde Rotze möchte man aber auf keinen Fall in der Nähe haben.

Weiterhin gibt es eine Angst vor Enge, die mit den unkontrollierbaren Wegen von Kindern zu tun hat. Die Mamis haben zuhause natürlich alles kindersicher gemacht: Jede Ecke hat eine Dämpfung, jeder Schrank geht erst auf, wenn man einen Kursus dafür besucht hat, und Treppengitter brauchen Uni-Abschlüsse. Die Mamis sind hier entsetzt, denn die Kinderspielgeräte haben zwar auch überall Polsterung, aber die Tische und Stühle hier nicht und schon gar nicht die anderen Kinder.

Neben Anfängern und Profis gibt es die schlicht Fixundfertigen. Ihnen ist das alles egal. Manche haben ihre Kleinkinder direkt in den umzäunten Bereich gewor- ... abgelegt und stehen nun in der Schlange für den Kaffee, andere sitzen zusammengesackt an einem Tisch und haben noch nicht mal die Kraft, die Anoraks aufzuhängen oder ein kleines Tischtuch auszubreiten. Ja, das gibt es auch, denn schließlich haben manche Mamis Standards, die sie nicht unterschreiten wollen.

»Charlène ist wieder Zuhause«, sagt eine zur anderen in der Schlange. Sie mustern die Titelseite der Gazette, die sie aus dem Lesezirkel-Ständer genommen haben.

»Es wurde auch Zeit. Ich glaube ja, die Ehe ist nur noch zum Schein. Die liebt den doch gar nicht. Vermutlich ist er schwul.«

»Die sind alle schwul. Nein, Hendrick-Lois, Chicken Nuggets gibt es erst später. Geh jetzt mit Theresa-Sophia spielen.«

»Wenn das Grazia Patrizia noch erleben müsste.«

Ich schau mir die beiden an und wundere mich. Ich dachte eigentlich, die Royals hätten nur noch Fans in der Altersgruppe jenseits der 60. Aber die beiden hier haben sich *Das güldene Papier* und *Dingdong* direkt geschnappt, um die neuesten Nachrichten zu inhalieren. Ich habe gesehen, dass die eine fast einen Streit angefangen hätte: Mit der Mama, die ihr die neueste *Fiesta* vor der Nase weggeschnappt hat. Sie sind maximal 30 und tragen wattierte Westen, die ihre Leibesmitte aussehen lassen wie das berühmte *Michelin*-Männchen. Der Rest von ihnen ist manikürt, frisiert und gebleacht. Sie bestellen zwei Latte *Matschiato* und man sieht ihnen an, dass sie es eigentlich unter ihrer Würde finden, darauf warten zu müssen.

Es ist wie bei den Pommes: Die Wartezeit, bis die Kaffeemaschinen fertig sind, kann man nur durch Schweigen oder blödes Geplapper füllen.

Eine telefoniert lautstark.

»Nein, ich bin hier in Clowntown.«

»In Clowntown! In der Mall!«

»Mit Tizian!«

»Damit der hier spielen kann? Nachher geh ich dann noch kurz shoppen.«

»Bist du verrückt? *Einen Cappuccino , bitte.*«

»Nein, mach ich nicht.«

»Nein, das kannst du dir in die Haare schmieren. *Ach, und so ein Panini dazu.* Was hast du gesagt?«

»Ich treff mich nachher noch mit Geli und dann gehen wir zum Kinderschwimmen.«

»Nein, das seh ich nicht ein. Hol dir deine Scheiß-Zeitschrift selbst.«

»*Danke.*« Das galt mir. Sie klemmt sich ihr Handy zwischen Ohr und Schulter, weil sie ihr Kind an der einen Hand hält, nimmt den Cappuccino mit der anderen und geht weiter schimpfend weg.

Ich liebe diese Einblicke in das Leben anderer.

»Ab wann gibt es Pommes?«, fragt ein Kind und legt mir ein paar schmierige Euro auf dem Tisch.

»Oh, ich muss gucken!«, sage ich.

»Ich hab Hunger.«

»Ich hab auch immer Hunger. Warte mal.« Ich schaue in den Raum hinter meiner Kaffeetheke und finde dort die Fritteuse. Mick würde ob dem Zustand des Gerätes und der Umgebung ausrasten, aber mir bleibt nichts anderes übrig, als das Ding mit dem Fett von gestern einzuschalten und das Kind zu vertrösten. Ich suche nach Helge, aber in dem Gewimmel kann ich ihn nicht erkennen. Ein paar andere Angestellte laufen in grellgelben Shirts herum, aber er ist nicht darunter.

»Wo ist denn der Tisch für den Geburtstag Schmidt-Haufärber?«

»Ich bin neu hier. Moment.« Ich bin gerade überfordert. Hinter mir steht ein Computer, aber ich wage nicht, die Anzeige zu verändern, nachher stürzt irgendetwas ab .

»Schmidt«, sagt die Frau ungehalten. »Mit D-T.«

Ich sehe sie nur an und möchte schreien. Was denkt die sich? Aber es ist völlig klar, dass wieder einmal ein Kunde denkt, der Dienstleister wäre blöd. Sie hat keinerlei Empathie, es ist ihr völlig wurscht, in welcher Lage ich mich befinde. Sie möchte jetzt sofort zeigen, dass sie die Herrin der Situation ist, und zwar mir und den anderen Geburtstagsmamis.

»Wie viele sind Sie denn?«, frage ich, immer lächelnd, um Zeit zu gewinnen.

»Wir sind sechs Parteien. Justus wird fünf und durfte daher fünf Gäste einladen. Wir haben das All inclusive-Paket gebucht. Mit Pommes, Chicken Nuggets, Muffins und dem Clown. Ich habe mit dem Chef besprochen, dass wir am Ende die Tüten selbst verteilen dürfen.«

Ich verstehe nur Bahnhof, sehe aber, dass es im Tischareal schon ein paar gibt, die gedeckt sind. Allerdings gibt es auch noch kleine separate Räume. Ich bin also immer noch unschlüssig. Die Gedecke zu zählen, während Frau Schmidt-Haufärber mit den anderen Müttern über mich lästert, ist nicht einfach.

Zum Glück sehe ich Helge und winke ihm erleichtert. »Da kommt der Chef, der wird sie einweisen.«

»Sie sind da drüben im Separee«, sagt er fröhlich. So fröhlich, wie man eben sein kann, wenn man eigentlich resigniert ist.

»Ich wollte ausdrücklich nicht ins Separee«, sagte Frau D-T.

Helges Lächeln friert ein. »Das ist aber sehr viel gemütlicher!«

»Ich habe mit so einem jungen Ding telefoniert. Die hat sich das angeblich aufgeschrieben. Warum funktioert das alles nicht?t!«

»Wir arbeiten dran«, sagt Helge. Jeder weiß, was das bedeutet.

Frau Schmidt-Haufärber schaut finster drein und zieht dann Justus und die Entourage hinter sich her. Ich hoffe, dass ich das nicht bedienen muss, befürchte aber Schlimmstes. Die erste Welle ist inzwischen vollständig angekommen und der Geräuschpegel ist ohrenbetäubend.

»Also die Pommes und Nuggets müssen um 11.30 Uhr bei denen sein.« Helge hat die Gesellschaft abgeliefert und gibt nun seine Wünsche an mich weiter . »Um 12.30 dann die Muffins. Die bekommen aber jetzt sofort erstmal Becher und Apfelsaftschorle.« Er vertritt mich an der Kaffeebar, während ich alles für die Privatparty richte. Vorsichtig balanciere ich das Tablett in den Raum. Erwähnte ich, dass Kellnern nicht mein Ding ist? Und dann noch mit kreischenden und rennenden Kindern im Weg? Alptraum! Die Mamas haben sich im Raum ausgebreitet, die Kinder sind bis auf eins weg. Das eine heult – einer ist ja immer eine Heulsuse.

»Äh, junge Frau, Mia«, sagt Frau Schmidt-Haufärber, nachdem sie mein Namensschild entziffert hat. »Warten Sie mal. Wir Mütter trinken ja keinen Apfelsaft, oder? Wir möchten gerne Kaffee.«

»Der geht aber extra. Den müssen Sie sich auch an der Theke abholen.«

»Ich trinke nur entkoffeiniert«, sagt eine dünne Rothaarige. Prompt denken alle anderen, sie könnten auch Sonderwünsche haben.

»Haben Sie auch mit fettarme Milch ?«

»Ich hätte lieber einen Tee.«

Die Damen sind entsetzt, dass wir nur Pfefferminz oder Schwarztee zur Auswahl haben. Sie diskutieren sofort über ihre jeweiligen Vorlieben und den Inhalt ihrer Küchenschränke .

»Ist der Kaffee wenigstens fair gehandelt?«

Ich weiß das nicht, sage aber vorsichtshalber mal Nein.

»Bitte richten Sie Ihrem Chef aus, dass hier alles sehr rückständig ist.«

Ich richte es Helge aus, der grinst nur gelangweilt. »Ja, als ob sie denken, dass wir hier zur Kinderbespaßung auch noch ein biologisch-dynamisches Restaurant aufmachen. Ich hab ja mal überlegt, die den Kram selbst mitbringen zu lassen, aber du ahnst nicht, was dann plötzlich für ein Müllaufkommen hier herrschte! Die lassen alles hier, jede noch so kleinste Verpackung und dann kotzen die Kinder, weil sie den Kram der anderen Kinder nicht vertragen. Und Kinderkotze oben aus den Netzen herauszukratzen ist nicht mein Highlight des Tages, das sag ich dir.«

Ich frage mich, was sein Highlight ist.

Die Mütter bekommen also alle bis auf eine Kaffee. Da gibt es nur folgende Sorten: Kaffee mit wenig Milch (Cappuccino genannt), Kaffee mit viel Milch (aufgeschäumt, Latte genannt) und Kaffee ohne Koffein (Plörre ...). Eine will dann doch Kamillentee.

Ein junger Mann kommt mit einem Kind und wartet geduldig, bis ich mich ihm widmen kann, während ich die vielfältig getätigten Bestellungen der Geburtstagsmamis richte. »Ich bin für eine Geburtstagsfeier da«, sagt er dann.

»Welcher Name?«

Er grinst. »Schmidt irgendwas. Mit DT.«

»Ach, dann können Sie gleich mitkommen. Möchten Sie direkt einen Kaffee bestellen?«

Er nickt und ich nehme die schon fertigen Getränke und ihn mit.

»Ach, der Robin und sein Papa«, sagt Frau Schmidt-Haufärber. »Habt ihr es auch geschafft.«

Das war direkt ein Vorwurf, obwohl es zuckersüß rüberkam, und ich bin sicher, die meisten Mütter hätten irgendwas gestottert von wegen: Der Robin musste die Bahn- ein Erdbeben- ... Aber der Papa lächelt nur, zieht dem Robin seine Jacke aus und setzt sich.

»Geh gucken, wo die anderen sind«, sagt er zu seinem Kind. Das rennt folgsam weg.

»So ein netter Junge«, sagte Frau Schmidt-Haufärber.

»Robin ist noch nicht entschieden«, sagt der Papa. Wenn er überhaupt der Papa ist.

»Was?«

»Robin ist als Mädchen geboren, identifiziert sich aber aktuell als Junge.«

Ich möchte so gerne länger bleiben. Die Stille in diesem Raum ist gerade herrlich erfrischend. Aber ich muss weiter, leider. Ich lächle dem Vater(?) zu und beeile mich, ihm seine Bestellung zu bringen.

»Aber wenn es doch einen Sie-wissen-schon hat, dann ist es ein Junge!«, sagt eine der Mütter mit Schweiß auf der Stirn, als ich den Kaffee (schwarz, süß) bringe. Wow, sie sind immer noch bei dem Thema!

»Ein Penis macht noch keinen Jungen«, sagt der Vater(?). »Danke!« Er sieht mich an. »Es gibt doch neben dem biologischen Geschlecht noch das Körpergefühl.«

»Ich bin froh, wenn sich Gernot einen Tag lang mal keine Verletzung zuzieht«, murmelt eine Mutter. »Der hat überhaupt kein Körpergefühl.«

Eine andere kichert hysterisch. Ihre roten Wangen und die leicht glasigen Augen lassen fast vermuten, dass sie ihren Kamillentee mit irgendetwas verbessert hat. Um 10.30 Uhr morgens. Holla.

»Mama, der Gernot ist voll doof«, schreit ein hereinstürmendes Kind. Es bleibt in der Tür stehen und so kann ich nicht heraus.

»Was hat der Gernot denn gemacht?«, fragt die jetzt nicht mehr kichernde Kamillenmama.

»Der Gernot hat sicher nichts gemacht«, sagt die dünne Rothaarige, die koffeinfrei wollte. »Wir haben erst gestern unser ‚Gewaltfreies Erziehen und Spielen'-Online-Seminar abgeschlossen.«

»Der will nicht mitspielen, aber wenn der nicht mitspielt, sind wir nicht genug. Das ist voll doof!«

»Was will er denn nicht mitspielen?«

»Die Drachen fressen die Würmer.«

»Was ist das denn für ein Spiel?«, fragt Frau Schmidt-Haufärber.

»Ich denke, das ist einfach Fangen«, platze ich heraus.

»Fangen-Spielen geht gar nicht«, sagt Frau Kamillentee.

»Wieso das denn?«, fragt der Vater(?). Zu mir gewandt sagt er leise: »Welches Memo hab ich verpasst?« Ich zucke hilflos mit den Schultern.

»Jetzt kommst du erst mal her, Hubert!« Hubert grummelt, gehorcht aber. Ihm wird erst die auf dem halben Hintern hängende Hose unsanft hochgerissen, danach die Socken wieder ordentlich gemacht. Ich muss den Ort leider verlassen, denn es ist schon eine Schlange vor meinem eigentlichen Arbeitsplatz.

»Fangen ist reaktionär und gewalttätig«, höre ich noch.

Ich schaue zu den kreischenden, rennenden, sich jagenden Kindern und denke: *Träumt ihr mal weiter.* Gewaltfreiheit. Als ob sich abzuklatschen ein Akt der Gewalt wäre. Wenn ich meine Gefühle hinterfrage, so hat das gesamte Verhalten Frau Schmidt-Haufärbers mir Gewalt angetan, vom ersten Moment an.

Aber mich fragt ja keiner.

Ich schütte gerade die Chicken Nuggets in die Schüssel, als etwas Riesiges sich unter dem Türsturz des Küchenbereiches bückt und auf mich zukommt. Ich zucke zusammen.

Erwähnte ich schon, dass ich Masken und manche Verkleidungen hasse? Nicht nur Clowns. Generell alles, wo das Gesicht des Menschen verzerrt wird. Gespenster, Monster, Zombiemasken und die dazugehörigen Verkleidungen. Aber auch andere Spielarten: Furries zum Beispiel. Aber die sind ein eigenes Kapitel.

Jedenfalls hasse ich Helge sofort dafür, dass er meint, hier als Clown reinspazieren zu müssen. Er hat einen blaugelben Strampelanzug an und einen riesigen Kopf aufgesetzt, der irgendwie Pluto auf Acid darstellt. Ich begebe mich sofort in Verteidigungsposition – bereit, das noch heiße Sieb mit Ölresten und einem dran klebenden Chicken Nugget in die grinsende Fresse zu drücken. Rational wusste ich, dass es Helge war, aber mein Steinzeit-ICH will nur fliehen. Geht nicht, also Kampf. *Mia frisst Spielparadies-Clown. Angestellte killt Kindercenter-Betreiber brutal.* Schlagzeilen, die es geben könnte, wenn ich nicht so beherrscht wäre. *Feige* wäre auch eine Bezeichnung für mich.

»Bist du fertig?«, klingt seine Stimme dumpf aus dem Kopf heraus. »Ich würde dann jetzt auftreten.«

»Äh, fast«, quieke ich.

»Ah, gut. Es gibt nix Schlimmeres, als wenn die Blagen essen, wenn ich komm. Ich geh jetzt da rein und mach meine Show. Das dauert fünf Minuten. Dann kommst du mit dem Essen.«

In fünf Minuten sind die Nuggets schon wieder kalt, will ich sagen, aber er ist schon weg. Verdammt. Ich seh die Hühnerformfleischteilchen an und schütte sie dann zurück in das Fritteusensieb. Was soll´s. Ist ja hier kein Gourmetrestaurant, oder?

»Ich hasse Clowntown«, sage ich zuhause zu Björn. Er liegt auf dem Sofa und hat die Augen geschlossen. Seine Finger umklammern zwar noch den Controller, aber das Spiel ist pausiert. »Musst du nicht langsam los?«

»Ich hasse Nachtschicht«, sagt er. »Ich bin *jetzt* müde. Und heute Morgen war ich es nicht mehr. Ich möchte lieber mit dir hier abhängen.«

»Nachts im Einkaufszentrum stell ich mir aber ganz nett vor«, sage ich und setze mich auf seine Beine. Nein, er zieht sie rechtzeitig weg und setzt sich selbst auf.

»Was ist denn daran nett? Wir wandern dauernd durch die Gänge und absolut nichts passiert. Außer dass Basti ständig angibt.«

»Womit?«

»Ach, Basti ist Autonarr.«

»Uh.«

»Ja, uh. Genau. Also das geht in einer Tour über Spoiler und Tieferlegen und Chrom und Zubehör und auf welches Treffen er schon wieder fährt und welche Autos die dort haben.«

»Ich finde das immer wieder spannend, dass es Dinge gibt, von denen ich überhaupt keine Ahnung habe. So wie Angeln zum Beispiel.«

»Ich glaub, Basti gibt tatsächlich sein ganzes Geld dafür aus. Er hat noch nicht mal 'ne Freundin.«

»Echt? Naja, vielleicht ist er schwul oder hat einfach keinen Bock.«

»Ich glaube, er empfindet wirkliche Liebe für sein Auto. Vor ein paar Tagen hatte es Geburtstag. Basti hatte ein Geschenk dabei. So einen Knopf, den er auf die Gangschaltung machen wollte. In Schädelform. Und 'ne Politur. Zusammen mit einem Politurtuch. Als er mir die Preise für den Spaß genannt hat, dachte ich, der will mich verarschen.«

»Wie nennt man das dann? Autophilie?«

»Keine Ahnung, aber mich nervt, dass er es schafft, die komplette Schicht darüber zu reden, ohne je einmal auf irgendwas einzugehen, was ich sage.«

»Ich dachte immer, Männern ist das egal.«

»Vielleicht bin ich kein Mann. Ich mag es, wenn man mir zuhört.«

»Dann werde ich dir immer zu Füßen liegen und lauschen«, sage ich ironisch.

»So hab ich das nicht gemeint!« Er springt auf. Ich starre auf die beiden reglosen Kämpfer auf dem Bildschirm. Dann Björn hinterher.

»Ist was?«, rufe ich ihm nach.

»Nee. Aber ich hab grad keinen Bock auf Verarsche.«

»So hab ich das nicht gemeint.«

»Ich auch nicht.« Er kommt zurück und legt den Controller weg. Dann setzt er sich neben mich und nimmt mich in den Arm. Ich streichle seine raue Wange. Er hat sich nicht rasiert. »Ich bin echt genervt. Ich hab mir das anders vorgestellt. Das Zeitarbeiten, das hat Spaß gemacht, aber das ewige Malochen da ... das ist einfach nicht mein Ding.«

»Wenigstens ist es nicht für immer.«

»Ich hab auch bald meine Prüfungen. Ich lerne aber nicht.«

»Das ist nicht gut.« Ich habe ein schlechtes Gewissen. Er lernt vor allem nicht, weil wir die Zeit, die wir frei haben, zusammen verbringen. Und wir machen es nicht so kitschig wie im Fernsehen, dass wir jeder ein Buch lesen und uns dabei gegenseitig noch die Füße massieren. Oder auch nur ab und zu über die Seiten zulächeln – not happening.

Wir gucken selbst fern. Und das, weil wir das echt gern machen. Wir freuen uns auf die neuesten Folgen von Serien oder schauen schon Bekanntes noch einmal an. Wir giggeln und essen dabei Popcorn oder Schokolade oder Chips und irgendwann machen wir aus und ... denkt euch, was ihr wollt.

Das ist jedenfalls Teil unseres Lebens und wir schämen uns dafür nicht. Allerhöchstens dafür, dass wir ein bisschen zunehmen. Gut, Björn weniger als ich, weil er bei seinem Studium noch Sport macht. Ich dagegen muss dauernd Fritten machen. Da bleibt immer was übrig ...

»Du musst aber lernen.« Ich versuche, streng zu gucken.

»Warum?«

»Weil ... ich nicht lerne.«

»Was? Mia!«

»Ich bin so bocklos!«

»Wir müssen zusammen lernen.«

»Echt?«

»Echt. Janne hat gesagt, wir müssen erst unsere Abschlüsse haben.«

»Sie hat selbst keinen.«

»Darum weiß sie wohl, wie wichtig das ist.«

»Ach menno.«

»Willst du nicht mehr Lehrerin werden?«

»Warum machen wir den Kram mit dem Bus nochmal?«

»Für Janne.«

»Du willst echt noch Lehrer werden?«

»Ja.«

»Ich weiß es nicht.«

»Mia, ich muss jetzt los. Aber bitte, denk gut drüber nach.« Er gibt mir einen Kuss und macht sich fertig.

Ich denke nach. Oder soll ich erst die Krieger auf dem Bildschirm in die ewigen Jagdgründe schicken? Nein, ich mach das Spiel einfach aus. Wenn ich etwas spiele, dann gewiss keine Prügel-Games.

Wenn Björn nicht da ist, gucke ich mir gerne entweder einen Film an, den er nicht mitgucken würde, oder eine Serie, die ich nicht gucken sollte.

Aber irgendwie mache ich mir vor, dass es doch Recherche wäre, wenn es um eine High School ginge. *Riverdale* ist aber natürlich nicht irgendeine High School. Nein, die Kinder oder eher die Jugendlichen dort kommen aus grundlegend unterschiedlichen Schichten. Da gibt es die Superreichen und die aus dem Ghetto. Also das ist jedenfalls, was ich nach dem Schauen von circa 10 Minuten verstehe. Der Rest erschließt sich mir nicht. Die Konflikte sind völlig überzogen und sind Kinder – Jugendliche – wirklich so gemein?

Da ist dieses Pärchen, Geschwister, die sind die Guten, aber er, er macht etwas »Böses« und nun ist da eine Grauzone. Er kann es geheim halten, aber als Zuschauer ahnt man nun: Er ist Freiwild. Denn da ist dieses Mädchen, die ist aus der Oberschicht. Also so richtige Ober-Oberschicht. Die Familie, der der Rest der Stadt gehört. Und sie hat ein Auge auf ihn geworfen. Weil er diese »Schuld« hat, ist er verletzlich. Sie kann ihn auf ihre Seite ziehen, benutzen. So funktioniert das – zumindest im Fernsehen.

Ich denke über meine Kindheit nach. Gab es bei uns auch so eine starke soziale Trennung? Ja, sicher, wir hatten eine reiche Familie im Ort. Unser Ort war eigentlich nur ein Vordorf zu einem Dorf. Ein paar Häuser um eine Bahnstation, aber irgendjemand hat da mal ein Neubaugebiet angeschlossen und dann gab es ein paar Bunker und viele Einfamilienhäuschen. Die Bunker, das waren vierstöckige Häuser mit vielen Mietwohnungen und da wohnten vor allem Türken drin.

Meine Mutter hat mir oft erzählt, wie die ersten Türken damals ankamen. Die konnten kein Deutsch, die wollten das auch nicht, schließlich waren sie nur zum Arbeiten hier, später würde man zurückgehen. Sie kauften Schafe und schlachteten sie im Hinterhof. Die Frauen breiteten die gewaschenen Vliese auf den Wiesen vor den Häusern zum Trocknen aus. Die Kinder sprachen in der Schule Deutsch und zuhause Türkisch. Die Mädchen verschwanden mit 12 oder 13. Sie waren dann einfach weg. Später erfuhr man, dass sie zurückgeschickt wurden, sobald die Lehrer sie bemerkten und sie den Eltern eventuell sagten, dass die Tochter Potential hätte. Oder begabt sei. Das sollten diese Mädchen aber nicht haben. Also

Potential oder Begabungen. Sie sollten heiraten. Denn sie waren schon versprochen. Sobald sie also zu auffällig wurden, ging es ab in die Türkei.

Das gibt es auch heute noch. Ich machte bei einigen Hausaufgabenhilfe und da ging es gar nicht mal so sehr um bessere Noten, sondern wieder um besagte Unauffälligkeit.

Ich glaube heute, manche von den Mädchen waren verzweifelt und ich habe es nicht gemerkt.

Die Bunker waren aber nur eine Straße unserer Siedlung. Die anderen Straßen (es waren nur eine Handvoll) gehörten Mittelschichtfamilien-Einfamilienhäusern. Mittelschicht teilte sich auf in untere, wo der Papa Fernfahrer ist und die vier Kinder gegenseitig ihre Sachen auftragen, und obere, wo der Papa irgendwo recht weit oben in einer Bank schafft und die Mutter eine späte ist: Vorher hat sie verzweifelt versucht, Kinder zu bekommen, mit Mitte 40 hat es dann geklappt. Es gibt auch das Ehepaar, welches einfach keine Kinder hat: Sie sind stets auf Reisen. Ein weiteres Paar hat ein Kind und ist dennoch auf Reisen. Was aus Robert einen extrem frühreifen, allein-zuhause-seienden Fünfzehnjährigen machte.

Wir hatten also all das soziale Misch-Masch und eben auch noch die Strumpffabrik. Als ich ganz klein war, produzierte die noch. Eine Oma machte in Heimarbeit noch Dinge mit den Strümpfen. Später baute sie Kugelschreiber zusammen. Aber die Leute von der Strumpffabrik, die waren reich. Oder sie waren es mal gewesen und alle konnten sich noch dran erinnern. Glaub ich. Jedenfalls hatten sie ein großes Grundstück und Pferde. Für mich waren sie Götter! Sie hatten Pferde! Ich durfte nur einmal in den Stall, denn die Tiere waren wertvoll. Zum Ärgernis der Nachbarn hatten sie auch Esel. Esel schreien laut, zu jeder Tages- und Nachtzeit.

Ich weiß bis heute nicht, ob die wirklich reich waren oder ob die Familie der anderen Kindheitsfreundin, deren Vater Professor der Chemie war und unter der Woche in der Schweiz arbeitete, reicher war. Oder ob mein Vater reich war oder ... Was ich sagen will: Bei uns gab es all das und dann auch wieder nicht, was ich also in *Riverdale* anschauen muss. Kriminelle Väter, tote Geschwister, deren Existenz aber immer noch die Leben aller beeinflusste oder so etwas anderes exotisches.

Ich schaffe es, mitten in einer Folge abzuschalten, wo die reiche Tussi mal wieder einen völlig überzogenen Monolog beendet. Wer glaubt, man könne bei solchen Serien am Ende einer Folge sagen, *morgen erst die nächste*, der ist verloren. Früher hat einen noch die Werbepause gerettet, heute muss man jeden Impuls nutzen, den das fast gelähmte Hirn an die fast gelähmten Gliedmaßen schicken kann.

Ich kann lange nicht schlafen. Björn ist nicht da, aber dafür viele miese Gedanken über Arbeit und Studium. Ich fühle mich schlecht, gleichzeitig völlig unfähig, eine Entscheidung zu treffen. Es wird immer später und irgendwann schlafe ich doch ein.

Ich betrete das Center durch die aufgleitenden Türen. Es ist noch früh, also stehen nur wenige Raucher vor der Tür und verpesten so den Eingang. Große Warenhäuser haben ja am Eingang so ein Gebläse, welches einen quasi einmal durchpustet, damit man irgendwie gereinigt die Shopping-Erfahrung beginnen kann. Seit im Center das Rauchen verboten ist, stehen die Qualmer halt draußen und man muss durch diese Rauchwand hindurch. Das Gegenteil von einladend.

Innen ist jetzt volle Lotte Ostern. Kein Spaß mehr, Leute, sondern in Farbe und bunt. Gärtner haben viele Quadratmeter Rollrasen ausgelegt, dazwischen Primeln und Hyazinthen, Narzissen und Gänseblümchen. Und in kleinen umzäunten Ausläufen hoppeln tatsächlich Hasen herum. Ich frage mich, ob es einen Hasenbeauftragten gibt, der immer wieder die Köttel wegsammelt, damit die kleinen Kinderlein, für die dieser Zirkus hier ist, nicht denken, Hasen wären so echt, dass sie auch defäkieren.

Wieso sollten Kinder denn auch denken, das alles wäre echt? Diese Kunstwelt hat nichts mit der wahren Welt da draußen gemein. Niemand schenkt einem draußen etwas, Hasen leben in winzigsten Verschlägen und werden sogar an Ostern oft gegessen. Wie auch die Lämmer- oh Gott, ich hoffe, die haben nicht noch irgendwo Lämmer. Das Schweigen von denen ...

Ja, ich bin schon im Grusel-Modus, denn egal, dass ich nun schon eine Woche hier bin, ich finde den Auftritt von Helge als Clown immer noch schlimm. Am allerschlimmsten war es, als ich mich während eines Auftritts entsetzt umdrehte und aus einem Nebenraum Helge auftauchte! Wer war in diesem Kostüm? War es vielleicht doch ein echter Horror-Clown, der mich heute greifen und in sein Horror-Haus schleppen würde?

Er habe Migräne, sagte er, und darum sei Kilian heute da drin.

Ich muss warten, da Helge offenbar heute Verspätung hat. Die anderen Mamis und Omis trudeln ein. Nachdem sie dem Nachwuchs erklärt haben, dass es nutzlos ist, sich gegen das Drehkreuz zu werfen und dass man nicht nochmal zurückgeht, um die Hasen anzusehen, hebt sich der Blick und sie sehen mich an. Es dauert je nach Alter etwas länger, aber dann wird ihnen klar: Ich bin ohne Kind da.

Das macht sie misstrauisch. Schließlich ist das hier die Pforte zum Kinderhimmel. Sie sind jetzt schon hier, weil es eine Ostereibemalaktion gibt, bei der am Ende jedes Kind ein Ei mitnehmen darf. Die Eier sind natürlich aus Plastik und kosteten Helge ein paar Cent das Stück. Die Farben sind noch von der Weihnachtskugelbemalaktion und nur ein bisschen eingetrocknet. Außerdem gibt es genug Clowntown-Sticker für alle! Und ... Achtung: Glitzer!

Aber was mache ich nun hier, obwohl ich kein Kind habe? Diese Frage ploppt in den Gehirnen der Muttis auf. Ich lächle und warte mal ab, ob mich eine fragt. Später, wenn ich mein Clowntown-Shirt anhabe, dann bin ich kein Mensch mehr, sondern nur noch eine Angestellte. Sie werden mich nicht mehr bemerken.

»Ich muss mal«, sagt ein Kind quengelig.

»Es sind noch 10 Minuten, Dietrich.«

Ich komm ja nicht gut darauf klar, dass die Kinder jetzt wieder wie mein Opa heißen. Auch die Mädchen haben altmodische Namen, wobei das wiederum – ich denke da jetzt an *Riverdale* und meine Gedanken von gestern – mit der Schicht zusammenhängt. Denn obwohl das in Deutschland nicht so krass ist wie in Amerika vielleicht, gibt es dennoch Unterschiede. Meine Generation zum Beispiel hatte nicht so viele Namen zur Auswahl. Wir hatten viele Andreas und Christines, Petras und Susannes. Der exotischste Name, den ich damals kannte, war Meta. Und es stellte sich heraus, dass das tatsächlich nicht exotisch war, sondern ein uralter Name aus der Region. Die Jungs hießen Andreas, Klaus, Dietmar und Alexander. Gernot war da das Exotischste. Und auch das ... ihr ahnt es.

Aber dann begann die Kevin-Zeit. Und mit Kevin und Co kamen auch Namen aus anderen Kulturkreisen, die keiner versteht. Also ... Taraneh. Legolas. Bluna. Apple. Jayden. Ganz ehrlich? Applaus! So viel Mut zur Exotik! Zu diesen Namenssachen will ich aber nicht wirklich viel sagen, das haben einige Komiker meiner Zeit besser hinbekommen. Ich will mich auch nicht drüber lustig machen, denn Apple ist sicher der Augapfel ihrer Eltern (Seht ihr, was ich tat???). Aber diese alten Namen ... die machen mich fertig. Alfons. Dietrich. Justus. Bei Mädchen sind die Charlottes und Sophias wieder vor den Neles und Finjas angekommen.

Wie kommt es zu solchen Moden? Gibt es da eine heimliche Bibliothek, wo man sich bei Beginn der Schwangerschaft einschreibt und dann flüstern einem nachts irgendwelche grauen Männer diese Trends in die ungeschützten Ohrmuscheln? Im Fall von Jayden war es unsere Tennis-Steffi, die das verbrochen hat. Ich meine zu wissen, dass sie diesen Namen erfunden hat. Irgendwas zusammengesetzt aus dem Ort der Zeugung und dem, was man morgens am liebsten isst.

Gelsenkirchen-Nutella. Nee, das klappt im Deutschen nicht. Brooklyn-Apple läuft sicher irgendwo in Amiland rum.

Ich weiß allerdings seit einer Woche, dass diese Namen auch hier herumlaufen. Also die amerikanischen. Schaien – Cheyenne, Schastin, Schanikwa (Hab ich so gehört!). Und so. Kleine Kevins gibt es nicht mehr so viele. Die sind jetzt schon als Papas unterwegs.

Als Helge mich sieht und eilt, um mir aufzumachen, eskaliert es ein wenig.

»ICH MUSS MAL!«, wiederholt Dietrich. »JETZT!«

Helge lässt sich erweichen und Dietrich darf rein. Die anderen maulen vor dem Drehkreuz weiter.

»ALLEIN!«, schreit Dietrich seine Mutter an. »Ich will bei den Jungs gehen. Da darfst du nicht rein!«

Dietrichs Mama bleibt mit dem Anorak in der Hand zurück. Erst steht sie wie eine Statue vor der Klotür, dann besinnt sie sich und sucht sich einen Tisch aus. Sie ist kein Profi, denn der, den sie nimmt, ist direkt am Rennweg. Alle Kinder rennen hier ständig vorbei, um zwischen den

Spiel-Sessions kurz bei Mama und Oma anzudocken, etwas zu essen, zu trinken und zurückzurennen.

»Ich übernehme heute hier«, sagt Helge. Er schaut mich nicht an. Was jetzt kommt, ist ihm auch peinlich. »Tina hat abgesagt, sie kommt heute nicht. Du musst ...«

»Den Osterbasteltisch übernehmen«, beende ich den Satz. »Gibt das wenigstens Gefahrenzulage?«

»Du kannst alle übrigen Eier mit nach Hause nehmen?«

»Netter Versuch, Helge, netter Versuch. Ich hasse Glitzer!«

»Wir alle, Mia. Sorry. Ich mach dir mal einen Kaffee.«

Ich lächle müde. Wir haben die Tafel gestern Abend schon gerichtet und ich hole jetzt einen Korb Eier aus dem Kabuff. Dann stürmen die Horden herbei. Ich erinnere mich an den Kindergarten und mache mir nicht die Mühe, irgendwas zu erklären. Das machen die Mamis. Die können kaum die Jacken schnell genug ausziehen, da ist die erste Ladung Glitzer schon über eine rosa Elfe geschwappt. Ich verteile die Eier, als der Tisch voll besetzt ist, und versuche dann, meinen Kaffee zu genießen. Ich süßes Sommerkind.

»Gibt es noch anderen Glitzer?«

»Nein, nur die Sorten, die hier sind.« Drei Töpfe Farbe sind schon komplett über den Tisch ergossen. Die Kinder tunken die Eier einfach rein. Oder ihre Finger. Die Mütter sind schockiert.

»Es gibt gar kein Rosaaaa«, heult eines der Mädchen. Nein, es ist nicht das rosa Elfchen. Sie ist eher wie ein Junge gekleidet – blaues Shirt mit Spiderman Applikation – und ich weiß, dass das auch schon wieder Schubladendenken von mir ist, aber *H&M* unterscheidet da eben noch.

»Du kannst Weiß und Rot mischen, dann bekommst du Rosa«, sagt die Mutter. Bevor ich reagieren kann, schüttet Spidergirl das Töpfchen Weiß in das Rot. Die Hand der Mutter schießt vor, aber auch die kommt zu spät und kann nur noch die ihrer Tochter festhalten. Die Tochter lässt daraufhin das Töpfchen Weiß fallen, das rollt, eine Spur Farbe hinter sich her ziehend, über den Tisch und kippt einer Mutter gegenüber in den Schoß. Die steht so hektisch auf, dass der Tisch fast umfällt.

»Sie passen jetzt mal auf mein Kind auf, während ich diese Schweinerei hier sauber mache!«, keift sie mich an. Ich nicke und setze mich neben ein Mädchen, welches mit der Ruhe und Umsicht einer Greisin kleine Glitzersteine auf ihr Ei klebt.

»Wow, manche hier stehen wirklich unter Strom«, sagt meine Sitznachbarin. Sie schaut mich mitleidsvoll an.

»Ich sage nichts ohne meine Anwältin«, sage ich lächelnd.

»Es ist furchtbar, dass das oft unter den Müttern zu einem Wettbewerb ausufert. Ich habe sowieso das Gefühl, das alles hier geschieht nicht wegen der Kinder.«

»Sie meinen, den Kindern ist es egal, ob die Hasen unten diese Eier hier ... äh ... also wie sag ich das denn jetzt?« Ich trinke schnell einen Schluck Kaffee. »Also, wo denen die Eier rauskommen?«

»Ja«, lacht sie. »Den Kindern ist das wurscht. Den meisten ist nur klar: Irgendwann gibt´s Geschenke und vorher muss ich hier kurz was machen. Manche sind allerdings Ausnahmen.« Sie zwinkert und schaut auf das stille Mädchen neben mir. In der Tat sind die meisten Kinder schon fertig. Manche Mütter haben mir ein zweites Ei aus der Tasche geleiert und verschönern das nun, während die Brut schon auf dem Klettergerüst herumturnt.

»Ich wette, manche der Kindereier werden erstens nicht abgeholt«, sagte meine Nachbarin leise und zeigt auf den Nebentisch, wo die Kunstwerke auf Stäben in Gläsern trocknen, »und zweitens werden die von den Mamis gemachten vordringlich präsentiert. Unter dem Motto: Wir haben zusammen gebastelt. Aber meine sind halt schöner.«

Ich grinse. »Mein Anwalt ist immer noch nicht da.«

»Ja, kein Problem«, sagt sie. »Tine, übrigens. Also mein Name. Das hier ist Luca. Mein Neffe.«

»Ah, eine Nicht-Mami. Ich bin Mia.«

»Das las ich schon. Man kann auch Tante sagen.«

»Ist das der Grund, warum Sie so unverblümt reden können?«

»Weil ich nicht dem inneren Zirkel angehöre? Vermutlich.«

»Ich habe gerade vorhin darüber nachgedacht, wie seltsam es sich anfühlt, kinderlos unter den Mamis zu sein.«

Sie nickt. »Es vergeht kein Familienfest, wo es nicht Thema ist. Dabei bin ich noch nicht mal lesbisch. Das wäre meiner Mutter glaub ich fast lieber.«

»Manchmal gibt es eben keinen Grund. Ich bin einfach noch nicht so weit. Aber meine Mutter würde zum Glück nie fragen. Sie hat genug mit meinem Vater zu tun und wünscht sich nur Ruhe, sicher keine Enkel.«

Tine grinst. »Meine Schwester macht das für mich. Sie ist frisch niedergekommen, wie man das früher nannte. Ein kleines Osterei. Darum bin ich mit Luca hier.«

Ich nicke. Nett von ihr. Inzwischen ist die Tischbesetzung bis auf mich und meine Nachbarin komplett ausgetauscht. Die zweite Schicht hat sich zunächst einmal mit spitzen Fingern und Lippen über den Zustand der Materialien beschwert. Die Mütter selbstverständlich, den Kindern ist das vollkommen egal, ob die Farbe in Tuben, in Gläsern oder auf dem Tisch ist. Wie gehabt rollen manche ihr Ei einfach in dem Potpourri aus Acryl, danach in Glitzer und schwupp, fertig! Solange die Lachen nicht eingetrocknet sind, sehe ich auch keinen Grund, irgendetwas zu ändern.

»Das hier ist noch eine der netteren Möglichkeiten, die ich gerne wahrnehme, wenn ich Luca habe«, sagte Tine jetzt. »Ich war auch ein paar Mal in Krabbelgruppen und so. Grausam.«

»Warum?«

»Nun, die Kinder ... mal ganz hart gesagt, Kinder sind bis zu einem gewissen Alter wie Hunde. Hunde sehen andere Hunde und es zieht sie magisch zueinander. Sie sind irgendwie magnetisch und wollen nur miteinander kollidieren. Danach wanken oder krabbeln sie halt durch den Raum, befummeln und belecken alles, was es so gibt, und docken ab und zu bei den Mamis an, um etwas zum Essen und zum Trinken abzustauben. Dabei ist es den meisten völlig wurscht, bei wem sie da andocken. So lange, bis ihnen klar wird, dass es eine Mami gibt, die das gute Zeug dabei hat. Also Apfelsaft pur statt Wasser mit einer Spur Geschmack oder richtige Salzbrezeln statt Dinkeltrockenfutter.«

»Bisher ist das noch nicht so grausam, wie angekündigt. Ich möchte mein Geld zurück!«

Tine räuspert sich und nimmt die Herausforderung an. »Ja, ok, also ... erstens dürfen die Kinder nicht sofort loswackeln. Wenn man ankommt, muss man doch singen. Also so was wie: *Wie schön, dass wir geboren sind*, oder so. Und klatschen. Manche Kinder blinzeln dann im Klatschtakt, weil sie schon ein Trauma haben, wie enthusiastisch Mama lauter klatschen kann als die anderen Mamas. Andere Kinder werden gezwungen mitzuklatschen. Ihre Hände werden am Handgelenk genommen und gegeneinandergeschlagen.«

»Uff.«

»Ja, das ist wahrlich brutal«, sagt Tine grimmig. »Dann dürfen sie frei spielen, bis die Mütter allen wichtigen Klatsch und Tratsch ausgetauscht haben. Zu dem Zeitpunkt oder wenn eine andere Mutter etwas besonders Langweiliges erzählt, fokussieren sie sich vielleicht wieder auf ihr Kind. Eine Mutter tat das immer zu dem Zeitpunkt, wenn ihr Sohn einen Stuhl oder eine Bank erklommen hatte. Er sollte das nämlich nicht. Ihre Augen folgten ihm also, während er begann, und wenn er dann endlich oben war und sich aufrichten wollte, zack: »Franz ! Du fällst noch runter!« und zack, fiel Franz runter. Sie waren ein eingespieltes Team.«

»Grauenhaft!« Ich schaufele einige Glitzersteine zurück in den Behälter und gebe weiter Eier aus. Mir ist alles egal. So lange noch welche da sind ...

»Allerdings. Ich glaube, die Mutter hasste ihr Kind. Sie hat den Jungen jedenfalls sorgfältig immer dann sabotiert, wenn er sich glücklich fühlte, also irgendetwas erreicht hatte.«

Ich denke über meine Mutter nach. »Ist das nicht etwas, was viele Mütter tun? Man hat etwas gemalt oder eine neue Frisur oder ein neues Outfit und sie finden mit sicherem Blick etwas, an dem sie rummäkeln können?«

Tine nickt. »Wir müssen diesen Kreislauf durchbrechen.«

»Ich bin da ganz bei Ihnen ...«

»Bitte, können wir uns duzen? Ich fühle mich sonst so alt.«

»Klar.«

»Wie sieht das denn aus? Machen Sie noch einmal sauber, bevor wir dran sind?« Ich kenne diese Stimme. Ach, Frau Schmidt-Haufärber. Mit DT. Ich lächle.

»Sie können sich einfach auf einen freien Platz setzen.« Ich ignoriere die blöde Frage gekonnt, wie ich finde. Tine grinst.

»Wir sind eine Gruppe. Wir brauchen mehrere freie Plätze nebeneinander.«

»Dann müssen Sie wohl ein wenig warten.«

»Ja, aber die sind doch alle schon fertig, oder?« Frau Schmidt-Haufärber blickt vor allem auf Luca, der immer noch sorgfältig Glitzersteine auf sein Ei klebt.

»Jeder kann sich hier so viel Zeit nehmen, wie sie braucht.«

»Das Angebot sollte aber auch für jeden sein. Nächstes Mal planen sie besser.« Frau Schmidt-Haufärber und ihre Entourage suchen sich einen freien Tisch und lassen sich dort erstmal nieder. Sie kommen mir vor wie Geier, die um ein Aas herumfliegen. Erst kreisen, dann herabstoßen.

»In Amerika nennt man solche Frauen *Karen* «, sagt Tine leise.

»Die kommt jeden Tag hierher«, sage ich.

»Manche leben für so was. Bist du fertig, Luca? Super. Dann stell das zum Trocknen da rüber. Magst du noch spielen gehen?«

Luca guckt zu dem Guernica auf der anderen Hallenseite. »Ich trau mich nicht allein.«

»Oh, das verstehe ich. Aber ich mag nicht.«

Ich bin überrascht. Tine sieht es mir an. »Ja, ich sag das ganz ehrlich. Ich finde es voll den Horror, wenn Erwachsene alles machen, was Kinder auch machen.« Sie sieht Luca an. »Du kannst ja einfach mal gucken gehen. Einmal um die Halle laufen. Ich muss da drüben sitzen, wenn wir nicht mehr basteln, aber ich warte gerne auf dich.«

Luca nickt und geht tatsächlich los.

»Alle wollen Kinder, die selbstständig sind. Dabei bevormunden sie sie, takten sie durch und lassen ihnen nicht den geringsten Freiraum. Gleichzeitig überfordern sie sie kleinteilig mit Entscheidungen. Möchtest du lieber die Saftbären ohne Zucker, die Dinkelstangen oder den Müsliriegel ohne alles? Achso: Möchtest du Geige oder Klavier spielen? Lesen wir Dostojewski im russischen Original oder lernen wir doch lieber im Kindergarten chinesisch?«

Ich lache so laut, dass Frau Schmidt-Haufärber herüberschaut und nun merkt, dass genug Plätze frei sind. Sie wechseln also zum Basteltisch und tatsächlich ist es ihnen vollkommen egal, dass die meisten ihrer Kinder nicht da sind. Sie fangen sofort an zu basteln und beschweren sich über alles, was hier im Argen liegt. Ich kommentiere das nicht. Wozu auch? Ich entschuldige mich bei Tine und stehe auf, um Helge zu suchen. Er ist weder bei der Kaffeebar noch läuft er als Clown herum. Aber am Eingang stehen die zwei älteren Herren, die ich schon von der Pommesbude her kenne. Udo und ... Harry?

»Nein nein, wir wollen gar nicht rein«, sagten sie abwinkend. »Wir gucken nur ab und zu. Wenn wir das Gefühl haben, irgendetwas stimmt in unserem Leben nicht, dann starren wir ein paar Minuten hier rein und wissen, dass wir alles richtig gemacht haben. Kein Kindergeschrei mehr. Wir gehen jetzt ins Kino.«

Ich wünsche ihnen viel Spaß und bin neidisch.

»Möchtest du Kinder?«, frage ich Björn abends.

Er zuckt zusammen. »Jetzt schon?«

»Nein.«

»Bist du schwanger?«

»NEIN!«

»Warum fragst du dann?«

»Einfach so!«

»Gibt es einen richtige und eine falsche Antwort?«

»Ich bin nicht Silke! Wenn du nicht aufhörst und meine Frage beantwortest, bin ich sauer.«

Er entspannt sich. *Seltsame Reaktion auf meine Drohung,* denke ich. »Ok. Also. Ja, schon. Irgendwie und irgendwann. Warum?«

»Nur so. Diese Arbeit im Clowntown macht es schwer. Wobei ja die Kinder nicht unbedingt das Problem sind, sondern die Erwachsenen.«

»Ist wie mit Hunden. Da sind auch oft die Halter das Problem.«

»Ich frag mich halt, ob man automatisch so wird, weißt du?«

»Wie?«

»Na, so überbeschützend. Und gleichzeitig kommen sie mir so müde vor, so gleichgültig, weil ausgepowert.«

»Ich weiß es nicht. Vielleicht ist das so. Ich bin froh, dass ich relativ unbeobachtet aufgewachsen bin. Meine Eltern sind ziemlich wenig beschützend gewesen.«

»Bist du eigentlich reich?«

Jetzt ist es wieder vorbei mit der Entspannung. »Heute willst du es aber wissen, oder?«

»Naja, ich dachte nur: Man verändert sich sicher auch, wenn man reich ist. Ich meine so was wie: Nudeln aus dem oberen Regal nehmen oder so.«

»Hä?«

»Na, jeder weiß doch, dass die Nudeln unten billiger sind. Alles, was im Supermarkt unten liegt, ist billiger. Und ganz ehrlich: Nudeln? Wo soll da die Verbesserung herkommen, die einen Unterschied von 100 Prozent auf den Preis ausmachen? Hartweizengries und Wasser. Manchmal noch Eier. Mehr kommt doch da nicht rein.«

Björn sieht mich an, als wäre ich eine Spinne.

»Was?«, frage ich. »Bist du etwa ein Nudelsortenfanatiker?«

Er runzelt die Stirn. »Nee, aber ... ich hab mir ehrlich gesagt noch nie darüber Gedanken gemacht.«

»Ah. Dann bist du eindeutig reich.«

»Was?«

»Jemand, der sich um so etwas keine Gedanken macht, ist entweder reich oder doof. Doof bist du aber nicht. Dennoch habe ich in deinen Schränken viele Markennamen gefunden.«

Björn zuckt mit den Schultern. »Ich würde mich allerdings auch nicht als reich bezeichnen. Immerhin haben wir uns als Zeitarbeiter kennengelernt, oder?«

»Aber die Wohnung hier ...«

Er macht eine wegwischende Bewegung. »Meine Eltern sind wohlhabend. Und ich bin tatsächlich ein wenig sorglos, das geb ich zu. Ich hab mir halt nie um Nudeln Gedanken gemacht.«

»Die waren ja jetzt auch nur ein Beispiel.«

»Ich hab das schon verstanden. Meine Eltern lassen mich hier wohnen, solange ich studiere. Sie zahlen auch mein Auto, aber alles andere verdiene ich mir.«

»Ich beantrage jedes Semester Bafög, aber meine Eltern verdienen wahrscheinlich zwei Euro zu viel oder so.«

»Willst du mich heiraten?«

»Spinnst du?«

Björn grinst. »Erst fragst du mich nach Kindern, dann geht es um Geld! Du bist auf einem seltsamen Pfad.«

Ich schmolle. Dann stehe ich auf und hole eine Tüte Salzbrezeln. »Ich will jetzt lieber was gucken.«

»Das schätze ich an dir«, sagt Björn glücklich und nimmt direkt eine Handvoll Knabbergebäck.

»Wasch?«, frage ich kauend.

»Silke hätte das mit mir ausdiskutiert. Wir wären irgendwann übermüdet ins Bett gefallen, es hätte noch Pseudo-Versöhnungssex gegeben, weil man das so macht laut Silke und dann ...«

»Wenn du noch einmal Silke sagst, schauen wir irgendwas mit Hugh Grant.«

Björn wirft sich die ganze Handvoll Brezeln in den Mund, nimmt mich in den Arm und ich suche etwas aus, wo viele unnötige Kämpfe stattfinden.

»Hi, ich bin Aimée«, sagte eine so schlanke asiatische Frau, dass das Wort schlank eigentlich falsch ist. Zierlich, winzig, zerbrechlich? Nein, das war sie sicher nicht. Sie schließt den Laden auf, schiebt die Tür exakt so lange zur Seite, bis sie und ich hindurchgeschlüpft sind und schiebt sie dann wieder zu. »Schön, dass du da bist!«

»Ja, danke«, sage ich und folge ihr durch einen Kleiderständer hindurch. Der muss offenbar da stehen bleiben, damit die Kunden nicht bemerken, dass wir schon da sind und die Boutique geöffnet hat.

Als ich gestern die Nachricht erhielt, ich solle mich bei *Style&More* melden, hatte ich eigentlich direkt den Impuls, abzusagen. Mode und ich, wir waren nicht kompatibel. Man könnte sich das noch nicht mal schönreden, so wie Essig und Öl, die zusammen dennoch eine leckere Salatsoße ergeben. Nein, ich habe einfach schlicht keine Ahnung.

Ganz richtig ist das nicht. Die aufmerksamen Leser*innen wissen, dass ich als Kind und Jugendliche jede Zeitschrift inhaliert habe, derer ich habhaft werden konnte. Ich wusste also eigentlich immer Bescheid, sofern das geht, wenn die Zeitschriften schon ein paar Wochen alt sind, wie die beim Friseur oder Zahnarzt. Ich war immer verwundert, aber wenig neugierig, wie es kommen konnte, dass man im Frühjahr schon wusste, was der nächste Herbst so bringen würde. Es verwunderte mich ebenfalls ab und zu, den Unterschied zwischen den Kreationen der Modemacher und dem, was am Ende wirklich in den Läden war, zu sehen.

Die *Madame* zum Beispiel zeigt Bilder der letzten Schau von *Ich bin alt und weiß und schwul, aber niemand darf es wissen, darum vererbe ich alles meiner Katze, sicher nicht den blutjungen Kerlen, die immer meine Inspiration sind und mir hinterherlaufen*-Lagerfeld. Und wo er Pelz, Seide und Leder verwendet, bleibt bei *C&A* davon Polyester, Elasthan und Baumwolle übrig. Seine Kollektion ist vom Dschungel inspiriert, den Herr Lagerfeld natürlich nie erlebt hat, allerhöchstens den Asphaltdschungel. Alle Töne von Grün, dazu knallfarbene Akzente. Bei *H&M* bleiben davon Schlammgrün, Khaki und Schlamm ohne Grün. Und die Akzente? Die musste man sich dazu kaufen.

Die *Gala* zeigt einem Bilder von Schauspielerinnen in diesen Klamotten und andere von so hässlicher Mode, dass die Fotos nur als Kunst durchgehen. Das merkt man daran, dass der Fotograf genannt wird. *Thierry de la Crème fotografiert die Topmodels des Jahrzehnts!* Zwanzig Seiten lange Beine und tiefe Ausschnitte.

Die untere Schicht der Frauenzeitschriften, also *Bella* oder *Du bist eine Frau mit wenig Geld, aber einem hohen Anspruch und wir gießen dir jede Woche den gleichen Scheiß neu auf*, zeigt dann die Version der Mode unter dem Titel: *Tragbare Haute-Couture* . Da posieren dann Gretel von nebenan und Tatjana unter dem Motto: Was kann man alles mit dieser Bluse aus der aktuellen Kollektion kombinieren? Die Dschungelbluse von *BonPrix* aus *Material, welches so neu ist, dass es keiner kennt, der Name aber suggeriert, dass es kein Plastik ist* -Plastik in dezentgrün, wird mit einem apricotfarbenen Halstuch kombiniert. Dazu passend gibt es das unauffällige Tagesmakeup, welches auch eine deutsche Schauspielerin aus einer Daily Soap trägt. Dann kann das ja nur gut sein, oder?

Ok, aber zurück zu *Style&More*. Ich habe es heute Morgen noch gegooglet und bin mir darum noch sicherer, dass ich hier falsch bin. Wie soll ich das beschreiben? Wenn ich am ehesten irgendwo einkaufen würde, dann bei Karstadt im Eigenmarkenregal, bei *H&M* im *Wir sind so gut zur Umwelt*-Regal und *Jeans Fritz*. Zuletzt haben ich *Tom Tailor* entdeckt. Da passen mir wenigstens die Jeans.

Hier allerdings gibt es keine Jeans. Hier gibt es Outfits. Also einmal alles. Angefangen von den hochhackigen Schuhen über die Dessous zur Schluppenbluse und dem Pencil-Skirt. Mode für die berufstätige Frau. Büro und Werbeagentur.

Ich habe mich wirklich bemüht und eine Marlene Hose angezogen, dazu mein einziges Paar Schuhe, welche keine Sneaker sind, und einen Pullover, den ich mal von der Schwester meiner Mutter bekommen habe mit den Worten: Der war mal richtig teuer, aber er passt mir nicht mehr.

Dennoch fühle ich mich neben Aimée wie ein Trampel. Der Elefant im Porzellanladen.

»Ich habe noch nie Kleidung verkauft«, sage ich also sofort.

»Das macht nichts. Das mache ich.«

»Was soll ich dann tun?«

»Wir haben vor allem Kunden, die sehr viel anprobieren. Ich brauche jemanden, der dann die Sachen wieder zurückbringt und vor allem auch welche in anderen Größen bringt, während ich bei der Kundin bleibe. Und jemand, der die Kundinnen begrüßt, während ich beschäftigt bin.«

»Ich bin nicht besonders gut im Zusammenlegen. Aber ich übe es.«

Aimée lacht. »Ja, das sind wir alle nicht, oder? Aber keine Sorge, wir werden uns nicht überarbeiten. Könntest du einmal kurz durchsaugen?«

Das kann ich. Staubsaugen ist zwar nicht meine Lieblingsbeschäftigung, aber besser als Kleider zu falten.

»Ist denn mein Outfit ok?«, frage ich dann.

»Klar. Glaub mir, die gucken dich nicht wirklich an. Ach, eines noch: Schau bitte auf kleine Gruppen von jungen Mädchen. Die klauen gerne.«

Das finde ich zwar unschön ausgedrückt, aber ich nicke. Während Aimée jetzt aufschließt, schaue ich mir die Kleidung an. Ja, wie ich dachte, Outfits für Bürodamen, vorrangig aus Plastik, mehr Schein als Sein.

Versteht mich nicht falsch! Da ist nichts Verwerfliches dran. Ich haben großen Respekt vor Frauen, die sich mehrmals am Tag umziehen! Oder die mehr als eine Minute über ihre Outfits nachdenken. Oder die überhaupt wissen, was ein Outfit ist! Ich bewundere Frauen mit Stil. Die gepflegt aussehen und einfach ein Typ sind. Aber ich könnte mich auch in Wurstpellen oder Müllsäcke kleiden, genauso fehl am Platz würde ich mich in diesen Klamotten fühlen.

Aber nun bin ich hier und ich lächle. Erstes Gebot im Showb... – nee, im Einzelhandel. Lächeln. Zumindest in dieser Preisklasse. In den höheren Preisklassen lächeln die erst, wenn der Champagner fließt. Oder das Koks.

Aimée lächelt jedenfalls. Die Tür geht auf und der Paketbote schmeißt ein paar Kartons rein. »Einmal hier unterschreiben«, sagt er hektisch.

»Oh, kannst du das hinten auspacken?«, fragt Aimée, nachdem wir es in das zweimaldrei Meter große Hinten verfrachtet haben. Es steht ein winziger Tisch darin und ein Stuhl. »Kontrollier aber die Lieferscheine genau. Die Chinesen sind Meister im Fälschen.«

Ich wage nicht zu fragen, ob sie selbst Chinesin ist oder war oder nun Weltbürger oder Bürgerin Deutschlands oder überhaupt etwas. Das erste Paket beinhaltet ... Spitze? Nein, es sind wohl Unterhosen. Wobei das Wort Hose für diese Stoffstücke vermutlich übertrieben ist. Schon das Wort Stoff ist übertrieben. Wahrscheinlich wird das aus einer dünnen Plastikfolie ausgestanzt. Es besteht aus mehr Löchern als Materie. Es ist schwierig zu sehen, wo vorne und hinten ist, und das Etikett ist fast größer als der Bereich, den es verdecken wird.

Ich weiß nicht ... zieht man da noch eine Unterhose drunter an? Ich mein, man hat ja eine Unterhose aus GRÜNDEN an. Das hier genügt keinem meiner Gründe. Vermutlich ist so etwas der Grund, warum Frauen in Filmen sich nach dem Geknutsche kurz entschuldigen und dann halbnackt aus dem Bad erscheinen, umschmeichelt von irgendwas (350 Euro), was der Kerl dann direkt ausziehen darf. Oder zerreißen. Ich versuche jedenfalls, die glitschigen Stoffstücke zu identifizieren und auf der dazugehörigen Liste abzuhaken. Nicht leicht, denn sie ist auf Italienisch. Warum? Sollte das nicht aus China sein?

»Mia? Kommst du mal?«, flötet Aimée. Ich bin mir sicher, ich kann gleich wieder von vorne anfangen, aber ich muss natürlich folgen. »Kannst du das mal eine Nummer größer raussuchen?«, fragt sie mich, hält mir etwas entgegen und mit der anderen Hand zwei Finger hoch. Die Geste ist so, dass die Kundin das nicht sieht, und mit hochgezogenen Augenbrauen gemacht. Ich rate, dass ich eigentlich zwei Größen größer suchen soll und nicke. Die Bluse ist weiß und aus einem ähnlichen Stoff wie die

Unterhosen. Sie glitscht mir durch die Finger, während ich das Größenschild suche. Darauf steht XXS.

Ich muss mir ein Lachen verbeißen. Wer auch immer in der Umkleidekabine steht, hat vermutlich nicht XXS, außer sie ist 13 Jahre alt oder Aimée. Die Asiatinnen haben oft lächerliche Maße, die wir Europäerinnen – oder sind wir Kaukasierinnen? – niemals erreichen. Dennoch machen die Leute Mode in solchen Größen. Eigentlich müsste da dann 164 drinstehen. In Deutschland ist das eine Kindergröße. Die Angabe der tatsächlichen Körpergröße. Naja, jedenfalls ist XXS immer das, was noch am Ständer hängt, wenn es *Ausverkauf* heißt und du nicht direkt zur Ladenöffnung da bist. Natürlich bleibt auch nur die übrig, weil die keiner braucht. Außer 13-Jährige und Aimée, wie gesagt.

Ich nehme also statt XXS ... ja was? Eins weniger ist XS, noch eins weniger S. Lächerlich – wieso diese vielen Unterscheidungen im S-Bereich? Wieso bekommt der traurige M-Bereich keine? Da gibt es einfach nur M. Ich träume von: LM, was leger mittel bedeuten würde. Oder SM für schlank mittel ... nee, das würde zu Verwechslungen führen. L dagegen hat wieder eine nach oben offene Skala. Aber egal, ich nehme zur Sicherheit noch M mit.

Ich spoilere euch nun: Es war natürlich M, welche passte. Vielleicht habe ich doch noch eine Karriere im Modebusiness vor mir. Ich sehe mein Firmenschild: M! Alle Kleidungsstücke sind nur noch in M. Und ansonsten steht so was drauf, wie: *M zum Wohlfühlen!* Das ist dann groß. M enganliegend ist halt klein. Ich werde natürlich auch noch andere nette Beschreibungen hinzufügen. Aber niemals wird etwas in XXS sein. Nie.

Ich habe endlich die Unterhosen gezählt und will gerade das nächste Paket öffnen, als Aimée kommt. »Verdammt, ich krieg Migräne«, sagt sie. »Ich lauf mal schnell in die Apotheke und hol mir was.«

Weg ist sie. Ich stehe mitten in dem Laden, atme die Plastikweichmacher und das Ladenparfum ein und habe Panik.

Ladenparfum? Ja, sicher, es gibt da eine Industrie. Aber das weiß ja jeder, der mal an einer Bäckerei vorbei ging. Es gibt natürlich Duftmischungen für Geschäfte, die den Verkauf ankurbeln sollen. Über Düfte habe ich ja schon ausgiebig gesprochen. Hier jedenfalls ist es: Du bist sexy und kompetent und die anderen sollen es wissen.

Hoffentlich kommt keiner. Besser gesagt: Keine. Ich glaube nicht, dass ein Mann hier allein reinkommt.

Ein Mann kommt allein rein. Ich lächle. Soll ich ihn nun direkt anlabern? Ich persönlich hasse das ja. Man geht irgendwo rein und wird direkt doof von der Seite angemacht. Dabei möchte man einfach nur alles ansehen und wieder herausgehen.

Ich warte ab. Aber er geht nicht. Er ist jetzt bei der Unterwäsche angelangt. Verdammt, was sollte ich sagen, wenn er da was wissen will? *Gibt es das auch in noch weniger? Würden Sie das mal probetragen?* Er sieht ja echt gut aus. Gepflegt, nennt man so was. Haare sind gut geschnitten, seine Kleidung passt und ist irgendwie zeitlos. Er ist angezogen, als wäre er auf dem Weg zur Strandbar. Dieser Look, den *Tommy Hilfiger* berühmt und ihn reich gemacht hat. Pulli lässig über den Schultern hängend, Jeans anliegend, aber nicht knalleeng, weiche Schuhe, Sonnenbrille und unaufdringlicher Duft. Ich würde ihn nicht wegschubsen, wenn er ... was rede ich da? Der ist nicht mein Typ, außer ich wäre wirklich Single und wir wären in einer Strandbar. Spätabends, er hat mir einen Drink gekauft und wir sehen der Sonne beim Versinken zu ... Holla! Was geschieht hier?

Er sieht mich an und lächelt. Will er etwas?

Nein, er geht weiter. Dann steht er vor einem Display von Schals. Die Plastikfahnen hängen an Knöpfen und ein paar sind um gesichtslose Köpfe von Schaufensterpuppen geschlungen. Er lässt sie durch seine Finger gleiten. Was könnte er mich dazu fragen? Nochmal verdammt!

»Guten Tag. Ich würde Ihnen gerne helfen, aber ich bin nur eine Aushilfe«, platze ich schließlich heraus. Ich muss doch endlich etwas sagen, damit der Kunde nicht denkt, ich wäre nur zur Dekoration da!

»Ah, kein Problem. Ich warte auf Aimée.«

»Ach, Sie kennen sie?«

»Ja.« Er lächelt. Verdammt, er ist so selbstbewusst!

»Sie kommt sicher gleich wieder.«

Er nickt nur. Ich hab echt keine Ahnung, was ich nun tun soll, also nehme ich einfach den nächstbesten Pullover auf der Auslage vor mir, schüttel ihn aus und versuche, ihn wieder zusammenzulegen. Aber egal, was ich tue, das glitschige Material macht, was es will. Es rutscht zu einem unförmigen Klumpen auseinander, wie einst der Schleim, mit dem wir als Kinder so gerne spielten.

Und dann kommt der Supergau: Eine Kundin! Wieder beginnt dieses Spiel, bei dem ich doch nur verlieren kann. Außerdem sind wir jetzt zu Dritt hier drin und ein ungeschriebenes Gesetz besagt, dass wir immer den maximalen Abstand voneinander halten müssen! Auf den paar Quadratmetern hier ... das wird schwer. Ich lasse Pulli Pulli sein und hoffe, dass ich ihn irgendwie gewollt casual drapiert habe, und bewege mich ein Stück weg von der Kundin, die natürlich entgegengesetzt von dem Mann den Laden erkunden will. Als sie mir zu nahe kommt, ich aber nicht in Richtung des Herren flüchten kann, wähle ich die Diagonale und frage gleichzeitig, ob sie Hilfe braucht.

»Ich war vor ein paar Tagen hier«, sagt sie tatsächlich. »Da gab es so ein entzückendes Blüschen im Angebot. Ist das noch da?«

»Oh, das weiß ich leider nicht, ich bin nur eine Aushilfe für heute. Aber die Chefin kommt sicher gleich.«

»Ich denke, Sie meinen dieses hier«, sagte der Kerl. Ich bin platt, trete noch einen Schritt zurück und knalle mit dem Hinterteil gegen einen Tisch. Derart gefesselt verfolge ich nun einen meisterhaften Verkauf.

»Ach, genau das! Ich habe es allerdings noch nicht anprobiert!«

»Ach, das ist wie für Sie gemacht. Das wird passen wie angegossen.« Er wedelt das Stoffding wie ein Matador den roten Fetzen, der den Stier irre machen soll. »Es ist auch die letzte«, sagt er. »Die anderen sind nur noch in Türkis da und ich sage Ihnen, ich sehe Sie nicht in Türkis.«

»Ich mag Türkis aber auch«, sagt sie schwach.

»Dieses Mauve macht Ihre Haut strahlender und passt hervorragend zu Ihren Haaren«, sagt er. »Halten Sie sich das mal vor und ich hole mal die Türkise.«

Es wird gewedelt. Mauve, türkis, mauve, türkis. Die Lautäußerungen sind *Ja!, Nee, Besser!, Sehen Sie: Das macht blass.*

»Sie brauchen aber unbedingt noch ein passendes Halstuch«, sagt er. Man kann ihm nicht widersprechen. Sie versucht es, aber er hat genau den Moment abgepasst, in dem sie den Mund öffnet. »Das kaschiert«, sagt er nur leise.

Das bedeutet, es muss etwas kaschiert werden. Sie ist fix und fertig und mustert sich im Spiegel, immer noch mit der mauvefarbenen Bluse in der Hand, mit der anderen den bösen Hals berührend, der offenbar seinen Ansprüchen nicht genügt. Oder hat sie zu wenig Dekolleté?

»Und es betont nochmal«, sagt er dann. Er hält einen blaugemusterten Schal hoch und legt ihn ihr dann so über die Schulter, dass es aussieht, als haben sie ihn lässig zu der Bluse an. Seine Augen begegnen den ihren im Spiegel. Er nickt.

Sie nickt.

Ich atme aus. Mir war nicht bewusst, dass ich die ganze Zeit den Atem angehalten hatte, aber nun merke ich es. Verdammt, das ist wie im Film. Der ist gut, der Mann!

»Ich nehme dann beides«, sagt sie.

»Gute Wahl«, sagt er. Ich muss fast grinsen, denn er hat es doch ausgesucht. Naja, das ist halt hohe Kunst, gell?

Zum Glück kommt Aimée nun auch und kann kassieren. Ich will mich nach hinten verziehen, aber der Mann hält mich auf.

»Ich bin Ken«, sagt er. »Sorry, dass ich mich eingemischt habe.«

»Wie der Freund von Barbie?«, rutscht es mir heraus. »Oh, sorry, nein ... äh ... also das macht doch nichts! Ich wäre völlig überfordert gewesen!«

»Ich will Barbie heißen«, ruft Aimée lachend. »Ja, Ken ist ein Verkaufsgenie. Eigentlich ist das hier seine Boutique. Ich stümpere nur hier rum.«

»Du bist großartig, mein Schatz«, sagt Ken und gibt Aimée einen Kuss.

Ich will nach Hause. Aber es ist tatsächlich erst Zeit zur Mittagspause. Ich mache nur eine halbe, da ich danach nicht bis Ladenschluss hier bin. Was wäre besser als eine schnelle Pommes?

Ich mache mich auf zum Food Court und finde Gundula allein dort vor.

»Was ist passiert?«, frage ich.

»Die sind alle krank!« Sie muss nun an drei Kassen gleichzeitig kassieren und tut mir so leid. Dann kommt aber Mick aus dem Kühlhaus und ich bin erleichtert. Er hilft also mit.

»Ist denn der Tomatenketchup zuckerreduziert?«, fragt eine bekannte Stimme, als ich kurz mein Handy checke, während ich warte.

»Soweit ich weiß, nicht.«

»Es ist halt Ketchup«, will ich Frau Schmidt-Haufärber zurufen. Was erwartet die denn?

»Dann ohne. Machen sie auf eine Seite einen Klacks Mayo.«

»Einmal Fritjes-Sauce«, sagt Gundula brav.

»Mayo«, sagt Frau Schmidt-Haufärber.

»Das ist eine Sauce nach holländischem Rezept und die heißt Fritjes-Sauce.« Gundula bleibt ruhig.

»Ist aber doch das Gleiche wie Mayo, oder?«

»Das kann ich Ihnen so nicht beantworten«, sagt Gundula. »Aber mein Chef kann das sicher.«

Mick ist zur Stelle und erklärt Frau Schmidt-Haufärber, dass es da subtile, aber wichtige Unterschiede gibt. Mir ist das egal, ich grinse Gundula an und sie grinst zurück. Ich verputze schnell meine Pommes und mach dann den Rest meiner Schicht.

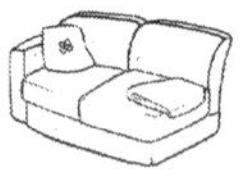

»Heute hatten wir tatsächlich einen spannenden Tag«, sagte Björn abends.

»Wieso? Ist deine Taschenlampe ausgegangen?«

»Blöde Nuss. Nein, es hat einer versucht, eine Lieferung für einen Juwelier abzufangen, und wir mussten die Ausgänge sichern, bis klar war, dass er in die oberste Etage geflüchtet war und die Dame aus der *Karstadt*-Personalabteilung als Geisel genommen hatte. Also stürmten wir ...«

»Niemals!« Ich habe tatsächlich Angst, dass es stimmte. Aber Björn grinst.

»Hast recht. Es war nur 'ne Fortbildung. Aber die ging tatsächlich um Deeskalationsstrategien. Das hätte ich mit Silke mal gebraucht.«

»Ich freue mich auf den Tag, an dem Silke mal kein Thema ist.«

»Autsch.«

»Ja, autsch! Ich mein, ja, du redest von ihr in der Vergangenheit und so, aber ich kann meinen Kopf manchmal einfach nicht drumherum schrauben, dass du nicht der unbefleckte Prinz bist.« Ich grinse, um ihm zu zeigen, dass ich es nicht ganz ernst meine.

»Waren Prinzen je unbefleckt?« Er tut ganz doof. Ich liebe ihn sehr dafür. »Was soll dieses ‹Unbefleckt› überhaupt bedeuten? Das ist ja irgendwie eklig, wenn man drüber nachdenkt. Die unbefleckte Empfängnis. Also ... was befleckt denn da?«

»Es geht doch um das Blut beim Zerstören des Jungfernhäutchens.«

»Es gibt Mädchen, die haben keins. Was war mit denen?«

Ich ziehe eine entsetzte Schnute. »Also ich finde, wenn Frauen unbefleckt sein sollen, dann Kerle auch.«

»Wir haben doch kein Jungfernhäutchen.«

Jetzt müssen wir beide lachen. »Bist du dir sicher?«, frage ich irgend wann giggelnd.

»Ziemlich.«

»Es gibt ja die Möglichkeit, sich das operativ wiederherstellen zu lassen«, sagte ich. »Also wenn du eines hättest.«

Björn verzieht das Gesicht. »Wieso das denn?«

»Dann wärst du ganz mein. Und niemandes Geist würde noch durch diese Räume wandern.«

Er wird ernst. »Hast du das Gefühl, sie tut es?«

»Ich weiß nicht. Ehrlich, Björn, ich weiß nicht. Aber ich weiß auf jeden Fall, dass du nicht alles hier entschieden hast. Diese Bilder da zum Beispiel. Die sind doch aus einem Möbelhaus, oder? Und diese komischen Kugeln in dem Regal. Reine Deko. Jetzt steht da eine Plastikwackelkopffigur von Spiderman daneben, das macht es nicht besser.«

»Ich weiß nicht, ob ich dich verstehe.«

»Naja. Mir kommt es vor, als wären wir Kinder und würden im Haus der Eltern wohnen. Die wären weg und wir hätten sturmfreie Bude. Aber am Sonntagabend muss alles wieder so aussehen wie vorher.«

Björn brummt. Ich kraule seinen Nacken. Er hat es schwer mit mir. Und Silke.

»Wir sollten zusammenziehen«, sagt er dann.

»Was?« Jetzt bin ich überrascht. Ich wollte eigentlich nur die Dekokugeln und Silke loswerden. Jetzt habe ich ein viel größeres Problem.

»Aus dieser Wohnung hier raus?«, frage ich.

»Hm. Könnten wir uns das leisten? Wollen wir uns das leisten? Oder würde es dir reichen, wenn wir alles umstellen, neu anmalen, tapezieren und deinen Kram hierherholen?«

»Meinen Kram? Hast du sie noch alle? Niemand will auf diesem alten Sofa noch liegen! Damit umzuziehen wäre, als würde man mit einen ollen Mülleimer umziehen.«

»Also ich bin für alles offen.«

Ich schweige einen Moment. Björn holt eine Flasche Radler und bringt mir ein Glas mit.

Ich knurre und sage: »Wir sind echt noch nicht lange zusammen. Das ist Irrsinn. Ich mein, wir kommen beide jetzt bald in die heiße Phase der Prüfungen. Wir werden gestresst und gereizt sein. Wir werden uns zerfleischen. Wir werden lernen müssen. Und wenn es nicht klappt, finde ich nie wieder eine bezahlbare Wohnung!«

»Dann muss es klappen.«

»Ich muss darüber nachdenken.«

Björn nickt. »Wären wir jetzt ein amerikanischer Film, würde ich sagen, ich liebe dich, du würdest dich verschlucken und dann würde sofort ein Schnitt zum nächsten Tag gemacht werden, wo du deinen Freundinnen verzweifelt erzählst, wie schrecklich es war, dass du es nicht sofort zurücksagen konntest. Obwohl du mich ja eigentlich liebst, aber eben noch nicht bereit bist, es zu sagen, weil ...«

»Hör auf, du Spinner!«, rufe ich belustigt. »Musst du nicht darüber nachdenken?«

»Was soll das Nachdenken bringen? Du zahlst jeden Monat viel Geld für eine überflüssige Miete und bist dennoch eigentlich jeden Tag hier. Dir gefällt meine Wohnung nicht, also könnten wir doch das Geld nehmen und umdekorieren. Du kennst mich inzwischen lange genug, um zu wissen, dass ich echt nicht leicht ausflippe. Wenn du also mal zickig wirst ... du kannst das Gästezimmer haben! Also das, wo JJ drin gewohnt hat. Mein ehemaliger Mitbewohner, du weißt schon.«

JJ war natürlich vor Silke gewesen. Danach hatte sie sich da einen Hobbyraum eingerichtet. Es stehen immer noch ein paar Kisten darin. Es wäre mir eine Freude, die wegzuwerfen! »Echt?«

»Echt. Du zahlst mir einfach Miete dafür, du bekommst einen Schlüssel und ich darf nicht rein, außer du willst das. Wir können auch einen Mietvertrag machen.«

»Das hört sich gut an. Ich glaube, damit könnte ich leben.«

»Du bist schon 'ne Marke.«

»Ich weiß. Aber Björn, ich hab einfach Schiss.«

»Wovor?«

»Du ... du denkst, es war toll, dass du so lange mit Silke zusammen warst, oder? Also so: Treu und so. Aber in Wirklichkeit glaube ich, dass du einfach faul warst. Du hast es geschehen lassen. Du hast dich vereinnahmen lassen. Und das ist so einfach. Du bist nett und lieb und so, und ... ich habe Sorge, dass ich Silke werde.«

»Was?«

»Ja, guck, ich hab´s gerade erst selbst kapiert. Aber wenn du mir so viel Macht gibst, dann werde ich die auch ausnutzen! Das tut man einfach automatisch! Darum brauchen wir Grenzen. Und Respekt. Du musst auch Grenzen setzen. Hast du denn dann auch ein Zimmer hier?«

»Äh. Das wird schwer.«

»Dann machen wir das anders. Das kleine Zimmer wird nicht mein Zimmer. Das ist Quatsch.« Ich rede mich um Kopf und Kragen! »Aber wir richten es so ein, dass man sich mal ’ne Auszeit darin nehmen kann. Und Miete zahl ich auf jeden Fall. Und einen Vertrag will ich auch.«

Björn seufzt. »Du bist echt anstrengend.«

»Das denkst du! Glaub mir, es wird alles leichter so.«

»Ich hoffe es.«

»Uff. Wir ziehen zusammen.« Er küsst mich.

»Ich freu mich.« Tu ich wirklich.

»Neiiin!«, rufe ich laut, als ich am Frühstückstisch in meinen E-Mails lese, wo ich heute eingesetzt werde.

»Was ist?«, fragt Björn entsetzt.

»Ich muss in den Schokoladenladen!«

»Neiiiin! Bring mir von den reduzierten Ostersachen was mit. Du kriegst doch sicher Mitarbeiterrabatt!«

Mitarbeiterrabatt ist die Anfixdroge der Angestellten. Sie wollen natürlich all den Kram, den sie täglich so vollmundig anpreisen und schönreden. Und mit dem Rabatt wird alles besser. Wir kaufen direkt wieder so viel, dass wir eigentlich nix verdient haben.

»Du bist ein mieser Verräter an meiner Linie«, sage ich zu Björn.

»Trüffeleier«, sagt er genießerisch und knuddelt mich zum Abschied nochmal durch. Vor allem die Stellen, die ein wenig zu viel Trüffeleier eingelagert haben. Und Chips und Eis und Kuchen. Ich gehe mit einem Lächeln und betrete auch das Geschäft damit.

Der Geruch nach Schokolade ist so wunderbar. Hier gibt es sie in allen möglichen Formen und Geschmäckern. Weiße – ja, man kann sich streiten, ob es echte Schokolade ist, aber mit Kokos und einem Spritzer Limette ist sie wunderbar –, Vollmilch und Zartbitter. Ich persönlich bin nicht ganz Zartbitter-Fan. Ich meine diese harten schwarzen Tafeln, die sind mir zu sauer. Aber so 45-50% ... das ist schon was Feines.

»Ah, hallo, Frau ...«

»Mia«, sage ich.

»Ah, na gut. Ich bin Hilde. Sie haben ja ein Gesundheitszeugnis, oder?«

»Das müsste vorliegen. Ich hab aber hier eine Kopie.«

»Gut, gut. Also wir haben verpackte Ware und lose. Die Trüffeltheke braucht besondere Sorgfalt, das werde ich meistens machen. Falls ich kassiere, müssen Sie dort natürlich auch einspringen.«

Sie erklärt mir einiges und ich bin zuversichtlich, dass ich das wuppe. So schwer kann doch Süßigkeitenverkauf nicht sein, oder?

»Bekomme ich Mitarbeiterrabatt?«, frage ich direkt. »Mein Freund liebt ihre Trüffel und ich würde dann welche mitnehmen.«

»Ja, das kann ich machen«, sagt sie zu meiner Erleichterung.

»Ich würde dann direkt welche mitnehmen, damit ich das nachher nicht machen muss, ok?«

»Jaja.« Sie ist abgelenkt, während sie nochmal kurz ihr Handy checkt.

Ich packe mir also eine Tüte und Hilde stutzt kurz. Dann grinst sie. »Das reduzierte Zeug zu nehmen ist clever. Eigentlich dürfte ich das nicht nochmal reduzieren. Aber ich mag Sie jetzt schon. Die letzte Aushilfe hat erst mal einen Trüffel direkt gegessen. Zack, mit den Fingern rein und in den Mund.« Sie schüttelt sich. »Er hatte die Finger noch nicht mal gewaschen. Ich habe mir dann verbeten, den jemals wieder zu bekommen. Meistens komme ich ja aus mit meinen Minijobberinnen. Aber im Moment sind alle krank.« Sie redet viel. Ich nicke. Irgendwie sieht sie ein bisschen abwesend aus. Ob sie ein Problem hat? Sie checkt auch immer wieder ihr Handy.

Ich nicke, bezahle und verstaue meine Tüte in dem kleinen Raum, der sonst nur noch einen Stuhl, ein paar Pakete und eine Kaffeepad-Maschine enthält. Da es aber gleich losgeht, verzichte ich darauf, noch einen Kaffee zu wollen.

Die Türen öffnen sich und die ersten Shopper rennen an uns vorbei. Das wundert mich nicht, ich muss auch selten notfallmäßig Schokolade kaufen. Das sind eher so die Sachen, die man erwirbt, wenn man schon alles andere hat. Oder eben nicht hat. Frustkäufe. Oder Belohnungskäufe. Es gibt so viele Gründe, Schokolade zu kaufen!

Nein, die ersten Shopper sind eigentlich meist keine, sondern oft die, die zum Friseur wollen. Natürlich sind hier in der Mall auch Friseure, vor allem von der Art, die keine Termine machen. Wer zuerst kommt, wird zuerst geschnibbelt. Das führt zu einem unschönen Belauern von Kunden, schon bevor der Laden öffnet. Natürlich wissen sie, wer zuerst da war, aber vielleicht könnte man sich ja in einem unbeobachteten Moment vordrängeln?

Die Deutschen sind ja eigentlich schon sehr diszipliniert, wenn es ums Schlange stehen geht. Aber es gibt zwei Dinge, die dennoch geschehen: Erstens gibt es Menschen, die einfach das Ende der Schlange nicht finden. Da nutzt auch kein Sehtest was oder so, nein, sie denken einfach, die anderen Menschen stehen vermutlich so aus Jux und Dollerei hintereinander an. Sie sind auch sehr überrascht und oft ungehalten, wenn sie dann ans Ende der grummeligen Schlange verwiesen werden. Innerlich breche ich jedes mal fast in Tränen der Erleichterung aus, wenn es jemand anders ist, der die- oder denjenigen zur Ordnung ruft. Ich selbst habe sofort einen Kloß im Hals, weil in meinem Inneren ein Kampf ausbricht.

»Sag was, das geht gar nicht!«

»Ne, sag nix, die findet das schon selbst raus.«

»Die Zeit ist gleich vorbei, wo es noch annehmbar ist, dass man schnell sagt: Hey, hier ist übrigens 'ne Schlange!«

»Die Zeit ist schon vorbei. Ab jetzt wird es nur noch peinlich.«

»Ich hasse solche. Die letzten Asis sind das!«

»Die hat das einfach nicht gesehen. Chill. Du bist nicht auf der Flucht!«

»Blöde Kuh! Ich flipp gleich komplett aus!«

«Das gibt gutes Karma. Tall and tan and young and lovely ...”

Ihr kennt das.

Zweitens gibt es Menschen, die meinen, weil sie alt sind oder reich oder irgendwie einfach besser, müssen sie nicht Schlange stehen. Oder sie meinen, die Schlange fängt doch hier drüben an, oder? Wie, 20 Leute stehen rechts und keiner links? Dann stellen die sich links an und machen so eine Privilegierten-Linie auf, als wäre das hier ein Flughafen und es gäbe Bevorzugung.

Als Bedienung hinter der Theke ist man wirklich sauer über sowas. Denn man muss nicht nur schauen, dass man alles schnell erledigt, sondern auch noch, wer eigentlich wirklich dran ist. Die Besten sind die mit der Schein-Ausrede. *Mein Bus kommt gleich. Ich habe es echt eilig. Ich will nur Geld wechseln. Ich brauch nur was ganz kleines ...* Man kann sich doch sicher sein, dass die Dame, die nur ein Brötchen wollte, entweder mit der Verkäuferin über alle Inhaltsstoffe erst mal lang diskutiert und dann doch ein Croissant nimmt oder sie braucht ewig, das Kleingeld zusammenzusuchen. Oder sie will mit Karte bezahlen und ausgerechnet heute ist das Lesegerät wieder ganz lahm.

Ein weiteres Kapitel ist das Vorlassen, aber dazu kommt es eher selten.

Uns gegenüber ist so ein Friseur und die haben auch gerade aufgemacht. Ich denke erstens, dass ich auch mal dringend wieder eine Frisur haben müsste, und zweitens, dass ich auch in den Laden nebendran mal müsste. Mir sind die Kerzen ausgegangen.

Der Laden neben dem Friseur ist einer derer, die man irgendwie nicht beschreiben kann. Sie sprießen wie Pilze aus dem Boden und bieten Krimskrams. Also Deko und so. Und es gibt sie in superbillig, billig und Markenname.

Superbillig sind die Läden mit den lustigen Namen wie zum Beispiel *Nanu-Nana*. Wer hat sich das ausgedacht? Jemand, der an dem Sortiment vorbei geht und denkt: Nanu, was ist das denn für ein Schrott? Und dann denkt: Nana, vielleicht finde ich ja dennoch etwas, die kleine Eichhörnchenfigur ist ja ganz süß und die haben auch Kerzen!

Kerzen sind eine bittere Einstiegsdroge. Sie sind günstig genug, dass es nicht wehtut, sie zu kaufen. Sie sind nützlich, machen nicht dick, sind dekorativ und manchmal riechen sie sogar nach etwas. Sie verkaufen dann auch Lebensgefühl. Kerzenlicht schmeichelt. Kerzen machen es gemütlich. Kerzen sind meditativ. Mehr als Licht: Erleuchtung! Mies.

Jedenfalls ist uns gegenüber eben auch das Nanu und Nana. Und ich kasteie mich sofort dafür, dass ich denke, ich könnte ja mal reingehen. Warum? Saß ich zuhause und dachte: Uff, mir fehlt hier ein Deko-Entchen? Oder noch eine Deko-Laterne (für Kerzen, noch schlimmer, Teelichter. Teelichter sind die mieseren Kerzen. Sie sind die schlimme Verwandtschaft. Die, die müffeln und immer am Buffet das Roastbeef wegessen.)? Nein. Ich dachte eher: Keine Deko mehr, weniger ist mehr ... Ich denke auch sofort an den drohenden Umzug. Ich will schon bei Björn wohnen, aber umziehen will ich nicht. All der Kleinkram, den man angesammelt hat und sicher nicht wegwerfen kann. Aber einpacken muss, auspacken, irgendwo hinstellen ...

Ich bin froh, als endlich Kundschaft den Laden betritt. Die Dame weiß aber, was sie will. Einen dunklen Trüffel, ja, den da, das ist doch der Schokoschokoschokohimmel? Genau und dann zwei vom *Baileys*schoko und einen Himbeerkernschoko, einen Butterhimmel, zwei Karamellkissen und fünf von den Nussküssen.

Ok. Wer zuhause ist der Nuss-Fan? Ist es der Mann, der nur Nüsse mag, und die isst alle anderen? Oder liebt sie Nüsse sehr, isst aber auch ab und zu etwas anderes, nur um irgendwie den Gaumen erneut nussfrei und damit maximal aufnahmebereit für die anderen Geschmäcker zu haben?

Ah, sie ist noch nicht fertig. Ich gehe zur Seite, während ihr Blick über die Schokolade schweift. Wir haben Schokolade in Tierformen, als Werkzeug, Stöckelschuhe (warum?) und allerlei andere Arten. Wir haben Tafeln in allen Größen und Grammzahlen und auch sortenreine und schließlich *Kenner*-Tafeln. Ich tippe innerlich, dass sie eine Kennerin ist. Aber es kommt anders. Sie packt noch fünf Tafeln vom Angebot dazu, lächelt mich an und geht dann bezahlen.

»Hätte ich sie beraten sollen?«, frage ich Hilde dann. Die schüttelt den Kopf.

»Nein nein, die kommt immer montags. Sie teilt sich die Trüffel über die Woche ein, sagt sie. Die Tafeln sind für ihren Schreibtisch. Sie legt diese als Lockmittel und Ablenkung für die Kollegen aus. Diese klauen ihr die Schokolade und suchen dann nicht weiter, weil sie denken, dass es ja eh nur die billige hier zu holen gibt.«

»Geschickt!«, sage ich.

»Ja, echte Schokoholiker passen gut auf, mit wem sie teilen«, sagt Hilde.

»Wie viele Leute sind denn echte Schokoholiker?«, frage ich.

»Den meisten ist es völlig egal. Ich hatte auch mal hochpreisigere Schokolade hier, mit wirklich exotischen Inhaltsstoffen. Die musste ich dann selbst aufessen.« Hilde kichert tatsächlich. »Nein, die meisten von uns sind doch mit der lila Kuh aufgewachsen. Oder quadratisch praktisch. Die wissen nicht mal, dass es so etwas wie andere Schokolade gibt. Welche, in der weniger Zucker drin ist und keine künstlichen Aromen und so. Dann gibt es viele, die vor dem Preis zurückzucken. Die sind gewohnt, dass eine Tafel einen Euro kostet. Oder weniger, wenn sie im Angebot ist. Und dann sind sie die 100 Gramm-Tafel gewohnt. Eine kleinere ist per se schlechter – so irrational das auch ist, weil es ja eigentlich nur auf den Grammpreis ankommt. Und wenn man sich den Trend zur XXL-Tafel anschaut, wo dann mehr Zubehör als Schokolade drin ist – damit meine ich Kekse, Nüsse, Cornflakes, ganze Melonen ...«, sie lacht. Ich mag sie sehr. »... dann weiß ich einfach, dass es schwierig ist, gute und teure Schokolade zu verkaufen.«

»Gut ist ja auch immer relativ«, sage ich. »Wenn ich einfach nur Schokolade für die Kollegen brauche, dann ist die billige gut, oder?«

Hilde nickt eifrig. »Exakt.« Sie checkt wieder ihr Handy.

Wir haben insgesamt nicht viele Kunden und die meisten scheinen Stammkunden zu sein.

»Viele haben ihre Ostervorräte noch«, sagt Hilde, als ich nachfrage, ob das Geschäft immer so schleppend läuft. »Wenn du mir einen großen Gefallen tun willst, dann könntest du hinten in dem kleinen Raum die Kartons kleinmachen und wegbringen.«

Ich bin begeistert. Wirklich! Ich hasse dieses Rumstehen und Nichtstun. Also zerkleinere ich fein säuberlich Kartons, bis ich an einen komme, der offenbar nicht leer ist.

»Oh«, sagt Hilde kurz sehr erschrocken, als ich ihr das zeige. Sie hat gerade einen Kunden verabschiedet. Komisch, dass ich allerdings nicht das Gefühl habe, die Dame hätte Schokolade gekauft, und dass ich sehe, wie Hilde sich Geld in die Hosentasche steckt. »Das ist ja ... Mist! Das sind noch Ostertrüffel. Die sind mir völlig durch die Lappen gegangen. Ich habe mich deswegen auch mit dem Lieferanten rumgestritten, weil ich dachte, der hat mir zu wenig geliefert! Jetzt müssen wir die aber leider wegwerfen. Die kann ich nicht mehr verkaufen.« Sie sieht wirklich ein wenig verzweifelt aus und wischt sich Schweiß von der Stirn.

Ich bin versucht, mir die Schachtel wie ein verwaistes Kätzchen an die Brust zu drücken und wie ein Rugby-Quarterback meinen Weg nach Hause zu bahnen. Alles, nur nicht der Müll! Aber ich atme ruhig und sage: »Ja, dann muss das wohl so sein.«

Hilde muss bedienen und ich stopfe die Schachtel in meinen Rucksack. Beute!

Als ich in den Verkaufsraum schaue, ob Hilde mich sieht, ist sie zum Glück beschäftigt. Sie gibt einer Frau Geld und nimmt von dieser eine kleine Schachtel an, die sie sich schnell in die Strickjackentasche steckt. Als ich aus dem Hinterzimmer komme, sagt sie: »Ich mach mir eben einen Kaffee«, und drückt sich an mir vorbei. Sie hat es eilig.

»Ach, Hallo!«, sagt eine bekannte Stimme. Die Kundin begrüßt mich nett? Ich krame in meinem Kopfstübchen nach dem Namen. Irgendwie war er bekannt. Das Gesicht jedenfalls ist es.

»Clowntown?«, frage ich.

»Ja. Tine. Du warst Mia, oder? Was machst du hier?«

»Ich bin Springerin. Ich arbeite mal hier und mal da.«

»Heute den Jackpot gezogen, oder?«

Ich grinse. »Ja. Definitiv.«

»Was kannst du denn empfehlen?«

»Das kommt drauf an, was für ein Schokotyp du bist!«

»Naja«, sagt Tine und kraust die Nase. »Ich trinke gerne Kakao. Ich esse gerne weiße Schokolade, wenn sie knusprige Füllung hat. Braune Schokolade, wenn sie Nüsse hat, und schwarze nur dann, wenn sie nicht zu schwarz ist und vielleicht mit Pfefferminz oder einem Rotwein. Es sollte nicht bitter werden.«

»Ah, wir sind uns da sehr ähnlich. Ich gebe aber zu, ich wollte nur Zeit gewinnen«, sage ich nun und versuche, entwaffnend zu grinsen. »Ich hab keine Ahnung. Aber weiße mit Maracujafüllung und Kokosknusper habe ich da hinten gesehen.«

Tine kauft tatsächlich eine Tafel und ich bin glücklich. Als sie aus dem Laden geht, spricht sie auf dem Gang mit einigen anderen Frauen. Vielleicht empfiehlt sie uns ja weiter? Tatsächlich holt sie Dinge aus ihrer

Tasche und zeigt sie rum. Frau Schmidt-Haufärber ohne Justin hastet an uns vorbei – puh, Glück gehabt. Ich sehe ihr nach und als ich wieder hinschaue, hat sich die kleine Versammlung aufgelöst und niemand war hereingekommen.

Hilde telefoniert und ich fühle mich langsam wohl im Schokoladenladen. Ich bin die Herrin der Kakaobohnen! Ach was, ich bin die Königin! Nein, das ist Hilde. Prinzessin? Konsulin?

Gibt es eigentlich auch ein Wort, welches nicht nur eine Bezeichnung für einen Mann ist, wo dann ein *in* hinten drangehängt wurde? Ich ärgere mich. Aber Ärger verkauft keine Schokolade. Also berate ich weiter über Zartbitteres, Halbbitteres, Herkunftsschokolade und Sonderangebote.

»Udo, brauchen wir noch Schokolade?« Ich lächle meinen Lieblingskunden an.

»Die kaufen wir im ...«, beginnt Harry.

»Nein, bitte, kauft sie hier«, sage ich. »Sonst wisst ihr nicht, was Schokolade ist!«

»Der Udo haut sich Schokolade rein, als gäbe es kein Morgen«, sagt Harry. »Wir können es uns nicht leisten, teure Sorten zu kaufen.«

»Ich glaube«, sage ich, »dass Ihr Mann das nur tut, weil in der Supermarktschoki nur so wenig von dem guten Zeug drin ist. Wir haben hier Schokolade, da reicht ein Stück und nach einem Riegel schwebt man im Theobrominhimmel.«

»Wo drin?«, fragt Harry misstrauisch.

»Ist ja egal, jedenfalls ist da weniger Zucker und anderes schädliches Zeug drin. Aber ganz viel vom Glücklichmachenden.«

»Aha«, sagt Harry.

»Ich will das«, sagt Udo. Er steht schon im Geschäft. »Gibt es das auch in fair?«

»Sicher, hier drüben.«

»Das wird teuer«, sagt Harry.

»Hier gibt es auch Marzipan«, sage ich. »Oder mit Alkohol gefüllte ...«

»Still, Verführerin!«, donnert Harry streng. Dann lacht er. »Du hast mich durchschaut. Schnapspralinen sind meine Achillesferse.«

»Dann sind Sie ein Drachentöter!«, rufe ich. «All hail to the dragonslayer!"

»Woher weiß die das?«, fragt Udo.

»Was?«, frage ich überrascht.

»Hat Harry dir von seinen Armeen erzählt?«

»Nein?«

Ich bekomme einen Vortrag. Ich verstehe so viel: Harry hat kleine Figuren aus Plastik – früher Zinn, die hat er auch noch – und mit denen spielen er und Udo und noch ein paar Freunde so etwas Ähnliches, wie die Leute damals im *Funkelchen*. Fantasy-Rollenspiele. Die Welt ist so klein. Und Harry ist tatsächlich ein Ritter und Drachentöter. Das finden die anderen aber gar nicht so gut, weil Drachen nicht immer böse sein müssen.

Hilde ist mir auch nicht böse, dass sie das mitanhören musste, denn der Umsatz war dennoch gut. Sie hat jetzt auch viel bessere Laune und guckt nicht mehr dauernd in ihr Handy. Harry und Udo haben genug Schokolade für die nächste Spielrunde mitgenommen und scheinbar sind Schnapspralinen eine heikle Sache. Die werden schnell schlecht, wenn die Schokolade und die Zuckerkruste zu dünn sind.

»Drum machen die in den Läden erhältlichen auch noch Nüsse darum. Aber das ist wirklich grauenhaft.« Hilde schaudert es.

Ich bekomme eine kleine Tüte bald ablaufender Schnapspralinen und hoffe, dass Björn die mag. Bis ich zu meinen Eltern komme, halten die sicher nicht. Mein Vater mag die. Ich muss vor dem nächsten Besuch nochmal herkommen.

Ich darf dann früher gehen, weil ich ja den Müll noch wegbringen muss. Alles in allem war es ein schöner Tag.

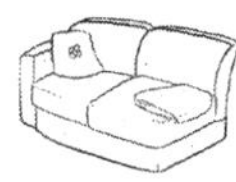

»Du hast die jetzt angebissen!«, sagt Björn. »Die wollte ich auch probieren, und davon gibt es nur eine.«

Ich will mir gerade den Rest des köstlichen Schokoeis' in den Mund schieben. »Ja, das ist ... irgendwas mit Orange. Oder Mandarine? Egal, willst du probieren?«

Er zögert, nimmt dann aber die halbe Praline. Wir futtern uns durch die Lage Gemischtes, welche ich »gerettet« habe. Es ist herrlich. Ein bisschen zu viel weiße Schokolade für meinen Geschmack, aber das passt ja eher zu Ostern, ich verstehe das schon.

Björn mag die Schnapspralinen zum Glück.

»Wie war es bei dir heute?«, frage ich dann.

»Ach, ganz ok. Ich war ja heute nicht in der Mall. Mein Professor wollte mit mir über die Abschlussarbeit sprechen.«

»Du rockst das!«

»Ich weiß noch nicht. Ich muss vielleicht ein wenig pausieren. Also in der Mall. Ich komme nicht gut mit den halben Tagen, oder eher Nächten, klar.«

»Dann muss ich mehr Essen auf dem Müll finden.«

»Du bist ja lustig. Nein. Wenn du einziehst, sparen wir ja schon 'ne Menge.«

»Das setzt mich jetzt unter Druck!«, maule ich.

»Ach, Mia. Ich wünschte, ich könnte dir besser zeigen, dass alles gut wird.«

»Ach Björn«, mache ich ihn liebevoll nach. »Ich weiß das doch!«

»Woher?«

»Weil ich dich beobachtet habe. Und deine immer noch wertschätzende Art, wie du mit Silke umgehst, zeigt mir, dass du nicht so schnell ein Arsch bist.«

»Ich bin wertschätzend? Silke gegenüber?«

»Du glaubst vermutlich, du redest schlecht über sie. Aber das tust du nicht. Du redest schlecht über eure Beziehung und ihren Umgang mit dir. Und das zurecht. Aber dass Silke an sich ein schlechter Mensch war, das sagst du nie. Du sagst nicht: *Die blöde Kuh*, oder machst sie nieder, verstehst du? Die Art, wie eure Beziehung war und sich entwickelt hatte, das habt ihr gemeinsam gemacht. Das war eurer beider Fehler. Und das Zusammenspiel davon. Und das war nicht gut. Da hattest du aber auch mit dran Schuld. Und das weißt du auch.«

Björn begutachtet die kläglichen Überbleibsel der Lage Gemischtes. Marzipan ist nichts für uns, das zeigen die angebissenen und zurückgelegten Eier. »Echt? Weiß ich das?«

»Nicht so bewusst. Du könntest jetzt kein Buch darüber schreiben oder einen Vortrag darüber halten. Aber mir ist das aufgefallen. Die meisten Leute, die ich kenne, ziehen später schlecht über ihren Expartner her. Und ich denke mir so: Hallo? Du hast dir den oder die mal ausgesucht und mir vorgeschwärmt, wie toll er oder sie ist. Hast du dich so geirrt? Ihnen ist nicht klar, dass es die Beziehung war, die nicht gut war, weniger der Mensch an sich.«

»Aber ...«

»Nee, alles gut.« Ich greife mir pfeilschnell noch ein weiß-marmoriertes Ei, welches suggeriert, dass etwas Fruchtiges in ihm steckt. »Aber genau das ist halt auch der Knackpunkt. Ich muss gucken, wie unsere Beziehung verläuft. Ich hab jetzt ein paar Jahre für mich selbst gesorgt. Du bist rundum versorgt worden. Was wird, wenn ich einziehe? Wirst du dann erwarten, auch wieder versorgt zu werden? Oder willst du gar mich versorgen? Welche Rolle hab ich dann?«

»Uff. Das verstehe ich. Und auch irgendwie nicht. Ich erwarte das nicht von dir. Glaub ich.«

»Ich weiß, dass du das glaubst. Und trotzdem merke ich jetzt schon, wie du mir Macht gibst. Du willst mich in eine Position bringen, die mich vieles entscheiden lässt. Und du? Wo bleibst du? Es ist deine Wohnung, dein Leben!« Jetzt sind nur noch vier nicht angebissene Eier übrig.

»Du machst mich fertig.«

»Ich will nur alles richtig machen.«

»Kann man das?«

»Man muss es doch wenigstens versuchen, oder?«

Er küsst mich. »Können wir jetzt einen Film gucken? Ich hab auch diese rote Praline noch nicht probiert. Davon sind doch drei da. Du kannst dann diese dunkle da haben.«

Ich hab ihn schon sehr lieb, den Björn.

Heute darf ich im Spielzeug-Paradies vom *Hiergibtsalles-Karstadt* arbeiten. Juhuu! Dachte ich zumindest. Aber erst mal ist es nur ein Aufbau einer Sonderfläche. Da kommt nichts Besonderes hin, sondern eigentlich nur Schund, den bisher keiner gekauft hat. Für Sonderpreise. Also billiger.

»Hi, ich bin Heribert«, sagt der Disponent, dem ich zugeteilt bin. Er ist groß und schlaksig und trägt eine bunte Fliege zum gestreiften Hemd. Witzig. Warum er nicht Verkäufer ist, frage ich. Nun, er hat eigentlich keinen Kundenkontakt. Er ist nur dafür zuständig, die Waren hin- und herzuschieben, damit sie dann irgendwann von Verkäufern verkauft werden. Sagt er.

Diese großen Warenhäuser haben Verkäufer, ja wirklich! Man findet sie auch, aber sie sind immer beschäftigt. Das liegt vor allem daran, dass ein unbeschäftigt aussehender Verkäufer von seinem Chef als überbezahlt wahrgenommen wird. Der Chef denkt dann sofort: Wenn der nix zu tun hat, brauchen wir den ja auch eigentlich nicht, oder?

Was dazu führt, dass die Verkäufer nicht das tun können, was sie eigentlich tun sollen, sondern eben panisch immer irgendetwas anderes tun, um ja nicht auf eine Liste zu kommen. Und als Käufer ist man in der blöden Situation, dass einen niemand beachtet. Auch nicht, wenn man endlich beachtet werden möchte. Oder dass man direkt angesprungen wird, sobald man auch nur zögert.

Außer man heißt Schmidt-Haufärber. Die verfolgt mich! Wohnt die hier im Zentrum? Unfassbar. Aber sie scheint direkt zur Ladenöffnungszeit wieder hereingekommen zu sein und diskutiert nun mit einer Verkäuferin.

»Bei der *We are the world-Barbie* fehlte ein Schuh«, sagt sie und hält der Verkäuferin eine Puppe vor die Nase. »Ich habe auch alles hier mitgebracht. Natürlich habe ich nicht die tausend Drahtdinger dabei, die man abmachen muss, um die Puppe benutzen zu können. Himmel, warum muss das so derartig verpackt werden? Das ist eine ganze Tüte voll Müll. Bis ich den getrennt habe? Und dann diese ganzen Kleinteile! Darum hat das auch so lang gedauert, bis der Justin herausgefunden hat, dass da ein Schuh fehlt.«

»Ich kann die umtauschen«, sagt die Verkäuferin noch forsch. »Haben Sie den Kassenzettel noch?«

»Die hat der Justin zum Geburtstag bekommen. Natürlich gab es da keinen Zettel dabei!«

»Das macht es schwieriger. Ist die Puppe wirklich hier gekauft worden?«

Frau Schmidt-Haufärber schwenkt die Figur, als wäre sie ein Schwert. »Woher soll ich das wissen? Und muss ich das wirklich wissen? Was ist denn das für ein Service, wenn ich Ihnen alles beibringen muss?«

»Naja, sonst stimmt aber unsere Buchhaltung nicht mehr.«

»Erzählen Sie mir nichts von Buchhaltung! Ihr schreibt ja auch Sachen ab, die gestohlen wurden und so.«

Die arme Verkäuferin. »Ich kann das nicht entscheiden.«

»Dann möchte ich jemanden sprechen, der das entscheiden kann.«

»Das bin dann wohl ich«, sagte Heribert leise. »Was kann ich denn für Sie tun?«, fragt er dann laut. »Hasenbaum, mein Name, guten Tag.«

»Schmidt-Haufärber. Ich bin hier Stammkundin. Aber das heißt ja heutzutage nichts mehr, so wie ich das sehe, oder?«

Wieso fängt sie mit dieser Eröffnung an?, denke ich.

»Natürlich zählt das etwas, Frau Schmidt-Haufärber. Kundenbindung wird bei uns großgeschrieben. Ich habe vernommen, dass Sie etwas umtauschen möchten?«

»Sie haben also gelauscht und sind nicht sofort eingeschritten? Was haben Sie denn gedacht, dass ich mich schon beruhigen werde?«

»Nein, ich dachte eher, dass Frau Grabenwasser das bestimmt erst einmal selbst kompetent handhaben kann.«

»Nun, kann sie nicht. Aber dann muss ich mich ja nicht wiederholen.«

»Ich muss mal«, sagt das Anhängsel plötzlich.

»Einen Moment, Justin.«

»Ich muss aber jetzt!«

Frau Schmidt-Haufärber weiß nicht, zu wem sie jetzt garstiger sein soll. Aber natürlich hat Justin als ihr Kind erstmal Schonfrist. »Haben Sie eine Kundentoilette?«

»Ja, im Restaurant.« Heribert zeigt ihr mit dem Finger den Weg. Frau Schmidt-Haufärber zerrt ihr Kind dorthin.

»Oh, Verschnaufpause«, sagt Heribert und Frau Grabenwasser seufzt. »Eigentlich ...«

Heribert nickt. »Ja, eigentlich dürfen wir nicht umtauschen. Wir müssten die Puppe einschicken und eine neue anfordern. Aber wie wäre es denn, Frau Grabenwasser, wenn Sie schnell ins Lager gingen und dort mal bei den angemackten Verpackungen schauen, ob wir da nicht noch Schuhe haben?«

Die Verkäuferin nickt. Heribert zeigt mir dann, wie wir die Sonderfläche dekorieren wollen. Das ist kein Hexenwerk und ich lasse mich dabei auch nicht stören. Ich bin nur Dekorateurin, keine Verkäuferin. *Wie mies*, denke ich. *Schon bin ich mit diesem seltsamen Arbeitsvirus infiziert.* Aber ich kann ja wirklich nicht helfen. Das hier ist ein Sammelsurium an Schnickschnack aus Plastik, welches nichts mit dem zu tun hat, womit ich früher gespielt habe. Oder mit etwas, womit ich mein Kind spielen lassen würde. Aber dann denke ich wieder: Spielzeug ist nur eine Art Vehikel. Eigentlich ist es völlig egal, was es ist. Hauptsache, die Kinder haben Spaß damit. Dass ich früher mit einem Blatt Papier, Buntstiften und einer Schere stundenlang Spaß hatte, bedeutet nicht, dass das für alle gilt.

Frau Schmidt-Haufärber kommt kurz nach Frau Grabenwasser wieder.

»Wie soll dass denn nun weitergehen?«, fragt sie genervt. Sie schwenkt die Tüte mit der Puppe erneut wie eine Waffe. Ich will mich hinter der Sonderfläche verschanzen und die Billigplastikteile als Waffen missbrauchen. *Grabenkampf im Spielzeugladen! Erbitterter Krieg bis zum letzten Plastikbaustein!*

Egal, ich bin bereit, meine Hände liegen schon am um 50 Prozent reduzierten Lego-Unterwasserwissenschaftslabor!

»Ich hätte hier ein paar Ersatzschuhe«, sagt Frau Grabenwasser.

Frau Schmidt-Haufärber ist kurz verblüfft. »Wo haben Sie die denn nun hergezaubert?«

»Das tut nichts zur Sache«, mischt Heribert sich ein. »Das sollte dann passen, oder?«

»Guck Justin, hier hat die Puppe jetzt beide Schuhe. Prima, oder?«, sagt die Verkäuferin zu dem Jungen, der die Lego-Unterwasserstation anvisiert. Hey, die ist meine!

Ach, Frau Grabenwasser, sie können offenbar trotz ihres Arbeitsplatzes nicht wirklich gut mit Kindern. Statt es nicht als Frage, sondern als Feststellung zu formulieren, lässt sie Justin die Wahl. Und er trifft sie sofort.

»Ich wollte aber das Auto«, jammert er. »Oder das Lego da!« Er zeigt auf meine Schachtel, ich räume sie provozierend auf die Fläche. »Mama sagt, ich darf ...«

Frau Schmidt-Haufärber sieht ihren Sohn an, als wäre er eine Made, die sich aus ihrem rotbackigen Apfel bohrt. »Heute nicht.«

»Aber Mama hat ...«

»Heute nicht, Justin Hans-Günter!« Frau Schmidt-Haufärber wird ganz laut und streng. Sie nimmt die zwei winzigen Plastikschuhe und wirft diese in die Tüte mit der Puppe. »Danke. Auf Wiedersehen!«

Weg ist sie, trotz trotzigem Anhängsel, sehr schnell.

»Die hat eigentlich damit gerechnet, dass wir keine Schuhe haben. Sie hätte eine neue Puppe bekommen, diese unten an der Reklamation zurückgegeben und dann das Auto gekauft. Das alles, weil Justin vermutlich nicht richtig kommuniziert hat.« Heribert schüttelte den Kopf.

»Oder die Schenkenden dachten, Justin bräuchte eine diverse *We are the world-Barbie*, damit er mehr politisches Selbstbewusstsein bekommt.« Frau Grabenwasser grinst. Sie sieht eigentlich aus, wie die typische graue Maus, aber nun schiebt sie ihre Brille hoch und richtet sich auf. »Könnte ihm und seiner Mama jedenfalls nix schaden.«

»Die Dinger liegen wie Blei im Regal«, sagt Heribert. »Vermutlich kommen sie als nächstes auf eine Sonderfläche. Niemand braucht politisch korrektes Spielzeug.«

»Ich finde das gut«, sage ich. »Wenn es nicht dazu dienen würde, den Kindern eine gewisse Denkweise vorzuschreiben. Oder wie vermutlich in diesem Falle eine Agenda dahintersteckt.«

»Eine Agenda?«

»Nun, entweder kannte der oder die Schenkende Justin nicht – oder sehr gut. Im ersten Falle wäre es einfach ein Versehen und die Agenda wäre: Ich will mich beliebt machen, indem ich ein besonderes außergewöhnliches Geschenk bringe. Im zweiten Falle gehe ich davon aus, dass der oder die Schenkende nicht nur Justin, sondern auch seine Mutter gut kennt und entweder besonderen Eindruck auf positive Weise hinterlassen wollte, weil der oder die Schenkende eine miese Menschenkenntnis hat, oder er oder sie wollte Frau Schmidt-Haufärber schlicht ärgern. Alles Agenda. Die einzige Lösung ohne Agenda wäre, dass er oder sie sich schlicht vertan hat.«

Heribert lachte und Frau Grabenwasser grinst noch breiter. »Sie sind nicht geeignet für diesen Beruf hier«, sagt sie dann.

»Warum?«, frage ich gespielt verletzt.

»Sie denken zu viel. Ich muss dann mal.« Sie findet tatsächlich Kundschaft.

»Sie meint das nicht so. Frau Grabenwasser ist unser Faktotum.« Heribert mustert seine Liste und meine Aufbauten. »Die ist schon 30 Jahre hier. Ich glaube, die hat hier gelernt.«

»Ist doch ok«, sage ich. »Ich fühle mich nicht beleidigt.«

»Gut. Es ist schon wahr. Allzu viel darf man nicht nachdenken. Es gibt so viel schönes und auch anspruchsvolles Spielzeug. Am Ende kaufen die Leute aber trotzdem immer *Lego* oder *Playmobil* oder den Schund hier.« Er hält eine Box hoch, in der tausendundelf Plastikteile drin sind. *Schmuck selbst basteln!* Manches von dem Zeug ist nicht nur quietschbunt, sondern auch noch glitzernd. Ich bin mir sicher, dass der Koffer quasi explodiert, wenn man ihn öffnet, und man ihn nie wieder so einräumen kann, wie er einmal war. Am Ende nimmt man den Besen, kehrt alles zusammen und schmeißt es weg. Die Glitzerteile verstopfen dann noch den Filter des Staubsaugers.

»Es ist so unglaublich viel Plastik«, sage ich.

»Die Leute kaufen, was sie kennen oder was billig ist. Am besten beides.«

»Das ist sehr traurig.«

»Ach, am Ende spielen die Kinder halt einfach. Egal, mit was. Wenn man sie lässt, dann machen sie aus allem etwas und interessieren sich nicht dafür, was sich irgendein Designer ausgedacht hat.«

Ich gucke auf eine *Ichbinkeine-Barbie* namens Karen. Und denke sofort wieder an Frau Schmidt-Haufärber und dass man in Amerika Karen zu Frauen sagt, die sich immer beim Vorgesetzten beschweren wollen. Die glauben, die Welt gehört ihnen, wenn sie sich nur laut genug äußern. »Dann ist der ganze Zirkus hier eigentlich für die Erwachsenen?«

»Sicher. Für Kinder ist das eher eine Folterkammer. Zum Beispiel das Display da drüben.« Er zeigt auf eine Plüschtiergruppe, die zwischen den Aufzügen dekoriert ist. Ich sehe einen fast lebensgroßen Elefanten und andere Tiere, die eine Art Arche Noah-Reenactment machen. Und ich sehe Tine, die sich mit einigen Frauen unterhält. Sie scheinen sich zu streiten. Eine geht dann wütend weg, aber die anderen tauschen Visitenkarten aus. Oder so. Keine Ahnung, jedenfalls sieht Tine mich nicht. Sie steckt sich etwas ein und verschwindet dann im Aufzug.

»Die Plüschtiere sind so teuer wie ein kleines Auto. Also alle zusammen. Auch einzeln eigentlich unerschwinglich. Und man will sicher nicht, dass ein Kind liebevoll draufsabbert oder die Mähne des Luxus-Pferdes frisiert. Dennoch wollen Kinder das natürlich sofort und müssen dann mit einem billigen No-Name-Plüschtier besänftigt werden, welches wir strategisch hier platzieren, wo man es auch sofort sieht: Nur 10 statt 1000 Euro. Und schwupp haben wir 10 Euro eingenommen. Denn für Kinder sollte es gar nicht so teuer sein, außer es handelt sich um spezielle Dinge. Das ist aber ein anderes Thema. Aber nehmen wir mal *Lego*: Das ist inzwischen ja auch vor allem in den zahlungskräftigeren – sprich erwachsenen

– Zielgruppen angelangt. Manche von den Sachen sind nur noch von und für Kenner. Die sind dann aber keine Kinder mehr.«

»Ich bin verblüfft«, sage ich. »Mein Freund liebt diesen *Lego*-Kram auch total.«

»Ja, das ist 'ne fette Käuferschicht, salopp gesagt. Aber unterm Strich geben die Leute dennoch unfassbar viel für die Kinderlein aus. Meist leider Masse statt Klasse.«

Wir sind fertig und ich soll die leere Karre ins Lager bringen. Wieder ein Ort, den die Öffentlichkeit nie sieht.

Ich habe sofort Angst. Warum? Keine Ahnung. Ich bin echt nicht der Horrorfilmgucker, aber sobald ich in einem großen Raum allein bin, vermute ich um mich herum nur Poltergeister und Serienmörder. In einschlägigen Filmen warten die ja immer an solchen Orten. Was die den Rest der Zeit machen, ist unbekannt. Der durchschnittliche Serienmörder ist ja generell eher unauffällig, außer er geht seiner Lieblingsbeschäftigung nach. Und Poltergeister warten auch immer darauf, dass jemand ihre Arbeit zu schätzen weiß. Was sollte das poltern sonst? Am allerschlimmsten sind aber Puppen. Wer bitte kennt nicht die Filme, wo Schaufensterpuppen lebendig werden, oder diese obergruseligen Handpuppen? Oder diese ganz, ganz alten, die inzwischen auch richtig teuer sind, mit den Porzellanköpfen. Die starren einen an und oft sind sie irgendwie kaputt und die Haare sind aus Echthaar. Echtes altes Haar. Da weiß doch jeder, dass da die Seele keine Ruhe findet, wenn die Frisur weiterlebt! Grauenhaft!

Aber sowas finde ich hier zum Glück nicht. Nur einen größeren Drahtbehälter, in dem offenbar aussortierte Stofftiere sind. Das rührt mein Herz wieder. Die armen Viecher! Niemand will sie und warum denn nicht? Ich will sie alle retten und durchwühle den Korb. Am Ende nehme ich nur eine kleine Maus mit, weil ich Schiss habe, dass ich sonst entlassen werde. Sind ja schon Leute für einen Pfandbon entlassen worden. Die Maus passt in meine Tasche und ich fahre mit ihr in die Uni.

»Du hast im *Lego*-Paradies gearbeitet und mir nichts mitgebracht?«, fragt Björn empört.

»Was willst du mit einer Unterwasserwissenschaftsstation? Ich mag *Lego* außerdem nicht.«

Björn kauert sich entsetzt an das andere Ende des Sofas. »Was? Wie man denn *Lego* nicht mögen?«

»Ich hatte keins. Also nur so ein bisschen. Bei meiner Oma gab es eine Kiste, da waren ein paar Sachen drin. Man konnte nix richtiges damit bauen. Das war doof. Aber ich hatte viel *Playmobil*. Ich brauchte irgendwie Gesichter. Und Pferde.«

»*Playmobil?*« Björn sieht aus, als hätte ich gesagt, dass ich gerne verdorbenen Fisch esse.

»Ist das mit dem Zusammenziehen jetzt vom Tisch?«, frage ich.

»Quatsch, aber ...«

»Komm wir klären auch gleich mal: *Star Wars* oder *Star Trek*?«

»*Star Wars*!«

»Ok, das war´s.« Ich kreuze die Arme über der Brust. »Ich kann nicht hier einziehen.«

»Was? Unsinn!«

»Wer hat damit angefangen?«

»Ja, aber ... *Lego*?«

»Ich sag jetzt nichts mehr ohne meinen Anwalt! Klemmbausteine! Schweineteuer und man kann nix damit machen, außer es angucken? Mit *Playmobil* konnte man wenigstens spielen!«

Björn grinst. »Jetzt hast du ja doch was gesagt.«

»Ja. Mist! Nee, ernsthaft: Wir sollten uns um so was nicht streiten.« Ich hole die kleine Maus aus meiner Tasche. »Ich hab uns doch was mitgebracht.«

»Ohhh!« Björn nimmt das Stofftier vorsichtig und streichelt es.

»Sie war in einem Müllcontainer!«

»Wieso das denn?«

»Ich glaube, sie hat da auf der einen Seite keine Tasthaare.«

»Jo, die hat ihr jemand abgerissen. Ach, nee, arme Maus.« Er platziert das Plüschtier auf einem Kissen und sagt: »Menschen gibt´s. Gut, dass du sie mitgenommen hast.«

»Ich erzähle dir nicht, wen ich alles zurücklassen musste.«

Björn rutscht zu mir und nimmt mich in den Arm. »Sollen wir einbrechen und sie alle befreien?«

»Das könnten wir?«

»Naja, ich hab einen Schlüssel ...«

»Du spinnst.«

»Nee, ich hab dich lieb.«

»Wir hauen uns doch die Bude nicht voller Stofftiere. Wir sind Erwachsene.«

»Also ist es doch *unsere* Bude?«

Das trifft mich unten im Bauch. »Ja«, sage ich schnell. Er soll nicht merken, dass ich mir nicht sicher bin. »Ach, menno, du Blödmann! Klar zieh ich hier ein. Schon allein, weil es vernünftig ist. Und weil ich dich auch lieb hab.« Ich sag das ganz laut, weil ich es hören muss. Erst, wenn ich mich selbst höre, dann weiß ich manchmal, ob etwas richtig ist, was ich denke. Und außerdem bin ich gespannt, was er dazu sagt.

»Gut. Dann machen wir das so. Ich hab nächstes Wochenende frei. Du kündigst zum nächsten Ersten, ok?«

Ich schlucke. Er glaubt es. Und ich? Das geht mir schon ein bisschen schnell, aber jetzt kann ich keinen Rückzieher mehr machen. »Ja, mach ich. Obwohl ich jetzt schon keine Lust mehr habe. Ich hasse so Sachen. Umzug, Vermieter, Wohnungsabnahme ... Hoffentlich krieg ich meine Kaution zurück. Der ganze Kleinscheiß!«

»Wir bringen erst mal ein paar Sachen auf die Müllkippe.«

Ich versuche, ruhig zu bleiben. »Was denn zum Beispiel?«

»Alle Matratzen. Deine und meine. Ein neues Zusammenleben braucht neue Matratzen.«

»Oh, dann sollte ich versuchen, in einem Matratzenladen zu arbeiten, dann bekäme ich Rabatt ... und würde vielleicht Insiderwissen erfahren.«

»Das wäre gut.«

Wir denken über Probeliegen nach und liegen erst mal auf der Couch, um weiter zu streiten, welche Sci-Fi-Utopie nun besser ist. Besser, als zu grübeln.

Dennoch liege ich später lang wach. Ist es die richtige Entscheidung?

Leider wird es nichts mit dem Matratzenladen. Mein nächster Arbeitsplatz ist ein Schuhgeschäft.

Ich persönlich meide Schuhgeschäfte. Also ich gehe rein, wenn ich Schuhe brauche, aber niemals einfach nur so. Ich gucke in die Schaufenster und denke schon ab und zu: *Ach der Schuh ist ganz nett*, aber ich weiß einfach, dass es eine Enttäuschung wird.

Erstens: Ich habe eine nullachtfünfzehn Schuhgröße. Also 39/40. Die, die jede normalgroße Deutsche so hat. Falls die Schuhe also ermäßigt sein sollten, brauche ich nicht hinzugehen, da steht eh nur noch 38 und weniger. Zweitens habe ich breite Füße. Also so richtig, richtig breite. Meine Orthopäden nennen es Knicksenkspreizfuß. Und ich muss Einlagen tragen. Rechts erhöht.

Schuhe zu kaufen, ist darum doppelt umständlich: Die eigenen Schuhe ausziehen, Einlagen rausholen, in die neuen Schuhe reintun. Vorher erst mal die Einlagen aus denen rausholen, wenn das geht. Dann neu schnüren, denn die erhöhten Einlagen brauchen ja mehr Platz und meistens sind die zu fest vorgeschnürt. Schon beim Aufstehen merkt man dann, dass die Naht hinten an der Ferse, die bei den meisten Leuten an einem anatomisch passenden Ort sitzt, durch die erhöhten Einlagen an einem ganz blöden Platz ist.

Schöne und gute Schuhe sind mir zu teuer und billige Schuhe sind einfach Quatsch. Sie stehen nur herum und haben keinen wirklichen Nutzen.

Ich bin also mal wieder Fehl am Platz. Aber Schuhe wegräumen, das kann ich sicher.

Zu meiner Überraschung ist es kein normaler Schuhladen.

»Hallo, ich soll hier heute aushelfen«, sage ich, als mir die Inhaberin aufs Klopfen hin tatsächlich aufmacht. Ist nicht normal, denn es ist ja noch keine Öffnungszeit. Ich bin wie immer zu früh. Aber lieber das als zu spät. Es hat sich über *zu früh* eigentlich noch niemand beschwert.

»Ach, prima, ja, ich bin die Lilly. Wir duzen uns hier alle.« Lilly hatte etwas Sackartiges an, aus mehreren Lagen, vermutlich Leinen. Jedenfalls etwas, was man auch zu einer exklusiven Vernissage in New York tragen könnte. Sie ist klein und dunkelhaarig, mit einem Haarschnitt, der tatsächlich eine Frisur ist. Sie sieht super aus, vielleicht sogar ein wenig einschüchternd.

»Ich bin nicht so gut im Schuhe verkaufen«, sage ich also direkt. »Ich kann aber bestimmt toll leere Kartons verräumen.«

»Wir verkaufen mehr als Schuhe«, sagt Lilly. »Wir verkaufen ein neues Leben für Füße.«

Tatsächlich ist der Laden klein und sehr spartanisch eingerichtet. Auf einzelnen Säulen, die nach keinem sichtbaren System verteilt im Raum stehen, befinden sich die neuen Leben.

»Wie kann ich das denn verstehen?«, frage ich und ärgere mich jetzt. Ich habe natürlich ein gutes Paar Schuhe angezogen, um nicht vor allen anderen abzustinken. Die Schnürboots waren aus Leder und ich hatte sie mal für Weihnachten und andere wichtige Familienfeste gekauft. Sie sind furchtbar unbequem und ein wenig altmodisch. Lilly hat sie auch nur kurz angesehen und lächelt nun.

»Ich bin mir ziemlich sicher, dass diese Schuhe da nicht bequem sind, oder?«

»Stimmt«, gebe ich zu. »Aber sie sind Mutter-gerecht. Oder auch: Für die Kirche und Geburtstage.«

»Ah, ja. Diese Gelegenheiten, wenn man besonders schick sein möchte. Meine Mutter sagte immer: Zeig mir deine Schuhe und ich sag dir, wer du bist.«

»Ach, wir sind Schwestern?«

Wir lachen. Lilly schließt inzwischen auf. »Diese Behauptung, dass man jemanden über seine Schuhe kennenlernt, ist uralt und führt eigentlich nur zur Fußfehlstellungen.«

Ich nicke heftig. »Was mich dabei am meisten ärgert: Gerade auf Familienfeiern hast du ja 99% der Zeit die Füße unter dem Tisch. Aber dein Leben wird entschieden aufgrund des einen Prozentes, die die Verwandten deine Schuhe gesehen haben. Gilt übrigens auch für Mantel und Frisur. Hose und Oberteil sind nicht so wichtig und Unterwäsche schon gar nicht. Da ist es ja eher so, dass eine teure und gute Unterwäsche dich wieder disqualifiziert.«

»Ein Prozent ist vermutlich noch übertrieben. Andererseits kommt das halt von den Werten. Schuhe waren früher Luxus. Man hatte ein Paar, welches man immer trug, und die GUTEN. Heute sind sie, wie vieles, Wegwerfprodukte geworden.«

Ich habe jetzt alles gesehen. So groß ist der Laden nicht. Die Schuhe sind zu meiner Verblüffung in Baumwollsäcken verpackt!

»Ok, ich hatte mir meine Arbeit hier so vorgestellt, dass ich ständig Schuhkartons wegräumen muss. Was muss ich denn nun aber hier machen?«

»Ja, stimmt, hier brauchen wir das nicht. Aber ich bin so ungern allein im Laden. Wenn ich mal aufs Klo muss oder telefoniere, dann ist das schön, wenn noch jemand da ist. Zunächst sollten wir dir aber mal ein paar andere Schuhe finden.«

Es folgt eine Offenbarung. Die Schuhe, die aussehen, als wären sie von einem Öko-Colani designt, sind so bequem, dass ich erst einmal ein paar Schimpfwörter ausrufen muss. Es ist wie eine Reinigung des Systems. »Ich *** **** **** liebe diese Schuhe!« Lilly lächelt. Ich drehe ein paar Runden durch den Laden, dann erinnere ich mich: »Aber da passen meine Einlagen nicht rein.«

»Dann lass sie weg.«

Es ist, als habe Lilly gesagt: *Dann vergiss das Atmen. Lass deine Brille weg. Lass die Augen einfach zu.* Wie soll ich denn stehen und gehen ohne Einlagen?

Es kommt aber Kundschaft und ich räume schnell meine ollen Treter weg und beobachte dann Lilly. Dabei tue ich so, als würde ich staubwischen. Es ist alles nicht wirklich schmutzig, aber es gibt ja Menschen, die putzen einfach so.

Die Kundin hat ähnliche Bedenken wie ich und geht erst mal mit dem Satz: »Ich muss darüber nachdenken.«

»Wenn ich für jeden, der erst mal nachdenken will, einen Euro bekäme, dann hätte ich einen Geldspeicher wie Onkel Dagobert«, sagt Lilly. »Die kommen nie wieder.«

»Ich mach das schon«, sage ich. »Also wiederkommen. Aber mit meinen Online-Warenkörben. Ich fülle die und dann lass ich die einfach liegen. Oder was die auch immer tun, während ich nicht hinschaue. Und wenn ich dann später nochmal draufdrücke, dann weiß ich vielleicht, ob ich das Zeug wirklich brauche. Wenn ich es noch nicht weiß, komm ich einfach nochmal wieder. Oder nicht. Oder mein Rechner stürzt ab. Dann ist auch alles weg. Obwohl manche Läden sich das ja merken und einem dann 'ne E-Mail schicken. Ich bin so schlecht im Neinsagen, wenn die mich fragen, und es gibt doch dann 10 oder 15 Prozent!«

Lilly ist amüsiert. »Das ist clever, funktioniert aber in der Realität nicht. Einige kaufen dann aber später tatsächlich online. Das ist auch gut – solange sie über meine Homepage bestellen. Nur mit dem Laden hier könnte ich nicht überleben.«

Tine kommt. Sie grüßt mich kurz, dann lassen mich die beiden allein. Huch, jetzt muss ich vielleicht doch noch bedienen? Was will Tine mit Lilly?

Es ist schon wie in einem miesen Film, aber die nächste Kundin ist auch eine alte Bekannte. Frau Schmidt-Haufärber steht mit gerunzelter Stirn und gespitzten Lippen vor den Auslagen. An ihrer linken Hand hat sie Justin, der aber eher wie ein Sack Mehl daran hängt.

»Ja, sicher können Sie mir helfen«, sagt sie zu mir. »Meine beste Freundin hat solche ...«, sie zeigt auf ein Paar Schuhe, »Fußdinger. Erst hatte sie die, in denen man alle Zehen sieht. Die gehen gar nicht! Wozu soll man die denn tragen und was ist der Sinn? Nunja, aber die hier, die sehen ganz annehmbar aus. Sie sagt, die vollbringen Wunder bei gestressten Füßen.«

Ich wäre nie auf die Idee gekommen, meine Füße gestresst zu nennen. ICH bin gestresst. Und der Rest muss halt mitmachen. Meine Hände sind ja auch nicht gestresst. Oder meine Milz.

Aber Lilly, die jetzt wieder da ist, nickt zustimmend. Tine ruft nur kurz »Tschüssi!« und ist weg. Nur Justin sieht unglücklich aus.

»Hi«, sagte ich zu ihm. »Magst du so lange mit mir was machen?«

Frau Schmidt-Haufärber zieht kurz eine Augenbraue hoch, dann nickt sie energisch. »Ja, vielleicht können Sie mit ihm ja einen Spaziergang machen, oder so. Lassen Sie ihn aber nicht aus den Augen!«

Ist er ein Hund? Macht er an Ecken? Rennt er läufigen Weibchen hinterher? Ich schaue Lilly an. Die nickt auch. »Ja, geht euch ein Eis holen.«

Ok ... Ich sehe Justin an. Eis klingt vermutlich gut und ihm ist sowieso alles egal. Er ist also noch unkomplizierter als ein Hund.

»Schade, dass die Osterdekoration schon wieder abgebaut ist, oder?«, versuche ich, ein Gespräch zu beginnen.

Justin nickt. Seine Hand liegt schlaff in meiner.

»Willst du lieber allein laufen?«

»Wie, allein?«, fragt er.

»Naja, wie alt bist du?«

»Vier.«

»Da ist man eigentlich schon groß, oder? Und kann schon viel.«

»Ich kann sehr hoch schaukeln.«

»Das ist gut. Also wenn du magst, dann brauchst du meine Hand nicht zu halten.«

Er zögert, lässt sie aber dann tatsächlich los.

»Sollen wir ein Eis kaufen oder lieber etwas anderes?«, frage ich.

»Eis oder *McDonalds*.« Wunderbar. Alle Kinder in seinem Alter gehen gerne nach Mäckes.

»Bei denen gibt es auch Eis. Geht ihr oft zu *McDonalds*?«

»Nein. Nie. Mama sagt, das Essen dort ist Abfall.«

»Ah. Aber du willst da trotzdem hin?«

»Als der Mehmet Geburtstag hatte, waren wir da. Das war toll.«

»Dann gehen wir zu *McDonalds*.« Die Filiale ist nicht weit entfernt und ich bin rebellisch. Diese Frau Schmidt-Haufärber erweckt einfach etwas in mir ...

Wie sich herausstelle, geht es Justin weniger um das Essen als um das Toben in dem kleinen Kinderparadies. Also dieser schäbigen Röhre, mit der abgeschabten Farbe und den aufgeplatzten Schaumstoffsicherheitspolstern. Ein Mini-Clowntown. Mich schaudert es. Auch Ronald McDingens war mal ein Clown. Den haben sie dann aber irgendwann abgeschafft. Vermutlich, weil viele wie ich sind.

Ich hole mir 'ne kleine Pommes und verputze am Ende auch noch das meiste vom kleinen Eis, weil Justin unermüdlich immer wieder die Röhre hoch und runterklettert.

Nach 20 Minuten war ich satt und er lächelte glücklich.

»Findest du wieder zurück?«, frage ich. Großer Fehler. Justin rennt los und ich muss ihm verfolgen. Aber er findet tatsächlich den Laden wieder. Mama Schmidt-Haufärber erklärt Lilly gerade etwas, während diese Schuhe einpackt.

»Da seid ihr ja!«, ruft sie überflüssigerweise aus.

»*McDonalds* gewesen!«, petzt Justin.

Frau – äh Furie Schmidt-Haufärber sieht mich an. Sie hat Worte auf den Lippen, die ihr Sohn aber nicht hören soll, obwohl der wohl einiges gewohnt ist.

»Er hat eigentlich nur zweimal am Eis geleckt«, sage ich schnell. »Den Rest der Zeit hat er gerutscht.«

»Aha«, sagt die Mutterfurie und ihr Gefieder glättet sich. »Nun, Justin, die Mama hat Schuhe gekauft, jetzt gehen wir nach Hause. Bald ist ja auch deine Musikstunde.« Sie nimmt ihre Baumwolltasche und verschwindet.

»Ich hätte nicht gedacht, dass sie was kauft«, sage ich.

»Doch, doch, und dass du mit dem Kurzen weg warst, war ein Segen! Sie hat mir zwar ein Kotelett an die Backe gelabert, aber dass sie was kauft, war von Anfang an klar. Wenn der Druck der Freundin schon so groß war, dass sie hier reingekommen ist, dann ist klar, dass sie auch welche nimmt, wenn die Schuhe ihr auch nur halbwegs passen. Sie wird sie nur tragen, wenn sie sich sicher ist, dass die Freundin sie auch trägt, aber immerhin, oder?«

»Ich finde das gut. Also nicht, was du gerade gesagt hast, sondern dass es dir offensichtlich nicht nur darum geht, deinen Kram einfach so unter die Leute zu bringen.«

»Du nennst meine Schuhe Kram!«, ruft sie gespielt entsetzt und presst einen Schuh an sich.

»Sorry«, sagte ich zerknirscht.

»Schon gut. Apropos: Wie fühlst du dich eigentlich?«

Ich stutze. »Äh ... gut, warum? Ist das ’ne Fangfrage?«

»Nein. Aber du trägst jetzt die Schuhe schon eine Weile.«

»Stimmt!« Ich fühle in meine Füße hinein. Hört sich an, wie bei einem esoterischen Yoga-Reiki-Tai Chi-Angebot der Volkshochschule, aber ganz ehrlich? Ich fühle Füße, wo ich vorher nur Schuhe gefühlt habe. »Das ist verblüffend«, sage ich. »Ich hätte gedacht, dass ich sehr schnell Schmerzen bekomme, weil ich ja so ganz ohne Dämpfung auf dem Boden hier rumlaufe, aber ... nix!«

Lilly lächelt. »Siehst du? Kein Kram.«

Ich seufze. »Was ist?«, fragt sie.

»Ich werde sie mir nicht leisten können. Ich ziehe auch demnächst um, das geht nicht. Aber was machst du denn mit denen? Die sind doch jetzt getragen und ...«

»Mach dir mal keine Sorgen, Liebes«, sagt Lilly und legt mir ihre Hand auf den Arm. »Wie sieht es denn mit dem Einkaufspreis aus?« Ich liebe sie gerade sehr.

»Kommt drauf an ...«

Lilly nennt mir eine Summe, die erträglich ist und mir klar macht, wie viel man an so etwas verdienen kann. Ich nicke. Sie lächelt. »Dann wollen wir mal noch ein Paar verkaufen, oder?«

Tatsächlich verkaufen wir noch mehr als ein Paar. Es kommen einige Kunden, die schon ähnliche Schuhe besitzen, und es wird viel über normale Schuhe gelästert. Ich werde ab jetzt auch anders darüber denken, dennoch finde ich manche der Kunden arg hochnäsig. Vor allem die, die eigentlich nur kommen, um die Nachteile von Lillys Schuhen gegenüber denen, die das *eigentlich erfunden haben* und die *das eindeutig bessere System* haben, herauszustellen und dann wieder zu gehen – oder tatsächlich doch welche von Lilly zu kaufen, natürlich nur um sie auszuprobieren und zu vergleichen. Man sieht ihrem Gesichtsausdruck an, dass sie Schmerzen dabei empfinden, aber sie machen das aus erhabenen Gründen. Sie sind nämlich gut. Sooo gut. Sie geben Lillys Schuhe eine Chance und das muss man doch würdigen! *Dann sollen sie doch bei den anderen bleiben,* denke ich immer wieder. Aber Menschen ... sie wollen meckern, oder? Wahrscheinlich sind die anderen Schuhe, diese *echten*, irre teuer. So teuer, dass selbst Lillys Preise einem günstig vorkommen. Ich nehme mir vor zu googlen.

Kurz bevor ich Feierabend habe, kommen auch noch Udo und Harry. Heute ist mein Tag. Sie bleiben vor dem Schaufenster stehen und ich begrüße die beiden.

»Ach, hier arbeiten Sie heute?«, fragt Udo.

»Ja, ich wechsle ständig.«

»Ich sehe, Sie haben auch die passenden Schuhe an.«

»Die Inhaberin hat mich überzeugt.«

»Womit?«, fragt Harry. Er ist eindeutig skeptisch.

»Ich durfte die Schuhe anprobieren, und jetzt, nach vier Stunden Stehen und Gehen, habe ich immer noch keine Probleme. Ich freue mich sehr darauf, die draußen auszuprobieren.«

»Ich hab so einen Ballen«, sagt Udo.

»Die Dame will nichts von deinem fiesen Ballen hören«, sagt Harry entsetzt.

»Kommen Sie doch bitte herein«, sagt Lilly, »und dann möchte diese Dame alles über diesen fiesen Ballen hören.«

»Der ist einfach so gekommen.«

»Weil du deine Einlagen nicht trägst«, sagt Harry. Er nimmt einen der Schuhe und biegt ihn. »Die sind zu elastisch. Da hat man ja gar keinen Halt drin.«

»Für den Halt sind eigentlich die Sehnen und Bänder zuständig«, sagt Lilly. »Probieren Sie doch mal einen an.« Sie hat schon einen Schuh in der Hand, drückt Udo, der nicht unwillig ist, sanft auf den Anprobierstuhl und ich lenke Harry ab.

»Welcher Film wird es denn heute?«

»Irgendein französischer Lehrer, der nach seiner Pensionierung einen Chor leitet.«

»Oh. Ich dachte, Sie hätten genug von Kindern und wären froh, pensioniert zu sein?«

Harry schaut mich erst finster an, dann lächelt er. »Wir waren auch mal jung. Jetzt sind wir alt. Aber wir haben nie vergessen, wie es war, jung zu sein. Und warum wir damals Lehrer werden wollten und es auch geworden sind. Wir waren auch all die Jahre mit Leib und Seele Lehrer. Ich bereue nichts. Dass ich heute keine Kinder mehr sehen will, liegt vor allem daran, dass mit jedem Lebensjahr, mit jedem Jahrgang, den wir verabschiedeten, mit jedem Schüler, an den wir uns gewöhnt haben, ein Stück unseres Herzens in alle Winde verstreut wurde. Wir haben jetzt beide viel zu tun, unsere löchrigen Organe instand zu halten und noch einen Rest Freude aus unserem Leben zu pressen. Ich bereue es auch nicht, dass wir aufgehört haben, obwohl wir noch ein paar Jahre gekonnt hätten. Die Nerven wurden aber dünner und dann wird man ungerecht. Die Eltern wurden auch schlimmer. Aber eigentlich lieben wir Kinder. Wir liebten es, Lehrer zu sein. Ich würde nichts anders machen. Und darum werde ich vermutlich nachher ein paar Taschentücher vollheulen.«

Ich schlucke. Verdammt, das geht mir nahe. »Ich studiere auch auf Lehramt«, sage ich. »Und ich habe viele Zweifel.«

»Zweifel sind gut.« Harry lächelt immer noch und legt mir die Hand auf die Schulter. »Wer keine Angst und Zweifel hat, ist ein selbstgerechtes Arschloch. Wir haben die Zukunft der Welt in der Hand.«

»Und ich hab neue Schuhe«, sagt Udo. Ich zucke zusammen, denn vor lauter Ergriffenheit habe ich alles um mich herum vergessen.

»Danke«, sage ich noch zu Harry.

»Gern geschehen. Lassen Sie sich nie unterkriegen. Wichtig ist Respekt. So sehr die Blagen und die Eltern Sie auch nerven: Haben Sie Respekt. Jeder kommt von einer Reise.«

»Harry ist wieder philosophisch«, sagt Udo und sieht seinen Mann so verliebt an, dass ich weinen mag.

Ich hätte so gerne noch so viel gefragt: Haben die beiden sich je geoutet? Oder haben sie immer im Verborgenen gelebt? Weil sie doch Lehrer waren – immer noch sind! Aber als Lehrer muss man Vorbild sein, oder? Ach, ich denke an all meine Pauker und weiß, dass ich nichts über sie weiß und dass es auch egal ist. Und was wäre so schlimm daran gewesen, zu wissen, dass Männer Männer lieben können und dennoch gut in Mathe oder Sport sind? Oder soll man Kinder da raus halten? Wäre das schützend oder lebensfremd? Ach, gerade bin ich nicht in der Stimmung für solche Kleinteiligkeiten. Harry hat mir ganz schön zu denken gegeben und mir wieder Lust gemacht, weiterzustudieren. Das will ich gerade nicht werten oder zerdenken. Das wäre, wie einen Sonnenuntergang nach *Pantone*-Farben zu klassifizieren, um ihn schön finden zu dürfen.

Ich sehe sie Hand in Hand wegspazieren, Udo schwenkt seine Tüte und Harry deutet auf etwas in einem Schaufenster. Sie lachen. Heute jedenfalls verstecken sie sich nicht mehr. Ich bin glücklich und ein bisschen neidisch.

»Sorry«, sage ich zu Lilly. »Ich bin kein Talent zum Verkaufen. Ich hätte Harry ja auch ein paar anprobieren lassen können.«

»Wenn dem einen die Schuhe wirklich gut gefallen, werden sie wiederkommen«, sagte Lilly. »Mach dir keine Gedanken. Du hast das schon ganz richtig gemacht. Manchmal muss man seinen Partner kurz loswerden, um Geld auszugeben. Sei es nun das Kind oder der Mann.«

»Ich sollte keine Verkäuferin sein wollen, sondern eine Assistentin, die die Nicht-Kaufenden betreut«, sage ich. »Ich komme aber vielleicht auch mit Björn wieder.«.

»Ich freu mich drauf!«

Bevor ich die Mall verlasse, gehe ich nochmal beim Schokoschokohimmel vorbei und kaufe die Himbeermoussetrüffel, bei denen Björn so schön gebrummt hat, als er sie gegessen hat. Hilde ist lieb und tut mir zwei mehr rein. Ich gehe beschwingt nach Hause und erst dort fällt mir beim Ausziehen wieder auf, dass ich diese seltsamen Schuhe anhabe. Meine Füße, die sonst nach einem Tag im Center so sehr schmerzen, sind ein wenig ungewohnt empfindlich, aber das lässt nach einer Folge *Gilmore Girls* auf dem Sofa sofort nach.

Mist! Ich habe meine alten Schuhe dort vergessen!

»Zeig mal die Schuhe«, sagt Björn, als er sehr spät von seiner Schicht kommt.

»Die sind da neben der Tür«, sage ich und deute hin. Ich habe keine Lust aufzustehen. Ich bin kurz eingeschlafen und würde gerne einfach weiterpennen, aber ich weiß auch, dass Björn noch ein bisschen quatschen möchte, bevor wir gemeinsam ins Bett gehen.

»Huch, die wiegen ja fast nix«, sagt er überrascht.

»Ja, geil, oder?«

»Ich weiß nicht. Als Sicherheitsmann muss ich natürlich Sicherheitsschuhe tragen. Die sind 'ne Tonne schwer.« Er schmeißt besagte Klumpen auch direkt in die Ecke.

»Ich hab dir was mitgebracht«, sage ich und wedle mit der Tüte.

»Waaaas?«, ruft er und holt eine Tüte aus seiner Jackentasche. Das Logo darauf ist das gleiche. »Ich dir auch!«

»Waaaas?«, rufe ich. »Wie kommt das?«

»Malte musste unbedingt mit der Besitzerin etwas bereden. Sie verkrümelten sich geheimnisvoll im Hinterstübchen und ich sollte tatsächlich auf den Laden aufpassen. Dafür durfte ich mir dann was aussuchen.«

»Ach, die Hilde«, sage ich. »Sie ist 'ne Liebe.«

»Ich wüsste schon gerne, was Malte mit der zu besprechen hatte.«

»Vielleicht will er Chocolatier werden.«

Björn verschluckt sich fast am Trüffel. »Malte? Für den ist ein Gourmetessen immer eines, wo er Messer und Gabel nehmen muss. Der kennt nur den Unterschied zwischen normalem und Curryketchup und alles außer Pfeffer und Salz sind exotische Gewürze.«

»Aber das hat doch nichts mit Schokolade zu tun?«

»Ach, sollte ich erwähnen, dass er zwei linke Hände hat und sein Hobby neben Boxen nur noch Angeln ist?«

War Malte nicht der, der mir im Untergeschoß begegnet war? Ja, der war schmierig. »Ich mag ihn nicht. Es ist mir egal, was er machen wollte. Was machen wir jetzt?«

»Es gibt da diese Serie, von der alle reden ...«

Wir sinken aufs Sofa. Eine Folge einer Serie geht immer noch.

»Ich bin langsam echt raus«, sage ich irgendwann. »Machen die jetzt von jedem Superhelden eine neue eigene Serie?«

»Ich hab da mal gelesen, dass die Pläne für die nächsten 40 Jahre haben.«

»Dann sind aber doch die Schauspieler längst alt und tot!«

»Die werden dann gemotioncaptured.«

Ich brumme. »Was ist das denn?«

»Ein anderer Schauspieler spielt die, aber er ist nicht zu sehen, nur seine Bewegungen und darüber wird dann ein computergeneriertes Bild von dem verstorbenen Schauspieler gelegt.«

»Aha. Ich mag das, glaub ich, nicht.«

»Es gibt da Effekte, das merkst du gar nicht.«

»Aber das ist doch Beschiss!«

»Warum?«

»Das hat doch dann mit echter Schauspielkunst oder Filmkunst nichts mehr zu tun!«

Björn grinst. »Aha. Also, nur weil es nicht echt ist, ist es nicht gut? Das hat man auch mal gesagt, als Maler begannen, abstrakt zu arbeiten.«

»Uh, gutes Argument, du Klugscheißer. Aber wenn ich einen Trickfilm sehen will, dann gucke ich was von *Pixar*.«

Wir gucken schnell noch einen der genialen Kurzfilme.

»Immer geht es um knuffelige Tiere«, sage ich. »Hast du ein Haustier gehabt?«

»Ich hätte gerne eines gehabt. Aber meine Eltern waren strikt dagegen. Iris hatte einen Vogel.«

»Deine Schwester?«, frage ich. Er redet nicht viel über seine Familie.

»Ja. So einen teuren Papagei. Der war wie ein Kind und als Iris Teenager war, waren die unzertrennlich. Dann hatte sie ihren ersten Freund und der Papagei wurde krank. Vor Eifersucht, erklärte der Tierarzt.«

»Und dann?«

»Dann hat Mama den abgegeben. Iris hat geheult, aber da war ja immer noch ihr Freund. Nicht lang, aber immerhin. Und du?«

»Ich hatte Meerschweinchen.«

»Knuffig!«

Ich winde mich ein wenig. »Naja ... nee. Die sind sehr vermehrungsfreudig.«

»Das weiß man doch vorher?«

»Ja, aber so hatte ich mir das nicht vorgestellt! Ich hatte dieses Buch über die Handhabung von Meerschweinchen. Und da stand drin, dass die nie allein sein wollen, dass die ganz familienbedürftig sind ... naja, und dann holte ich meinem Bock halt ein Weibchen. Ich schwör: Innerhalb der ersten Sekunde ploppten ihm hinten zwei haselnussgroße Hoden raus und er war auf ihr drauf. Die war so klein und er so riesig ... Und dann gab es Kleine und was macht man mit all diesen Meerschweinchen? Ich habe es gehasst. Bei den Geburten sind immer einige gestorben, das ist grauenhaft.«

»So ist das Leben.«

»Ja, aber nicht in meinem Kinderzimmer.«

»Das stimmt wohl. Eltern sollten da irgendwie aufpassen.«

»Welches Tier hättest du denn genommen?«

»Einen Hund natürlich!«

»Aha. So einen strubbeligen oder was Rassereines?«

»Meiner Mutter wäre nichts ohne meterlangen Stammbaum ins Haus gekommen. Da ich aber meine Geschenke zu Geburtstag, Ostern und Weihnachten nicht darauf verwenden wollte, habe ich verzichtet.«

»Du warst schwach«, sage ich. »Ein echter Hundefreund hätte das sofort getan. Stattdessen hast du dich für Mammon entschieden!«

»Naja, ich wollte auch die Kanureise nach Norwegen machen. Und die stand auf dem Weihnachtszettel.«

»Ja, ich vergesse immer wieder, dass du eigentlich sportlich bist«.

»Frechheit! Fühl mal meinen Bizeps! Und unter dem da ist ein Sixpack!«

»Unter meinem Hüftspeck habe ich eine Tonne Schokolade«, sage ich und pieke ihn in die richtigen Stellen. Björn ist ungeheuer kitzelig und wir landen kichernd im Bett.

Ich bin seit langem wieder einmal in meiner Wohnung. Verdammt, das ist so blöd, aber der Weg ist so weit! Unsere Wohnungen liegen von der Mall und der Uni aus genau an entgegengesetzten Ecken der Stadt.

Es müffelt. Ich nehme den Haufen Post und bin schwer versucht, alles einfach wegzuwerfen. Mein Sofa ist deprimierend. Meine Pflanzen lassen die Köpfe hängen und die Erde ist so staubtrocken, dass das Wasser sofort unten überläuft. Ich habe ein schlechtes Gewissen, setze mich auf den einzigen Stuhl am winzigen Küchentisch und öffne die Post.

Es sind natürlich Rechnungen drin. Eine davon ist schon eine Mahnung. Wieder kein Bafög und eine Traueranzeige irgendeiner Cousine meiner Mutter, die ich nicht kenne. Ich weiß, dass ich schon längst einmal zuhause hätte anrufen sollen. Aber ich kann mich nicht überwinden. Ich mustere meine Bude und weiß, dass ich hier nicht mehr wohnen will.

Dann denke ich, dass ich das doch nur denke, weil ich plötzlich eine Wahl habe. Wenn man keine Wahl hat, dann beißt man sich halt so durch. So sind wir Menschen doch? Ja, ich weiß, nicht jeder ist so, aber ich. Ich hab keine großen Ansprüche und ich hab mich schon immer mehr recht als schlecht um meinen Kram gekümmert. Auch, weil ich wenig Hilfe zu erwarten hatte.

Aber seit ich mit Björn zusammen bin, habe ich eine Wahl. Denke ich zumindest. Allerdings ist es doch auch so: Wenn man eine Wahl hat, hat man auch etwas zu verlieren. Wenn ich das Risiko eingehe und mit ihm zusammenwohne, kann es in die Brüche gehen. Wenn ich es nicht tue, dann weiß ich nie, was ich verpasst hätte.

Ich bin versucht, ein wenig zu weinen. Aber nur, weil ich mir selbst leidtue. Ich bin nur bedingt risikobereit. Ich bin jedenfalls nicht bereit, mich einfach so fallen zu lassen. Aber die Alternative? Zwei Wohnungen behalten? Das wäre dumm und teuer.

Ich will ja! Ich mag Björn wirklich! Aber wir sind noch nicht lang zusammen! Ich höre meine Mutter in meinem Kopf ...

So ein Quatsch! Ich muss mit jemandem reden, der nicht meine Mutter in meinem Kopf ist!

Ich tippe auf meinem Handy rum. »Janne?«

»Hi, Mia! So eine Überraschung! Wie geht es dir?«

»Naja, eigentlich ganz gut.« Ich höre Musik bei ihr im Hintergrund. »Hast du einen Moment?«

»Warte, ich geh mal raus.«

Ich warte. Ich höre sie reden. Und Gelächter.

»Wir haben gerade eine kleine Party«, sagte sie dann. »Was ist? Gibt es Schwierigkeiten? Geht es dir gut?«

»Eigentlich geht es mir nicht gut.«

»Oh, das ist nicht schön! Was ist?«

»Ich könnte mit Björn zusammenziehen.«

»Das ist doch super!«

»Ist das nicht zu früh?«

»Der Björn ist ein Guter.«

»Ja, ich weiß. Aber ich? Bin ich gut? Janne, ich habe so viele Zweifel an mir. Am Studium und an ...«

»Nein, ich weiß nicht«, sagt sie. »Das war nicht für dich, Mia, sorry. Zweifel? Ja, die sind doch normal, oder?«

»Janne, was wird denn jetzt mit dem Bus?«

»Wir haben da Pläne«, sagt sie. »Ja, ich komm gleich!«

Ich hab keinen Bock mehr. Sie ist abgelenkt. Das Telefonat hat alles schlimmer gemacht. »Lass uns ein andermal ...«

»Ich bin für dich da!«

»Ich weiß«, sage ich, obwohl ich denke, dass das nicht stimmt. Sie ist weit weg und sie ist auch nicht für mich zuständig. Ich bin das. Ganz allein. Tränen steigen mir in die Augen. Verdammtes Selbstmitleid!

»Ich ruf dich nochmal an!«, sagt sie nun. »Aber die wollen hier los.«

Wir verabschieden uns. Ich weiß nix mehr. *Wir haben Pläne* ... wer ist dann *WIR*? Ich fühle mich da nicht mehr eingeschlossen. In meinem Inneren ersetzt sich die Vorstellung vom romantischen Schulbus und den fröhlichen Gästen am Lagerfeuer durch das Studium, welches ich in letzter Zeit deutlich vernachlässigt habe.

Da ist der Brief, den ich noch nicht aufgerissen habe. Und natürlich haut der in die gleiche Kerbe. Ich muss mich langsam zu den Prüfungen anmelden. Die Zeiten, als man endlos studieren konnte, sind vorbei. Ich muss zu Potte kommen. Und das geht nur, wenn ich mich sortiert habe. Aber ich mag eigentlich grad heulen, hab Bauchweh und fühle mich sehr einsam. Ich stehe auf und packe ein paar Sachen zusammen. Die Pflanzen sind natürlich noch nicht besser geworden und mein alter Teddy sieht mich vorwurfsvoll von der Bettkante aus an. Kurzerhand packe ich ihn ein. Gut, dass ich keine Haustiere habe!

Bevor ich die Tür zuziehe, schaue ich nochmal zurück. Nein, das kann weg. Ich atme tief durch. Der Bauch tut immer noch weh. Aber es hilft nichts, ich muss da durch. Es wird also Zeit, ein großes Mädchen zu sein und einiges zu regeln!

Heute soll ich in einem Reisebüro aushelfen.

Ich liebe Reisen. Wer nicht? Das war eine rhetorische Frage. Menschen, die Reisen nicht lieben, sollen halt nach Hause gehen. Oh, ich bin so witzig heute.

Nein, ernsthaft: Ich liebe es, zu reisen. Aber ich habe da einige Voraussetzungen. Am liebsten reise ich irgendwohin, wo ich noch nie war. Und dann gehe ich in all diese Straßen, an all diese Strände und erobere mir den Himmel und die Wälder. Ja, so poetisch ist Reisen! Und ich muss all diese fremden und exotischen Sachen kaufen: Ich gehe in Supermärkte und kaufe lauter unbekannte Dinge, die lecker klingen, und probiere sie. Oder Dinge, die anders aussehen, schöner als unsere Dinge zuhause. Nein, ich muss nicht *alles* probieren und *alles* erleben – es gibt vor allem kulinarisch Grenzen. Aber ich will mit allen Sinnen woanders sein.

Das geht auch, wenn man immer wieder an den gleichen Ort fährt. Meine Eltern zum Beispiel waren ganz früher, als ich klein war, immer auf einem Campingplatz in Spanien. Meine Mutter wollte sogar immer den gleichen Platz, damit sie wusste, wie viele Schritte es zum Waschhaus waren. Später wollten sie nicht mehr campen, dann wurden es ein paar Appartements, denn schließlich wollte meine Mutter lieber selbst kochen. Sie waren die typischen Menschen, die in ein fremdes Land fahren und alles misstrauisch beäugen, als ob ein exotisches Gericht sie töten würde. Paella war irgendwann aber nicht mehr exotisch und Sangria wurde auch eingedeutscht. Tintenfische und Muscheln konnte man doch aus dem gelben Reis einfach weglassen? Und Kaninchen mit Hühnchen ersetzen? Garnelen blieben gut und Calamari schmeckten doch eigentlich nur nach dem Frittierfett, oder? Wer will schon wissen, was da eigentlich wirklich drin ist, in den knusprigen Hüllen? Sie machten also einfach alles ein wenig anders, so wie es ihnen schmeckte. Und erzählten dann überall, wie lecker das Essen in Spanien sei. Als ich das erste Mal allein dort war und in eine Tapas-Bar ging, war ich überrascht, wie anders das Angebot doch in Wirklichkeit ist. Ich merkte, ich kannte Spanien gar nicht!

Dann hatten wir ein paar Jahre einen Wohnwagen in der Eifel. Das war furchtbar für alle, denn mein Vater schraubte ständig daran herum und meine Mutter konnte es nicht ertragen, dass wir sie pinkeln hörten, und ging trotzdem immer in die Waschräume. Ich wollte bald auch nicht mehr mitgehen, da ich nicht wollte, dass mein Vater mich nackt sah und meine Mutter sowieso nicht. Zweimal schlief ich noch draußen in einem Zelt, aber dann war endgültig Feierabend. Ich wollte nur noch zu Jugendfreizeiten und meine Eltern hörten auf, Urlaub zu machen. Es gab noch ein paar Busfahrten mit dem örtlichen Kreis an Menschen, den die beiden immer noch pflegen. Meine Mutter ist bei den Landfrauen und mein Vater geht immerhin sonntags zum Stammtisch.

Ich fing dann an, allein in den Urlaub zu fahren. Naja, also mit Freunden. Hauptsache weg, Hauptsache, ab und zu angeschickert mit fremden Sternen über dem Kopf (Ich weiß, dass es die gleichen Sterne sind, aber es kommt einem doch so vor, oder?).

»Hallo, ich bin Frau Niemöller«, sagt eine athletisch aussehende junge Frau mit Pferdeschwanz. »Und das ist Betty. Eigentlich Beate, aber ich nenn sie Betty, gell, Betty?«

Betty blicke von ihrem Computer auf. Sie ist der böse Zwilling, das genaue Gegenteil von Frau Niemöller. Beide sind circa Mitte 30, und wo Betty mollig, teigig und gelangweilt ist, ist Frau Niemöller sportlich, straff und redselig.

»Ja, also dort drüben sitzt normalerweise der Jo, also eigentlich Johannes, aber du weißt schon, und der ist die nächsten Tage krank. Ich muss nachher auch mal weg, darum habe ich Betty versprochen, dass sie nicht allein ist. Ist doch so, gell, Betty?«

Macht sie das, damit Betty überhaupt irgendeine Regung zeigt? Die nickt aber nur wieder.

»Also guck, die meisten wollen nicht wirklich beraten werden. Und wenn, dann holst du ein paar der Kataloge hier. Die sollen dann reingucken und dann dauert das meistens ewig, bis die sich entschieden haben. Das kannst du begleiten. Betty bucht dann am Ende, gell, Betty?«

Nicken.

»Aber ...«

»Glaub mir, das ist ganz einfach.«

Warum lernen Menschen dann drei Jahre lang Reisekauffrau?, will ich fragen, lasse es aber. Seit ich Zeitarbeit mache, frage ich mich zunehmend, warum die meisten eine lächerlich lange Lehrzeit für manche der furchtbar öden Berufe auf sich nehmen. Aber dann wieder denke ich, ich hab´s gut und muss das ja nicht mein Leben lang machen. Vielleicht braucht man einfach drei Jahre, um gebrochen zu werden. So wie ein Pferd. Man bockt erst und hofft, das Joch würde abfallen oder es würde irgendwann leichter oder gar Spaß machen, und irgendwann fügt man sich. Und je mehr man sich fügt, umso mehr verdient man. Deprimierend. Ich hoffe, dass ich unrecht habe.

Ich soll hier jetzt erst mal zuschauen. Das kann ich. Wir trinken Kaffee und Frau Niemöller klickt ihre E-Mails weg. Dann fragt sie mich: »Strand oder Berge?«

»Strand!«

»Was wäre dein Traumziel? Wenn Geld keine Rolle spielen würde?«

»Seychellen.«

»Wow, das kam schnell.«

»Schnell kann ich.«

»Da hast du den meisten Menschen etwas voraus. Ja, leider teuer.« Sie hat eine Seite mit Hotels in den Seychellen aufgerufen. Ich seufze. Allein die Farben des Wassers! Natürlich ist das alles gephotoshopt ... oder so, aber ... seufz!

»Ich dachte eher an so ein Ding, wo man quasi über dem Wasser schläft. So eine offene Hütte, eigentlich nur ein Dach, und die Vorhänge bauschen sich im Wind ...«

»Und die Moskitos fliegen rein und raus ans freie Büfett ... Kein Air Conditioning und es ist Regenzeit ...«

Ich sehe meinen Urlaub in einer Horde Insekten sterben. Kommt nicht in Frage! »Naja, das ist mein Traum! Da gibt es keine Moskitos und es regnet auch nicht.«

»Was glaubst du, wie viele Leute Regressansprüche haben, weil es geregnet hat? Unfassbar, die denken wirklich, sie buchen gutes Wetter. So wie All Inclusive.«

»Naja, wer will denn Regen im Urlaub?«

Frau Niemöller grinst. »Das hatte ich tatsächlich schon ein paar Mal. Menschen, die keinen Urlaub machen wollen, sondern ein Buch schreiben oder so was. Ich hatte auch mal Flitterwöchner, die meinten, es könne ruhig regnen.«

»Ahh, zu viel Information«, sage ich.

Frau Niemöller lacht und Betty grunzt. Das sollte vermutlich auch eine Art Lachen sein. »Du ahnst nicht, was wir alles für Informationen bekommen! Manche verraten uns Dinge, da möchte man Gehirnseife.«

Es kommt aber Kundschaft, bevor Frau Niemöller mich erleuchten oder versauen kann, wie man auch immer das sehen möchte.

»Wohin möchten Sie denn reisen?«, fragt sie, nachdem die Kunden erfolglos versuchten, mit Betty Kontakt aufzunehmen, und dann in einem Katalog blätterten und flüsterten. Sie sehen aus wie die Nachbarn meiner Eltern. Ende 50. Er ist kleiner als sie, das kompensiert er durch einen grünen Hut. Sein Outfit sieht nach *Jäger in der Freizeit* aus. Loden und Leder. Sie dagegen ist dauergewellt, die Frisur ist betoniert. Sie kauft noch Haarspray und wünscht sich die 70er zurück, wo man eine Dose pro Tag verbrauchen konnte, ohne als Klimasünder verurteilt zu werden. Vermutlich muss ihre Frisur eine Woche lang halten und sie trägt nachts so ein Netz darüber. Seit Jahren schläft sie nur auf dem Rücken, damit sie nicht zu viel Arbeit damit hat. Und in ihrem Schrank lagert sie die goldenen *Gard*-Haarsprayflaschen. Die mit dem guten alten FCKW. Nur die lassen ihre Haare genauso liegen, wie diese das am Tag ihrer Hochzeit taten!

Endlich wagen sie sich zu Frau Niemöller und verraten nach dem Hinsetzen, dass sie Herr und Frau Vorreiter sind.

»Wir möchten nach Spanien.« Frau Vorreiter ist entschlossen.

Frau Niemöller schaut Herrn Vorreiter an. Er hat nämlich eine Broschüre über Fliegenfischen in Schweden in der Hand. Aber er setzt jetzt seinen Hut ab und verdeckt das Papier damit.

»Wohin denn in Spanien?«

»Na, da wo immer alle sind?« Frau Vorreiter ist verwirrt.

»Spanien ist groß und hat viele interessante Urlaubsregionen. Mögen Sie an den Strand oder lieber ins Landesinnere?«

»Ist es nicht am Strand immer überfüllt?«, fragt Frau Vorreiter.

»Im Landesinneren kann man auch viel mehr tolle Sehenswürdigkeiten besuchen«, sagte Frau Niemöller.

Das wehrt Frau Vorreiter aber ab. »Ich muss nix anschauen. Ich will braun werden und so eine Meeresfrüchteplatte essen.«

Herr Vorreiter nickte auf einen Ellenbogenstoß hin zustimmend.

»Möchten Sie ins Hotel oder was schwebt ihnen vor?«

»Was könnte man denn anderes tun?« Frau Vorreiter ist überrascht. »Ach, doch, Günter, die Carstensens waren da mit einer *Aida* ! Und die Fischers hatten so ein Wohnmobil. Kein Wohnwagen, sondern so ein Mobil. Damit ist man mobil, haben sie gesagt.« Frau Vorreiter sagt das vorwurfsvoll, Günter brummt nur.

Frau Niemöller lächelt, aber sie sieht mich an und ich weiß, dass sie jetzt schon leidet. »Ich schlage ihnen die Costa Dorada vor. Das ist nicht so überlaufen und da gibt es super günstige Angebote.«

»Ich will dahin, wo alle hingehen«, sagt Frau Vorreiter nun stur. »Wir haben was geerbt ...«

Da kommt Leben in den Gatten. »Das geht niemanden was an.«

»Ich kann das wohl sagen! Ich hab schließlich deine Mutter bis zum Ende gepflegt!«

»Das tut nichts zur Sache.«

»Ich finde schon. Ich – wir haben uns das jetzt verdient. Und all die Jahre konnten wir nicht weg. Immer diese Diaabende bei den Carstensens. 400-500 Fotos! Ich will das auch!«

»Niemand macht mehr Dias heutzutage, Frau Vorreiter«, sage ich. »Sie haben doch sicher ein schönes Smartphone. »

Frau Vorreiter guckt mich an, dann ihren Gatten. »Er hat eines. Aber er schaut damit nur Fische an!«

»Aha«, sage ich. »Ja, das geht auch. Aber man kann damit auch wunderbar fotografieren. Und sich die Bilder später auf dem Fernseher anschauen. Eigentlich kann man sie jederzeit anschauen. Jetzt, hier zum Beispiel.« Ich zeige ihr ein unverfängliches Bild auf meinem Telefon.

»Dann will ich auch so eines«, sagte Frau Vorreiter. »Wenn wir entschieden haben, wo wir hinfahren, dann kaufen wir so eines.«

Sie lässt sich aufschreiben, wie mein Telefon heißt und auch die Beschreibung zu dem Geschäft hier in der Mall, wo sie das kaufen kann. Den Rest will sie nicht wissen, sie wird sich da sicher beraten lassen.

»Ich will in ein großes Hotel. Es soll einen Pool haben und einen Strand. Ich will eine Strandpromenade, wo man Eis essen kann. Und dann will ich ein Restaurant, wo man Meeresfrüchte essen kann.«

»Du isst gar keinen Fisch«, sagt Günter.

»Das sind doch Meeresfrüchte, Günter, kein Fisch.«

»Sie glaubt das wirklich«, sagt Günter zu uns. Er ist ganz leise. Es ist ihm peinlich.

»Natürlich glaube ich das!«

Jetzt kommt Leben in Günter. »Sie will das nur, weil sie eigentlich den Friedel Fischer heiraten wollte. Der hatte aber schon die Steffi. Also hat sie mich genommen. Wir haben dann vor denen geheiratet.« Ich bin überrascht, dass er so viele Informationen preisgibt. Die beiden haben ungeheuren Redebedarf. Vielleicht wäre eine Therapie besser als ein Urlaub, aber wer bin ich, das vorzuschlagen?

»Ich wollte dich schon, aber du wolltest doch die Steffi!«

»Red nicht so einen Stuss!« Er ist nun so etwas wie eine Bombe, kurz vor der Explosion. Ich sehe aber, dass Frau Niemöller das ganz ruhig aussitzt und lehne mich auch beobachtend zurück.

Frau Vorreiter klammert sich an ihre Handtasche, als wäre es ein Schild. »Und dann ist seine Mutter krank geworden. *Ich* habe sie gepflegt. Alles haben wir geopfert. Und jedes Jahr sind alle in Urlaub gefahren, aber wir blieben zuhause.«

»Mutti ist nicht absichtlich krank geworden!«

»Das habe ich nie behauptet!«

»Du tust jetzt hier gerade so, vor den fremden Menschen.«

»Das sind doch keine fremden Menschen, das sind Angestellte.«

Ja, Angestellte und Dienstleister sind keine Menschen. Die beiden leben in einer Welt, in der Dienstleister so etwas wie Pfarrer sind. Wir unterliegen dem Dienstleisterehrenwort, einem Schwur, der uns für die Zeit, in der wir unseren Beruf ausüben, zu etwas macht, was nicht menschlich ist. Wir haben ein Schweigegelübde, was die Geheimnisse unserer Kunden angeht. Jaja.

»Kann man in Spanien angeln?«, wagt Günter sich nun aus seiner Angriffsposition.

»Der will nix als Angeln!« Frau Vorreiter ist noch nicht fertig, obwohl der Krieg möglicherweise ohne ihren Mann weitergeht.

»Es gibt da etwas ...« Frau Niemöller klickt sich durch ein paar Seiten.

»Ich angle nunmal gerne.« Ah, Günter ist doch noch im Schlachtenmodus!

»Gerne«, sagt Frau Vorreiter. »Das ist untertrieben. Während ich deine Mutter gepflegt habe, hast du geangelt.«

»Und Geld verdient.« Günter ist der Meister der Einzeiler. Immer wuchtig austeilen, das stete Speer löchert die dickste Rüstung.

»Er war Postbote. Morgens Post austragen, mittags angeln und abends schlafen. 40 Jahre lang. Jetzt ist das vorbei. Ich habe gesagt, Günter, habe ich gesagt, du musst das nicht mehr. Wir fahren jetzt an die Agave und trinken da Sangrita.«

Frau Niemöller gluckst. Es hört sich an, als habe sie sich verschluckt, aber ich glaube, sie lacht innerlich. Also so: Man rollt sich innerlich über den Boden und schüttet sich prustend aus. Ich bin ebenfalls kurz davor. »Algarve«, sagt sie erstickt.

Frau Vorreiter bemerkt unsere Schwierigkeiten nicht. »Ne, ich meine nicht diese Pflanze, ich meine diesen Ort.«

Frau Niemöller nickt. »Ja, den in Portugal, nehme ich an.«

»Wir wollen doch nach Spanien!« Frau Vorreiter ist jetzt ein bisschen pikiert. Wir verstehen aber auch nichts, oder?

»Ja, genau«, sagte Frau Niemöller und klickt sich wild durch Seiten. »Ich habe da genau das Richtige«, murmelt sie bedeutungsschwanger. Ahh, endlich: Jetzt schickt sie ihre Truppen in die Schlacht. Reißverschluss von den Flanken her ... oder so. »Also es gibt da einen schönen passenden Ort.« Sie hat das schon in Google Earth rangezoomt und klickt sich durch die passenden Bilder. »Hier sehen Sie das Mar Menor, das ist ein Stück Meer, welches aber eingedeicht wurde. Da haben Sie alles. Ihr Mann kann angeln, Sie liegen am Strand, das Meer ist dort nur hüfttief und immer warm, keine Wellen und es gibt viele herrliche Hotels. Und sie können sogar Wellness machen!«

Wellness! Frau Vorreiter ist begeistert. Sie hat viel Gutes über Wellness gehört. Sie möchte in das Hotel mit dem schönsten Namen und nimmt darum das *Donna Solara* (Zimmer mit Blick aufs Meer, Pool und drei Sterne), weil es sie an ein Eis erinnert. Als sie zwischen Voll- und Halbpension entscheiden soll, rumpelt es noch einmal ein wenig zwischen den beiden.

»Nein, Sie dürfen dort nicht auf dem Zimmer kochen«, sagte Frau Niemöller.

»Und wenn Günter was geangelt hat?«

Günter nickt, sie sind sich plötzlich einig. Frau Niemöller blinzelt kurz. »Dann fragen Sie den Hotelkoch, ob er es zubereitet.«

Herr und Frau Vorreiter sind überzeugt, dass das geht. Ich denke mir meinen Teil. Vor allem denke ich, dass drei Sterne im Süden sicher nicht einem drei Sterne Hotel hierzulande entsprechen. Beziehungsweise dass Sterne im Hotel noch lange keine Sterne im Gourmetrestaurantbereich sind. Drei Sterne ... das ist eigentlich gerade so mehr als , ne bettwanzenverseuchte Pritsche und tagelang recyceltes Essen.

Aber schließlich nehmen sie Vollpension. Günter ist gegen All Inclusive, denn da würden einem nur minderwertige Sachen angedreht werden, sagt er. Das wisse er. Punkt. Seine Frau wird ganz still, als er kurz mit dem Hut wedelt und sagt, dass der Erich vom Stammtisch das sagte. Und der muss es wissen, der ist ein hohes Tier in der Bank.

Frau Niemöller bucht noch ein paar Extras und erhöht sich so die Provision, aber die Ausflüge ins Landesinnere und zu zwei schönen Städten in der Nähe können dem Horizont von Frau Vorreiter nicht schaden.

Als Herr Vorreiter den Preis hört, knurrt er kurz und sie kommen überein, dass sie vielleicht doch kein teures Telefon brauchen. Frau Vorreiter will nun Herrn Vorreiters Telefon haben. Er möchte das nicht. Vielleicht gäbe es ja ein günstigeres, da er doch nur damit angeben wollte – sagte sie. Er sagt, er braucht es beruflich. Sie sagt, es geht doch nur um den Angelverein. Erneutes Scharmützel!

»Er bekommt dann Nachrichten, wenn ein anderer was gefangen hat«, sagt Frau Vorreiter ein bisschen höhnisch.

Herr Vorreiter presst die Lippen zusammen. »Immerhin bekomme ich Nachrichten.«

Beide sind plötzlich still. Hier scheint es einen neuralgischen Punkt zu geben. Ich werde es leider nicht erfahren, aber ich habe wildeste Fantasien.

Sie räuspert sich. »Dann haben wir es ja, oder?«

»Günter nickt. Er würde am liebsten sofort bar bezahlen, aber Frau Niemöller winkt ab. Betty seufzt, als das Paar aus dem Laden ist.

»Die tun mir leid«, sagt Frau Niemöller. »Ihr Leben ist an ihnen vorbei gegangen und nun wollen sie was nachholen. Aber ...«

»Nix aber, Nicole«, sagt Betty plötzlich rau. »Die erfüllen sich einen Lebenstraum. Und sie haben es bis hierhin geschafft, das schaffen die auch noch den Rest ihres Lebens. Denen geht es gut. Frau Vorreiter wird glücklich sein und für lange Zeit etwas zu erzählen haben. Vielleicht kommen sie ja sogar wieder, wer weiß? Wir dürfen uns nicht erheben. Wer clever ist, bucht doch längst ohne uns. Wir müssen froh sein um jeden, der das nicht macht.«

Uh, wer hätte gedacht, dass Betty hier eigentlich die Hosen anhat, denke ich. Ich nicke, das sieht sie aber nicht.

»Ich mach jetzt Mittag«, sagt Frau Niemöller. »Denk dran, erst mal sollen die in die Prospekte gucken. Alles mit dem Computer kann warten.« Und weg ist sie.

Ich sitze ein bisschen blöd herum, bis Betty sich erbarmt.

»Hinten ist 'ne Kaffeemaschine. Hol dir ruhig einen. Das dauert.«

Ich tu das gerne. Dann stehe ich vor der Prospektwand.

Prospekte. Kennt man ja fast nicht mehr, oder? Sicher, es gibt Versandhäuser, bei denen bestellt man einmal ein Paket Strümpfe und bekommt dann 25 Jahre lang Sonderangebotskataloge. Wie holen die das Geld dafür nur wieder rein? Und die Beilagen in den Zeitungen ... ich kenn das von zuhause. Da denkt man, heute ist die Zeitung schön dick, und dann sind das wieder nur die Prospekte für die Teppichreinigung, den Goldsammelservice und drei Möbelhäuser. Würde man die sammeln, könnte man sich vermutlich irgendwann ein Haus daraus bauen. Die sind ja auch auf dickem Papier gedruckt, so vollfarbig, dass man meint, es wäre Plastik und kein Papier mehr. Der gute Deutsche überlegt dann, ob das überhaupt in die Altpapiertonne darf.

Oder es sind Prospekte der großen Warenhäuser. *Alles muss raus*, *Sonder-Extra-Setzen Sie hier irgendeinen Feiertag ein*-Rabatt. In der dazugehörigen Zeitung liest man dann, dass es den dazugehörigen Konzernen nicht gut geht. Und ich denke: Dann macht doch weniger Wegwerfprospekte und mehr Kundenfreundlichkeit.

Und weil ich auch freundlich sein möchte, lächle ich die nächsten Kunden besonders nett an. Sie sind jung und sie sind hip. Ich habe Angst. Warum buchen die nicht im Internet? Warum sind die hier? Wo bleibt Frau Niemöller?

»Guten Tag«, sage ich unverfänglich.

Die Frau lächelt mich nur an. Sie ist irgendwie ätherisch. Ihre Haare, ihr Kleid und ihr Schmuck, alles sieht nach 70er Jahre Hippie aus.

Ein Blumenduft umschmeichelt sie. Der Mann ist ein lupenreiner Hipster. Man Bun, Vollbart, Holzfällerhemd, Hosenträger. Unwillkürlich finde ich ihn aber attraktiv. Er ist gepflegt, duftet ebenfalls gut und ich erwarte feine Manieren von ihm.

»Wir wollen irgendwohin, wo sonst niemand hinfährt«, sagt er dann.

»Wanne-Eikel? Sprockhövel? Arakis?« Ich kann mich kaum bremsen.

Sie lacht. Es hört sich an, als würden Elfen lachen. Diese *Herr der Ringe*-Elfen, die eigentlich immer ernst gucken und den ganzen Tag Gedichte singen.

»Nein, die ersten beiden wären zu nahe«, sagt sie dann. »Wir dachten zwar an etwas, wo es warm ist, Arakis wäre aber zu warm.«

»Da, Gomera«, sagt er und zeigt auf das entsprechende Prospekt. Ich rolle mit den Augen. Also innerlich, ich würde es mir nicht anmerken lassen. Sind sie doch einfach Hippies?

Sie findet aber auch das nicht gut. »Ja, da geht zwar nicht mehr jeder hin, aber dennoch. Nein, bloß nicht.«

Ich bin erleichtert.

»Wir wollen auch nicht nach Bali oder so was, wo alle hingehen, weil es billig ist oder hip oder beides. Und in Wirklichkeit nur die Armut der Leute dort ausgenutzt wird.« Galadriel ist heute zickig. »Ich war auch mal im Heimatland des Reggaes und das Einzige, was man da sicher bekommt, ist ’ne Geschlechtskrankheit.«

Ich hätte nicht gedacht, dass so ein Wort aus dem Mund der Elfe kommt.

»Ich will nicht irgendwohin, wo die Touris nur Zecken sind. Wo die Leute so hart arm sind, dass wir Götter wären.«

Er nickt und streicht ihr kurz über die Schulter. »Ja, das wollen wir nicht.«

Ich bin völlig außerhalb meiner Comfortzone. »Ehrlich? Ich bin nur die Aushilfe. Ich habe keine Ahnung. Aber ich glaube, solche Orte gibt es nur, wenn man ’ne Menge Geld ausgeben will.«

»Na, wir sind hier reingekommen, weil wir im Schaufenster dieses Schild gesehen haben.« Der Dutträger deutet auf etwas. Ich gehe raus, gucke mir das an und komme wieder rein. *World-Life-Touren. Die echte Welt hautnah. Charity und Reisen. Nachhaltig und helfend*, sagt das Schild. Darauf abgebildet waren Menschen, die anderen Menschen ein Haus bauen. Ich sehe Betty an. Sie hebt eine Hand, schüttelt kurz den Kopf und dann seufzt sie.

»Ja, stimmt. Das ist ein Projekt, an dem wir teilnehmen. Aber das ist ...« Ihre Stimme wird leiser. Ihre Augen schweifen durch den Raum. Dann räuspert sie sich und wird offensichtlich mutiger. »Also nachhaltig Reisen ist nichts für Leute, die am Strand liegen wollen. Wir organisieren kleinere Hilfsprojekte, die mit den Leuten vor Ort zusammen gemanagt werden. Und als Reisender kann man sich das anschauen und helfen, spenden oder auch entscheiden, dass es nicht gut genug ist. Manche reisen auch dorthin, um zu berichten, denn Presse hilft ja auch. Aber berühmt wird man damit nicht.«

»Das wäre genau richtig«, sagt die Hippiefrau und lächelt. Sie sieht neben Betty noch engelhafter aus.

Betty lächelt ebenfalls. Ui, das ist ein wenig unheimlich. Ich weiß nicht, woran es liegt, aber es scheint, als würde eine Schale von ihr abfallen, als sie nun mit der Hippieengelin einiges bespricht. Ich muss mich anstrengen, nicht zu starren.

»Das kann sie«, sagt der Hipstermann . »Sie ist großartig.«

»Ja«, sage ich. »Äh, sorry.«

Er lacht kurz. »Keine Sorge. Es geht vielen so. Die meisten lassen sich von Äußerlichkeiten leiten. Aber das ist nicht wichtig. Wir sehen gerne so aus, weil wir das gut finden. Und weil wir damit Erwartungen wecken, die wir auch gerne brechen. Ich bin zum Beispiel tatsächlich nur Friseur. Heidi hat zwei Doktortitel. Biologie und Soziologie. Sie ist unglaublich intelligent und gütig.«

»Wenn ich sie nicht sehen würde, würde ich denken, Sie beschreiben eine ältere Dame mit silbernem Haar – ein Stich ins Lila, das hat man ihr im Salon so als edel verkauft – und Leinenkleidung.«

Er lacht lauter und Heidi sieht zu uns. »Sie ist witzig!«, sagt Man Bun zu Heidi. »Ja, die lila Spülung. Steht auch nur Frauen mit blauen Augen.«

»Macht man das noch?«

»Tatsächlich ja, aber nicht so auffällig wie früher. Grau und alle Töne drumherum ist ja gerade in.«

»Es wird Nordspanien«, ruft Hippieheidi.

»Olé«, sagt der Friseur. »Das ist schön!«

»Warum?«, frage ich verwundert. »Das ist doch nicht ... also ... da ist doch ... Zivilisation?«

Man Bun und Galadriel lachen. »Ja, sicher. Aber da gibt es Regionen, die sind derart von Arbeitslosigkeit gebeutelt, dass sie fast entvölkert sind. Die Leute dort müssen beigebracht bekommen, dass sie mit ihren lokalen Produkten Geld verdienen können. Wenn sie nur anders denken. Aber da liegt eben vieles im Argen und durch die Flucht der Jugend in die Städte sind da fast nur noch alte Menschen. Wenn man das wieder attraktiv macht ...«

Wenn jemand etwas attraktiv machen kann, dann Galadriel, denke ich.

Als sie später nach einigen Buchungen gehen, seufzt Betty zufrieden. »Ich habe anfangs gedacht, ich müsste einen Spa Aufenthalt in Bali buchen. So mit Rosenblättern, die von Sklavinnen täglich ins Badewasser und aufs Kopfkissen gestreut werden. Nur dass die Sklavinnen tatsächlich Sklavenhalter sind.« Sie schnaubt. »Wir möchten aber bitte nur gutaussehende Sklaven«, sagt sie in einem bitteren Ton. Offensichtlich äfft sie jemanden nach. Was für Erfahrungen man manchmal machen muss, selbst in so einem Traumjob! »Ich hasse das alles manchmal.«

»Aber ...«, sage ich verwundert. »Warum dann so ein teures Büro hier?«

»Ich vermittle meine Reisen meist über das Internet. Aber Konny – also Frau Niemöller, sie besteht auf das Büro hier. Sie möchte nicht zuhause versauern.«

»Und Sie?«

»Ich mach, was meine Frau mir sagt.«

Ich bin einen Moment sprachlos. Niemals hätte ich die beiden zusammen verortet.

»Ich weiß«, sagt Betty. »Die Schöne und das Biest.«

»So hätte ich das jetzt nicht ausgedrückt«, sage ich kleinlaut.

»Das ist kein Problem. Manches ist nicht ersichtlich. Ich könnte da jetzt 'ne lange Geschichte draus machen.« Betty atmet ein paarmal hörbar. Dann sinkt sie wieder in sich zusammen. »Mach ich aber nicht. Trinken Sie Ihren Kaffee nicht mehr. Der ist jetzt kalt und eklig. Sie können gerne frischen machen.«

Das mache ich dankbar und währenddessen kommt Frau Niemöller zurück. Ich grüble ein wenig, warum sie so heißen möchte, ihre Frau aber Betty nennt und auch so vorstellt, aber dann denke ich, das geht mich genauso wenig an, wie der Grund, warum die beiden zusammen sind. Als ich sie aus dem Nebenraum beobachte, bemerke ich die leise Zärtlichkeit einer Hand auf dem krummen Rücken, eines Lächelns in müde Augen und ein paar gemurmelter Worte, die ich über das Gegurgel der Kaffeemaschine nicht verstehe. Aber was könnten sie denn sein, außer Liebesworte? Das Lächeln auf beiden Gesichtern ist jedenfalls deutlich sichtbar.

»Heute habe ich drei Formen Liebe kennengelernt.«

»Bist du Philosophin geworden? Gehst du fremd?« Björn spielt den Entsetzten.

»Blödmann«, sage ich und reiße ihm meine Tüte aus der Hand. »Blödmänner bekommen nichts von meinem Kuchen ab.«

»Sorry«, sagt Björn. »Das Arbeiten mit diesen Kerlen vom Sicherheitsdienst macht blöd. Also die sind selbst nicht blöd, aber das ist halt so 'ne Sache ... man muss hart aufpassen, weil die sich ständig ärgern. Und wenn man da nicht reagiert, ist man schnell ausgelacht. Man fängt dann an, völlig anders zu denken.«

»Du Armer. Du hast da echt die Arschkarte gezogen.« Ich migriere aufs Sofa und Björn wirft sich neben mich.

»Ach, ich hab heute gut gelernt und ab morgen darf ich ein paar Tage im *HiergibtsAlles* Kaufhausdetektiv sein.«

»Du warst fleißig? Na gut, dann bekommst du auch Kuchen ab.«

Er seufzt zufrieden. »Nun erzähle mir mal die drei Formen von Liebe.«

Ich nehme meine Quarkschnitte und gebe ihm den Berliner. »Das klingt wie ein kitschiger Weihnachtsfilm. Warum gibt es eigentlich so wenig kitschige Osterfilme? Ich glaube, das liegt daran, dass der Osterhase ein Tier ist. Wäre das so einer wie der Nikolaus oder Weihnachtsmann, dann wäre das sicher anders.«

»Also, Film Eins hat welchen Titel?«

»*Wo die Liebe hinfällt*. Ich war ja heute in einem Reisebüro. Und da war eine Frau Niemöller und eine Betty.«

Björn pudert sich die Nase mit Zucker. »Oh, Frau Niemöller ... die war sicher mit so einer Brille mit einer Kette dran bewaffnet, oder? Über deren Rand hinweg sie dich immerzu prüfend ansah. Und Betty war 'ne Sexbombe?«

»Du könntest falscher nicht liegen« Ich beschreibe ihm die beiden.

»Oh, na dann. Erzähl weiter.«

»Naja, die ganze Zeit dachte ich, was die Niemöller mit der Betty überhaupt will? Ich hab mir Szenarien ausgemalt. Sie ist die ungeliebte Cousine. Die Schwägerin. Die Schwester oder sie hat 'ne unheilbare Krankheit.«

»Vom Familienmitglied zur Todkranken ist aber ein harter Sprung.«

»Ja, ich weiß. Jedenfalls ist es ihr letzter Wunsch, noch einmal in einem Reisebüro zu arbeiten.«

»Echt? Sowas denkst du?«

»Ja, echt! Wieso denn nicht? Manche empfinden als Berufung, was andere niemals tun würden!«

»Das stimmt. Der Guido zum Beispiel ist Sicherheitsmann mit Leib und Seele. Er kauft sogar solche Zeitschriften. Die gibt es auch tatsächlich. Wer hätte das gedacht, oder? Es gibt wirklich Zeitschriften für alles und jeden. Die lässt er sich von dem Kiosk im unteren Geschoss extra bestellen. Gestern war er kaum zu gebrauchen, weil er es nicht erwarten konnte, in die neueste Ausgabe reinzuschauen.«

»Was steht denn da so drin?«

»Keine Ahnung: *Knüppel im Test – welcher bietet das Maximum an Schlagkraft und dennoch Handlichkeit? Pfefferspray versus Taser! Handlichkeit oder Schnelligkeit? Pyschotest: Welcher Typ Sicherheitsmann sind Sie? Typ A: Der harte Kerl. Sie reden nicht, Sie handeln. In Ihrem Revier ist es aufgeräumt und still. Typ B: Der Vermittler. Manchmal muss man reden, manchmal nicht. Sie kennen Ihre Pappenheimer und wissen, wo der Hammer hängt. Typ C: Reden ist Gold. Ihr Pfefferspray ist lange abgelaufen. Ihre Sohlen auch, denn Sie gehen die Extra-Meile. Ihre Objekte sind harmonisch und jeder grüßt Sie im Vorübergehen.*«

Ich muss so sehr lachen, dass mir Kuchenkrümel aus dem Mund fliegen. »Ich möchte das!«, rufe ich.

Björn feixt. »Ja, sie wollen mich alle irgendwann.«

»Du bist Typ C.«

»Echt? Ich dachte ich wäre A mit einem kleinen Hang zu B!« Er schüttelt den Kopf. »Nein ernsthaft, Guido hat nie Feierabend. Der geht tatsächlich als Zweitjob noch als Türsteher in eine Disco. Und wenn er nirgendwo rumsteht, dann macht er Sport. Sogar seine Handrücken sind muskulös. In seiner Zeitschrift stand auch was über Adern und wie man die besser modelliert. Damit die so rausstehen.« Björn ballt seine Hand zur Faust, aber die Adern wollten nicht rausstehen.

»Mach dir nichts draus«, sage ich. »Du hast innere Werte.«

»Was ist denn aber nun mit Frau Niemöller und Betty?«

»Die sind ein Paar! Verheiratet.«

»Oh, das ist unerwartet.«

»Ja, gell? Ich war auch von der Rolle. Es ist ein bisschen, als hätte ich einen Klötzchenturm in meinem Kopf, den die dann umgeworfen haben. Und ich denke: Was war ich auch so blöd und habe diesen Turm überhaupt erst gebaut?«

»Naja, Vorurteile halt. Was war denn der zweite Liebesfilm?«

»Ach, eher so ein bürgerliches Heimat-Drama. Wie würde ich es nennen ... Alzheimer und Angeln. Oder Angeln und Alzheimer? Egal, also dieses Ehepaar ...« Ich beschreibe die zukünftigen Spanienurlauber.

»Ja, Diaabende!«, ruft Björn gespielt verzweifelt. »Haben meine Eltern früher auch gemacht. Mit den Boxen voller Dias könnte man ein Haus bauen. Die guckt doch nie wieder jemand an. Ganz zu schweigen davon, dass der Projektor nicht geht. Aber das war früher mal ein richtiges Ereignis. Sozusagen *Instagram live*. Im Wohnzimmer, mit Mett- und Käseigel.«

»Meine Eltern hatten nur Papierabzüge. Und da sie eigentlich sowieso nie in den Urlaub fuhren, gibt es nur ein paar Alben verblichener gestellter Fotos vor Sehenswürdigkeiten.«

»Du Arme, da musst du noch ganz viel von der Welt sehen!« Björn holt sich ein Radler und schenkt mir ein Glas ein.

»Naja, das wollte das zweite Paar nicht. Sie wollte eigentlich nur sehen, was alle anderen gesehen haben. Ich fand es voll gruselig, dass für sie Spanien kein wirkliches Land ist, mit Menschen und Straßen und Bäumen und so, sondern nur ein Ort, so wie ... der Kölner Dom. Verstehst du? In ihrem Kopf gibt es diesen einen ganz bestimmten Ort. Ich wäre irgendwie fast gerne dabei, wie sie dann dort ist und danach sucht. Nach DER Stelle, wo man genau DAS sieht. Und in Wirklichkeit rennt sie dann hilflos herum, weil es keine Wegweiser gibt, es regnet oder der Hotelpool gesperrt ist. Wer weiß? Jedenfalls findet sie nicht DAS Spanien und dann ist sie enttäuscht? Sie tut mir jetzt schon leid. Und er auch.«

»Naja, irgendeinen Fisch wird er schon fangen.«

»Wenn sie ihn lässt.«

»Wo ist denn das eigentlich Liebe?« Björn leckt sich den Zucker von den Fingern, steht dann seufzend auf und holt sich Chips.

»Irgendeine Form von Liebe muss es schon sein, sonst wären die doch nicht noch zusammen, oder?«

»Ich glaube, das ist eher Bequemlichkeit. Du weißt einfach, was du vom anderen zu erwarten hast. Also mit Paar Zwei bin ich nicht einverstanden.«

»Paar Drei wird dich überzeugen!« Ich erzähle ihm von Hippieheidi und Man Bunnie.

»Oh, ja, das ist schon ’ne Stufe drüber. So weit muss man erst mal kommen. Die haben das Hip-Sein noch transzendiert. Ich hasse solche.«

»Ne, die kann man nicht hassen. Sie wollen wirklich Gutes tun. Und dabei aber gut aussehen.«

»Ja ok, aber ich hasse all diesen Hippie-Hipster-Kram. Meine Mitstudenten sind da teilweise echt schlimm.« Björn kaut jetzt sogar aggressiv.

»So kenn ich dich ja gar nicht!«, sage ich. »Was ist denn?«

»Ach, mich regt das auf. Man kann über nichts mehr reden. Also einfach nur so was machen. Trinkt man Kaffee, so trinkt man den falschen. Dann unterhalten die sich stundenlang über Röstungen und Kaffeemaschinen! Trinkt man Bier, so muss man Craft-Biere probiert haben. Das gleiche ist fast mit allem Essen und Trinken so. Das macht mich halt aggressiv, sorry. Ich geh gerne in die Mensa und ich esse halt, was es da gibt. Das ist keine Haute Cuisine und das erwarte ich auch nicht. Aber die meckern immer nur und bringen sich ihr Zeug mit in besonderen Geschirren und Schächtelchen, in zertifizierten Flaschen und Beuteln. Alles mit der Botschaft: Mein Zeug ist besser als deins. Was soll das? Und alle sind Experten.«

»Muss am Studiengang liegen«, sage ich. »Meine Kommilitonen sind anders. Da geht es eher um Nachhaltigkeit und wehe man kommt mit einer *Backwerk*-Tüte oder einem *Starbucks*-Becher ...«

»Ich finde das arg anstrengend.«

»Aber Liebe war das dennoch. Die sind total valide. Also vielleicht nur zweieinhalb Formen von Liebe heute.«

»Dreieinhalb.«

»Wieso?«

»Na, du musst uns schon noch dazu zählen, gell?«

Ahhh, man muss ihn lieben, oder? Ich tu es.

Ha, heute habe ich ein Glückslos gezogen! Ich muss mich kaum einarbeiten, denn ich bin eingeteilt für die Info-Station. Ja, mögt ihr jetzt denken: Aber wenn du die Infos nicht kennst, wie kannst du dann informieren? Aber was gibt es denn an so einer Mall genau zu wissen? Ich werde den Job mit links erledigen, da ich eigentlich vermutlich nichts weiter tun muss, als »*Adler* ist da den Gang entlang links und Schuhgeschäfte gibt es da, da und da« zu sagen. Alles für Menschen, die zu doof sind, Schilder zu lesen.

Es ist dann doch etwas komplizierter.

»Heute ist Ausleihtag für diese Pferde«, sagt der Centerleiter zu mir. Er ist nicht der Chef-Chef, sondern eher so was wie eine Nummer eins der Centerleitung, also der Bursche für alles, und er ist mir sehr dankbar, denn sonst müsste er hier sitzen statt mir. »Die Leute müssen ein Pfand hinterlegen, am besten einen Ausweis, die Dinger sind teuer. Hier ist der Plan vom Center und hier geht das Mikro an. Aber nur im absoluten Notfall, gell? Hier sind diese Notfallworte für die Evakuierungen. *Dresden* heißt Feuer, *Hildesheim* ist 'ne Bombendrohung und *Großgründlingen* zeigt einen unbekannten Grund an. Hier ist dein Telefon, damit kannst du auch oben und mich anrufen. Hier und hier.«

Und weg ist er. Ich stehe etwas geplättet vor dem Stall. Zehn Pferde sind hier angebunden. Ohne Witz. Sie sind etwas größer als diese Dinger, die man jetzt statt dem Holzschaukelpferd kaufen kann, und haben lange Mähnen und Sattel und Zaumzeug und große seelenvolle Augen. Ich streichle jedes einzelne und möchte keines davon in die eiscremebeschmierten Hände eines Kindes geben.

Dann mache ich es mir in der Kanzel bequem. Natürlich ist es keine Kanzel, sondern nur ein kleiner Kasten auf der großen Kreuzung der Mall, aber ich komme mir sofort vor wie im Führerstand eines Raumschiffes oder so. Mein Blick fällt auf das Eiscafé nebenan und ich wage es, die letzten fünf Minuten vor Beginn meiner Schicht dorthin zu sprinten und nach einem Kaffee zu betteln. Ein glutäugiger Italiener macht mir tatsächlich einen und legt zwei Amarettinis dazu. Ich mag die zwar nicht, aber die Geste zählt, oder? Er zwinkert und sagt in besten Ruhrpott-Deutsch: »Wennze noch einen brauchs, dann winkste mir einfach.«

Ach, da geht er hin, mein Traum von einem Capri-Fischer ...

Der Kaffee beduftet mein Kabäuschen herrlich und ich warte auf die ersten Hilfesuchenden. Das Zentrum füllt sich schnell mit Kunden und Paketboten, mit Angestellten, die noch Kleiderständer hin und herschieben, und mit Gärtnern, die Ostern abbauen. Ich verabschiede alle verblühten Primeln und Hyazinthen traurig. Die Hasen sind übrigens schon lange weg, nachdem sich Tierschützer beschwert haben.

Ich gehöre ja zu der Sorte Menschen, die jede Topfpflanze behalten, auch wenn sie verblüht ist und ich eigentlich sicher weiß, dass sie auch nie wieder blühen wird. Und ich behalte auch die Küchenkräuter, die genau das Gegenteil tun (also blühen), obwohl sie es nicht sollen. Selbst der krumpeligste und von weißen Fliegen verseuchteste Basilikum blüht irgendwann noch, bevor er komplett eingeht und ich ihn wirklich irgendwann wegwerfen muss.

Aber Gärtner sind da wie Metzger. Weg damit, Kopf ab, raus aus dem Topf und ab in den Kompost. Rohlinge! Die schönen Tulpen, Primeln und Narzissen!

Der Kaffee ist nur noch lauwarm, da kommt eine Mutter mit zwei Kindern auf meine Brücke. Achtung, Zivilisten!

»Die wollen diese Pferde«, sagt sie gestresst.

»Ich brauche ein Pfand.«

»Kann ich Ihnen ein Kind dalassen?« Die Mutter lacht selbst über den Versuch ihres Witzes. Sie ist verzweifelt. Die Kinder zerren schon an den Zügeln ihrer ausgesuchten Rösser.

»Nein, leider nicht«, sage ich.

Sie gibt mir ihren Führerschein. Ich schreibe mir auf, welche der beiden Pferde sie genommen haben. Den Schecken und den Rappen. Ich tätschle der Hellbraunen den Kopf, nachdem ich die beiden abgegeben habe. »Keine Sorge«, sage ich leise. »Ich sage einfach immer, dass du reserviert bist.«

Jetzt sehe ich auch endlich, wie man sich auf den Rössern fortbewegt. Es ist ein Aufundabwippen, welches sehr witzig aussieht und die Kinder wenigstens beschäftigt. Sportlich, sportlich.

»Ich brauch Taschentücher«, sagt eine alte Dame zu mir. Sie ist so klein, dass gerade mal ihre Stirn zu sehen ist, wenn ich normal sitze. Ich beuge ich aber nach vorne, damit ich mehr sehe als ihren Minipli mit dem draufgequetschten Filzhut. »Wo kann ich denn Taschentücher bekommen?«, wiederholt sie. Vielleicht denkt sie, ich bin schwerhörig.

Jetzt gehöre ich zu den Menschen, die nie welche dabeihaben. Nie.

»Sie können sich welche in dem Drogeriemarkt im Erdgeschoss kaufen, oder auch im dortigen Lebensmittelmarkt.«

»Ich brauch Taschentücher, keine Papiertücher«, sagte die Dame indigniert.

»Sie meinen Stofftücher?«

»Ist das so abwegig?« Sie guckt zu mir hoch, aber das ist anstrengend. Ihr Buckel lässt nur einen Blick nach unten zu. Ich klettere erneut aus meiner Kanzel.

»Nein, sicher nicht«, sage ich. »In dem Kaufhaus da drüben gibt es sicher noch Stofftaschentücher.«

»Da geh ich nicht rein.« Sie stemmt ihren Stock in den Boden, als wäre sie Amundsen am Pol mit der Flagge.

»Warum nicht?«

»Die machen einem das Leben nur schwer. Früher ging man rein, dann waren da die Rolltreppen und man fand ein Schild, wo draufstand, wo man hinmusste. Aber jetzt? Jetzt heißt das Galeria, besteht aus lauter kleinen Läden, in die ich nicht will und ich finde mich nicht mehr zurecht.

Meistens finde ich noch nicht mal die Rolltreppe. Ich habe nicht genug Kraft, um den ganzen Tag da drin herumzuirren.«

»Das verstehe ich. Ich habe mich auch schon verirrt. Aber ich kann hier nicht weg.«

»Warum haben Sie keine Angestellten hier, die einem wirklich helfen? So etwas wie ... Lotsen?«

Ich bin ratlos. Die Dame tut mir leid und sie steht immer noch da, ihr Handtäschchen an ihren Körper gepresst.

Da sehe ich meine Bekannten, die Lehrer. Zu meiner Erleichterung, sind die beiden nicht empört über mein Ansinnen, sondern nehmen die Dame tatsächlich in die Mitte. Udo ist mit der Frau einer Meinung, dass ein zivilisierter Mensch Taschentücher brauche und diese selbstverständlich auch bügle.

»Was soll dieser Mist mit den Pferden?«, fragt mich eine Stimme, während ich kurz in meiner Tasche krame. Die Nähe zum Eiscafé ist verheerend. Ich rieche ständig die Röstaromen und die Vanillewaffeln. Mein Magen knurrt und ich bin bereit, meine Notration an Erdnussriegeln anzubrechen. Ich habe immer irgendwelche Erdnussriegel in meiner Tasche. Die, die weder Schokolade noch sonstige unnötigen Zutaten haben, kann man ja ganzjährig bei sich tragen.

Ich verstecke den Riegel unter dem Tisch und richte mich auf. »Wie bitte?«

»Was soll der Stuss? Wenn ich nachher mit meinem Sohn hier vorbei komme, gibt das nur Geschrei. Man kann nicht mal in Ruhe einfach einkaufen! Wenn ich mein Kind bespaßen will, dann geh ich zu Clowntown!«

Ah, Frau Schmidt-Haufärber. Ohne Justus. »Das Center möchte das so.« Ich nehme das doch jetzt sicher nicht persönlich. *Ruhig, Hellbraune!*

»Mit wem muss ich da sprechen? Sie können doch ihr Geld sicher besser ausgeben, als für so etwas? Oder diese lebenden Hasen zu Ostern? Natürlich wollte Justus danach mal wieder ein Haustier!«

»Ich könnte den Centerchef anfunken«, sage ich. *Oder,* denke ich, *ich sage gleich Dresden.* Oder war es Hamburg, wenn das Center evakuiert werden soll? Ich hab es tatsächlich vergessen und Frau Schmidt-Haufärber ist auch noch lange nicht fertig.

»Es ist schon furchtbar genug, dass ich unten nicht mehr in den Rewe kann, ohne so einen Kinderautoeinkaufswagen nehmen zu müssen. Damit kommt man kaum durch die Gänge und der Korb für die Waren ist zu klein. Ich möchte, dass das Center kindergerechter wird!«

»Sie meinen elterngerechter?« Ich bin der Auffassung, sie hat sich einfach nur versprochen.

»Was?« Frau Schmidt-Haufärber ist Widerspruch und Verbesserung sichtlich nicht gewohnt. »Ich meinte genau, was ich sagte! Sie sind sicher eine von denen, denen nicht klar ist, wie schlimm Süßigkeiten an der Kasse sind, oder? Und dann geht man zu einer der anderen Kassen und muss sich die schlimmen Bilder auf den Zigarettenschachteln anschauen? Oder Schnaps? Was soll das? Ist das kindgerecht?« Sie sieht sich um, als gäbe es ein Publikum, zu dem sie spricht. Aber da sind nur die üblichen Gruppen von quasselnden Frauen, die uns nicht beachten.

»Nun, das hat aber nichts mit den Pferden hier zu tun«, sage ich heldenhaft. Ich muss meinen Stall verteidigen. Ich, die Hüterin der edlen Rösser!

Ein Vater mit zwei Jungs kommt und während Frau Schmidt-Haufärber ihn noch versucht, auf ihre Seite zu ziehen, haben sich die Kinder schon auf den Rücken der beiden Schecken geschwungen.

»Drei Rösser, bitte«, sagt er und reicht mir seinen Führerschein.

»Sie wollen selbst?«, frage ich überflüssigerweise, denn ein drittes Kind ist nicht in Sicht. »Ich weiß nicht ...«

»Das geht schon«, sagt er. »Ich kenn die Dinger. Die halten mich schon aus.«

Ich denke mir, dass ich nicht gesagt bekam, dass Erwachsene nicht reiten dürfen, und sehe ihm neidisch hinterher.

»Unglaublich«, sagt Frau Schmidt-Haufärber. »Manche Menschen sind selbst noch Kinder.«

Jetzt bin ich ja der Meinung, dass das prinzipiell keine erstrebenswerte Sache ist, aber in diesem Fall denke ich, dass ich auch niemals so werden möchte wie meine Gesprächspartnerin. Hat sie eigentlich nichts zu tun? Hat sie zu viel Zeit? Wo sind ihre Freundinnen?

»Soll ich nun den Chef rufen?«

»Ach, das hat doch keinen Sinn. Die Menschen machen sich nicht klar, womit wir Mütter zu kämpfen haben. Es geht nur um Profit. Sonst nix.«

Nun tut sie mir fast leid. Aber sie steht jetzt auch sehr nahe an meinem Pferd und fast scheint es, als würde sie ihr gleich die Nase streicheln ... Da entscheidet sie sich anders und setzt sich ins Eiscafé. Dort ist irre viel los. Ich sehe sogar Tine mit einer Gruppe Freundinnen. Die hat scheinbar unendlich viel Zeit! Ich bin so neidisch, als sich im Handumdrehen Kaffee, Latte und Cappu mit dreitstöckigen Torten vereinen. Aber ich habe ja noch meinen Erdnussriegel. Guter Riegel!

Mein Blick schweift hin und her, ich winke kurz Udo und Harry, die mit der Dame aus dem Irrgarten der Galerie entkommen sind und nun ebenfalls einen Ausflug ins Eiscafé machen. Das ist die pure Folter hier!

Egal, wo ich hinschaue, Versuchungen! Gegenüber ist ein Juwelier, daneben so ein Geschäft mit Essig und Öl. Furchtbar, wie meine Begehrlichkeiten sofort wachsen, wenn ich nur *Honig-Balsamico mit Walnussaroma* lese. Oder *von Jungfrauen gepresstes Olivenöl*, empfohlen vom Olivenöl Sommelier des Jahres, Ferdinand Klönbichler. Ferdi, wie ihn seine Freunde sicher nennen, lächelt von einem Pappaufsteller aus die Vorbeigehenden an. Vor ihm im Schaufenster steht eine echte Flasche Olivenöl und ein Korb Weißbrot, daneben ein Weinglas. Leer. Wo ist der Mensch, der diese Köstlichkeiten anpreist?

Hoffentlich wird das aber nicht mein nächster Job. Das wäre schon ein Niedergang. Ich hätte meine Studienunterlagen mitnehmen sollen. Obwohl ich sicher nicht lernen könnte bei dem Trubel hier. Überhaupt, ich müsste mehr lernen. Ich brauch auch noch ein paar Sachen für die Anmeldung zu den Prüfungen. Warum denke ich jetzt an Prüfungen? Ich sollte lieber an ... Essen denken.

Ich hab inzwischen solchen Hunger, ich würde auch das sicherlich steinharte Brot essen. Falls das überhaupt echt ist. Aber wenn man genug Öl darüber gießt, dann wird das ja wieder. Ich stelle mir den hellgrünen

Strahl Öl vor und ein bisschen Salz, eine Knoblauchzehe, einen leckeren Käse dazu ...

Moment ... ich reiße mich aus meinen Sabberträumen von einer Antipastiplatte, die ich mit Björn genießen würde, los und konzentriere mich. Steht da mitten auf der Kreuzung tatsächlich ein Rucksack? Wie lange steht der schon da? Wo ist der Besitzer?

Mir bricht ein bisschen der Schweiß aus, und diesmal nicht vom Unterzucker. Ist das jetzt ein Untergöringfall? Oder war es Obergöring? Hanau? Mogadischu? Ich versuche die Infos auf meiner Unterlage zu lesen, aber die Buchstaben tanzen wild herum. Ich habe Angst, nehme mein Handy und rufe Björn an.

»Du weißt schon, dass ich eigentlich während der Arbeit nicht telefonieren darf?«, fragt er hastig und leise.

»Du bist doch gerade in der Galerie, oder? Als Detektiv heute, oder?«

»Ja und ja. Mach es schnell! Und nein, ich bringe dir nichts zu essen.«

»Hier auf der Kreuzung an der Info steht ein Rucksack. Ich glaube, der steht schon 'ne ganze Weile hier.«

Björn ist kurz ganz still. »Ich übernehme das. Mach bitte nichts.«

Ich könnte auch nicht. Ich bin wie hypnotisiert von dem Rucksack und fixiere ihn. So unnötig, denn wo soll er hin? Ach, jetzt wünschte ich mir so einen Bombenkommandoroboter, der das Ding aus meiner Reichweite schiebt! Aber, aber ... ich will auch nicht an Bomben denken! Warum denke ich so etwas?

Da kommt Björn aus dem Haupteingang der Galerie und sieht sich um. Er entdeckt den Rucksack natürlich auch sofort und telefoniert dann. Ich liebe ihn gerade sehr. Er ist ganz ruhig. Er sieht so unglaublich kompetent aus! Wenn die Bombe jetzt hochgehen würde, dann ... dann wären wir beide vielleicht tot. Er noch eher als ich, ich habe schließlich Plexiglas um mich herum.

Tränen schießen mir in die Augen. Ich bin noch nicht bereit, Björn zu verlieren! Warum bin ich so verdammt emotional?

Ich sehe zwei Sicherheitsleute aus dem Gang kommen, der rechts von mir liegt. Dort bin ich selten, außer ich brauche was aus der Apotheke, die dort ist. Sie nähern sich dem Rucksack langsam.

Plötzlich steht Björn hinter mir. Er legt mir seine Hand auf die Schulter und ich möchte weinen. Ich bin wirklich völlig hysterisch gerade! »Es wird nichts geschehen«, sagt er. »Ich glaube nicht, dass das eine Bombe oder so etwas ist. Dazu sieht der Rucksack zu gebraucht aus.«

Ich kann etwas leichter atmen. »Hätte ich nachschauen sollen?«

»Um Gottes Willen, dafür sind Guido und Sebi da.« Er zeigt auf die beiden, die nun direkt bei dem Rucksack stehen. »Siehst du, der, der jetzt die Sache sichert, das ist Guido. Er ist bereit, sofort die richtigen Worte in sein Funkgerät zu sagen, dann wäre das Zentrum ratz fatz evakuiert.«

»Dresden?«, frage ich zitternd.

»Quatsch, das ist für ein Feuer. Nein, das hier kann entweder ein Sprengsatz oder ein biologisch-chemischer Anschlag sein.«

»Bleiben Sie mal weg!«, ruft Guido jetzt einigen inzwischen neugierigen Kunden zu. Er hat eine erstaunlich hohe Stimme für so eine Kante von Kerl und nur etwa die Hälfte der Personen hören auf ihn. Statt wegzugehen, bleiben die meisten davon einfach stehen. »Entfernen Sie sich bitte von der Kreuzung hier!«, ruft Guido nun lauter. Er hebt seinen Teleskopschlagstock und fuchtelt damit herum wie ein Reiseleiter. Das verwirrt die Kunden noch mehr. Viele können offensichtlich schlecht hören und noch schlechter Gehörtes interpretieren, denn sie gehen nun eher auf Guido zu als von ihm weg. »Machen Sie die Kreuzung frei!«, donnert er also noch einmal. Ein bisschen kommt er mir vor wie Thor, der seinen Hammer schwingt.

Die Leute hören endlich auf ihn und er geht jetzt in immer größer werdenden Kreisen um den Rucksack herum, um die Guckschafe wegzutreiben. Mir ist rätselhaft, warum die Leute gucken. Ich selbst möchte nicht hinsehen und kritzele darum hektisch Blümchen auf den Block mit den Centerplänen, die ich eigentlich als Hilfe an die Bedürftigen rausgeben soll. Ab und zu gucke ich dennoch hoch, einfach, weil man nicht anders kann, als zu hoffen, dass es endlich vorbei ist.

»Da ist der Guido mal ganz in seinem Element«, sagt Björn. »Er kann nun alles nutzen, was er in seinem letzten Seminar gelernt hat.«

»Wie kannst du so ruhig sein?«, frage ich.

»Da ist nix drin. Gleich taucht jemand auf und ist erleichtert.«

Auf der Kreuzung ist inzwischen so viel los, dass ich nicht sehe, was mit dem Rucksack ist.

»Björn?«

»Ja?«

»Ich bin so froh, dass du da bist!« Ich fange an zu heulen. Ich kann nichts machen, die Tränen rinnen einfach aus meinen Augen und tropfen auf mein Krikelkrakelkunstwerk.

»Mia, Süße«, sagt Björn etwas hilflos, als er sich vom Geschehen losreißt und bemerkt, wie aufgelöst ich bin. »Sebi hat den Rucksack aufgemacht. Es ist ein Buch und ein Mäppchen drin. Und ein Knäuel Kopfhörerkabel. Da kommt sicher irgendwann ein Schüler aus der Bowling-Alley und sucht nach seinem Unterrichtsmaterial. Ach, und ein Geldbeutel ist auch drin. Alles ist gut!«

Ich heule dennoch noch mehr. Ich kann einfach nicht anders. Ich bekomme noch mit, dass Björn seinen Kollegen Bescheid sagt, dann nimmt er mich und fährt nach Hause.

Ich glaube ich habe zwei Tage geschlafen. Jetzt öffne ich das erste Mal die Augen und habe nicht das Gefühl, dass es nur ist, weil ich mal aufs Klo sollte.

Fragt nicht. Ich habe keine Ahnung, was passiert ist. Ich weiß, dass Björn immer da war. Er hat mir ab und zu etwas zu essen gebracht. Ich habe gegessen, ich habe getrunken und wir haben schlimme Nachmittaggsserien, Spätabends-Talkshows und eine Krankenhausserie auf Netflix geschaut. Ich weiß, dass ich wach ausgesehen habe, aber ich war es nicht. Ich habe ab und zu grundlos geweint. Na gut, grundlos ist nicht richtig, denn als Schwester Ina dem Patienten eröffnet, dass er nicht todkrank ist, sondern seine Befunde nur verwechselt wurden, da muss man weinen, oder? Weil auch der Doktor das die Schwester sagen ließ, obwohl das nicht ihr Platz wäre, aber sie war diejenige, die es herausgefunden hat, denn sonst hieße die Serie ja nicht *Schwester Ina*, oder? Der Doktor war so lieb wie Björn und ich glaub, die kommen noch zusammen.

Ich höre Björn unten tippen. Alles strömt auf mich ein: Dass ich hätte arbeiten müssen. Dass er hätte arbeiten müssen. Dass wir studieren und dort hätten sein müssen ... Ich möchte schon wieder weinen, aber es hat sich erst mal ausgeweint. Ich atme tief durch und stehe auf. Weil ich so etwas albernes wie einen Bademantel nicht besitze, schnappe ich mir einen dicken Sweater von Björns Stuhl und tappe die Treppe herunter, um mich erst mal ihm und dann der Welt zu stellen.

»Oh, du bist auf!« Er hört sofort auf zu tippen und kommt zu mir. Als wäre ich klapprig oder so.

»Ich bin wieder da«, sage ich.

»Ja, ich sehe es.« Er lächelt. »Ich mach mal Kaffee.«

»Björn, ich fühle mich furchtbar.« Ich schlucke. »Also nicht mehr so, wie die letzten Tage, aber ... du hast so viel verpasst jetzt! Und die im Center sind sicher alle sauer und Janne ist sicher voll enttäuscht! Ich hab alle im Stich gelassen!«

»Unsinn. Ich hab mit Nico gesprochen, der hat anfangs Medizin studiert und dann umgesattelt. Der sagte, du hattest wohl einen kleinen Nervenzusammenbruch. Nicht schlimm, das geht wieder vorbei.«

Ich setze mich an unseren Tisch und schiebe ein paar Bücher und Zeitungen beiseite. »Ich bin wirklich nicht darauf vorbereitet zu sagen, dass ich einen Nervenzusammenbruch hatte. Kann ich nicht einfach so tun, als hätte ich eine Erkältung gehabt? Oder mir was gebrochen oder Magen-Darm?«

Björn hat den Schrank geöffnet und steht nun mit einer Tasse da. Er dreht sich um. »Echt? Wo ist denn der Unterschied? Krank ist krank. Möchtest du wirklich Kaffee oder lieber einen Tee?«

In meinem Kopf ist Leere. Es ist befreiend. Ich merke, dass zuvor darin immer Geschrei gewesen war. Alle *Ich muss-*, *Ich sollte-*, *Ich hab noch nicht-* und die anderen miesen Gedanken, die zu nichts führen, sich aber ständig wiederholen und mit jeder Wiederholung größer und wichtiger wurden, sind weg.

Die Probleme sind noch da, sicher. Aber die Watte im Kopf ist verschwunden.

»Kaffee«, sage ich. »Mit viel Milch und Keksen. Und dann ’ne Pizza und dann Tiramisu.«

Björn lächelt. »Alles klar. Es ist 10 Uhr vormittags. Ich denke aber, ich finde sicher einen Pizzadienst, der kommt. Kekse ... das könnte schwerer werden.« Er schaltet den Wasserkocher ein.

»Ich liebe dich.«

»Ich hoffe es doch.«

»Hast du keine Probleme bekommen?«

»Ich würde ja sagen, mach dir keinen Kopf, aber du machst es ja doch. Das ist vermutlich auch Teil des Problems. Also: Nein, ich habe kein

Problem. Ich konnte alle Uni-Sachen von hier aus machen. Ich hab meine Schichten getauscht und dich krank gemeldet. Du musst halt nur heute mal wirklich zum Arzt, damit du einen gelben Schein bekommst. Dann wird alles gut. Janne hat den Auftraggeber informiert und dort war man auch verständnisvoll.«

»Wow. Obwohl ich nicht krank war?«

Björn schüttelt den Kopf. »Ich bin mir ziemlich sicher, dass der Arzt bestätigen wird, dass du einfach mal 'ne Auszeit gebraucht hast. Also damit meine ich: Du warst schon krank. Mia, ein gesunder Mensch schläft keine zwei Tage fast ununterbrochen. Und heult auch nicht so viel.«

»Naja, aber als Julio und Francesco zusammenkamen und ihre Eltern sie trotzdem noch liebhaben wollten, da muss doch jeder heulen, oder? » Ich habe schon wieder einen Kloß im Hals. Schlimm, was da nachmittags enthüllt wird!

Björn lacht. »Du und deine Asi-Komödien. Werde ich nie verstehen.«

»Ich will keinen Nervenzusammenbruch gehabt haben«, sage ich, als der Kaffee endlich vor mir steht.

»Warum nicht?«

»Weil das irgendwie blöd ist.«

»Ich glaube eher, weil du nicht weißt, warum das passiert ist, oder?«

»Ja.«

Er nickt. »Ich habe auch viel darüber nachgedacht. Ob es ist, weil ich dich mit dem Einzug unter Druck gesetzt habe. Oder weil wir zu viel wollen, wenn wir arbeiten und studieren. Letztlich ist es doch eigentlich unsinnig. Also eins von beidem. Wenn wir schon studieren, dann sollte es doch sein, weil wir den Job ausüben wollen, oder? Aber da ist das mit *Janne-Tours*. Werden wir denn überhaupt Lehrer?« Er rauft sich plötzlich die Haare. »Mist, ich wollte mit dir erst darüber reden, wenn es dir besser geht.«

Ich ziehe die Beine hoch und mache mich zu einem kleinen Ball. »Dann ist das ja jetzt genau richtig. Das bedrückt mich auch!«

»So kurz vor den Prüfungen abzubrechen, wäre aber Unsinn.«

»Ich kann auch nicht einfach nicht arbeiten. Björn. Ich komm mit dem bisschen Nicht-Bafög nicht aus.«

»Das weiß ich doch. Aber wenn wir zusammenziehen, wird alles einfacher. Und wenn wir entscheiden, dass wir bei *Janne-Tours* aussteigen ...«

»Spinnst du?« Ich bin entsetzt. Das war doch unser Plan, oder? Ein Ziel, ein Abenteuer, besser als bis zur Rente in einer Schule zu versauern!

Björn ist aber ernst. »Nein, nicht wirklich. Mia, Janne hat sich schon lange nicht mehr gemeldet. Wissen wir wirklich, was sie gerade vorhat? Es geht ihr oft auch nicht gut. Wenn wir ihr den Bus verkaufen, dann wären wir frei, um uns neu zu orientieren.«

Ich will schon wieder heulen. Ich habe ihm nicht erzählt, dass ich mit ihr telefoniert habe. Ich habe ihm auch nicht wirklich erzählt, wie viele Sorgen ich mir mache. »Ich habe vor Kurzem mit Janne gesprochen. Am Telefon. Und ... es war komisch. Sie hatte keine Zeit und sie hat auch nicht zurückgerufen. Trotzdem: Ich käme mir vor, als würde ich sie im Stich lassen.«

»Vielleicht sollten wir noch einmal mit ihr reden.«

»Das ist doch aber fies! Wir haben ja dann schon fast entschieden, dass wir nicht mehr mitmachen.«

Björn schüttelt den Kopf. »Wenn wir wirklich mitmachen wollen, dann macht das Studium keinen Sinn! Man ist nicht einfach mal so Lehrer nebenher!«

Jetzt kullert eine Träne über meine Wange. Ich wische sie schnell weg. »Das stimmt«, sage ich kleinlaut.

»Ich bin fast froh, dass dir das jetzt passiert ist. So müssen wir uns wirklich einmal den Tatsachen stellen.«

»Was ist in dich gefahren?«, frage ich leise. Ich bin wirklich verwundert. Überrascht und ein bisschen stolz. Björn übernimmt Verantwortung!

Er sieht mich auch überrascht an. »Was meinst du?«

»Naja, du hast dich vor einer Weile noch vor allen Entscheidungen gedrückt. Und mit dir machen lassen, was ...«

Er lacht. »Du spielst auf Silke an?« Er hebt die Hände, als würde er etwas abwehren wollen. »Komm, du hast mit ihr angefangen. Ja, Silke hat mich rumkommandiert. Aber ich bin lernfähig. Und ich habe in den letzten Tagen einiges über mich gelernt. Du hast mir große Angst gemacht. Aber ich habe es überlebt.«

»Das wollte ich nicht.«

»Was? Dass ich was über mich lerne?«

»Dass du Angst hast.«

»Das gehört dazu.«

Jetzt gab es doch nochmal ein paar Tränen.

Arzt. Niemand will doch gerne zum Arzt, oder? Menschen, die gerne in Wartezimmern hocken, sind sicher krank. Also nicht nur krank im Sinne von Erkältung und so, sondern psychisch krank und leiden an *Doktorphilie* oder so.

Ja, sicher, in Serien lieben die immer alle ihre Ärzte. In Serien sind die Ärzte aber auch nett. Die rufen dich zuhause an. Die reden mit dir. Die haben Mitleid und Empathie. Im echten Leben kommt es mir so vor, als wären Ärzte ständig nur unter Zeitdruck und kaum da, schon wollen sie dich schnell wieder loswerden.

So, wie ihr Personal.

Egal, wann man auftaucht, es ist falsch. Kommt man früh, steht man in einer Schlange. Nichts ist so erquickend, wie das Schlangestehen vor einer Arztpraxis. Man weiß, dass die anderen krank sind. Entweder sieht und hört man es, dann möchte man eigentlich nicht zu nahe danebenstehen. Oder man sieht oder hört nix und dann denkt man: Was zum Henker ... Sackflöhe? Ansteckender Hautausschlag? Warzen? Und dann möchte man auch nicht in der Nähe stehen. Oder sitzen. Eng an eng wie Sardinen. Und die Zeitschriften lesen, die eine vor dir gerade vollgehustet hat.

Aber wie soll man denn einen Arztbesuch ohne Zeitschriften durchstehen? Ohne *Gala* und *Bunte* geht das nicht. Ich hasse Ärzte, die einen spüren lassen, dass man als Patient weit unter ihnen steht, indem sie nur Gazetten wie: *Golf heute, Golf-Digest, Segelboot&Yacht Revue, Yacht-Digest* und Reisemagazine nach Dubai oder in Golfressorts haben. Oder Autozeitschriften.

Es ist mir ein Rätsel, wie viel man über Autos schreiben kann.

Ein Auto soll fahren. Wenn ich einsteige, soll ich bequem sitzen können und der Gurt soll mir keine Narbe in den Hals säbeln. Ansonsten verlange ich kaum etwas. Ich habe zwar den Führerschein, aber nie ein Auto besessen. Meine einzigen Erfahrungen habe ich mit dem alten Opel Corsa meiner Mutter gemacht. Das Auto ist so dermaßen verwöhnt, dass es alle 30 Kilometer Superbenzin nachtanken muss. Es war vollautomatisch, schaltete aber zu seltsamen Zeitpunkten. Dennoch brachte es mich zu einigen netten Treffen und eine kurze Zeit war im Gespräch, dass ich es bekomme. Aber dann hat mein Vater den Vorruhestand ausgerufen und meine Träume vom Auto waren dahin, da sie sich kein neues leisten konnten.

Ich lese also nur im äußersten Notfall eine *AutomotorUnsportlich*. Jedes Mal wird darin mindestens ein Vergleichstest gemacht. Ich muss dabei immer an die Quartette denken, die man als Kind spielt. Als Mädchen hat man eigentlich lieber Pferdequartette und sammelt Ponys, Kaltblüter und Warmblüter oder man hat Blumen oder Tiere. Ja, Pferde zählen nicht zu Tieren (Wer fragt denn so was?).

Jungs haben Traktoren, Rennwagen. Geländewagen, Kräne, Baumaschinen, Flugzeuge, *Formel1*-Wagen ... ach. Rennwagen hatte ich schon. Und man verglich dann mit seinem Kindheitsfreund – der irgendwie zwar ein Junge war, aber eben noch nicht der »Feind«, bzw. der »Freund«, sondern einfach nur ein Freund – Länge, Höhe, Türen, Sitze und was weiß ich noch.

Und so, wie ich über den Knappstrupper wusste, wie viele Hände der hoch war, ob der Körperbau eher quadratisch oder weitrahmig war, wo die Rasse herkam und wo die meisten lebten, so wusste Michael alles über den *Mustang* aus Blech.

Jungs wie Michael wurden dann Reporter oder Redakteure solcher Zeitungen, die nicht müde werden, PS-Zahlen zu vergleichen. Ab und zu gibt es dort auch eine Rubrik: Frauenautos. Da geht es dann mehr um: Wie viele Ablagen hat es und hat es auch einen Fahrerinnenkosmetikspiegel? Frauen ist es nicht so wichtig, ob man an der Ampel am schnellsten wieder bei der nächsten Ampel ist, aber es wird generell davon ausgegangen, dass Frauen nur in der Stadt fahren. Die Autos heißen dann Flitzer und sie haben außer dem zusätzlichen Spiegel einen Kofferraum, der Getränkekisten beinhaltet. Nicht Kubikmeter oder Liter, weil sich Frauen mit so was wohl nicht auskennen. Aber mit Getränkekisten schon. Frauenflitzer sind auch bunter, sie sollen ja zum Handtäschchen, Outfit und Lebensgefühl passen. Sie haben Zierstreifen oder andere flotte Zusätze zu den Namen. Männern reichen *Z3* oder *M* oder *tdk* als Zusätze. Frauen brauchen schicke Namen wie *City-Edition*, *Fun-Edition* oder gar knuffelige wie *Picasso* oder so (dabei war der ein Macho).

Nein. Autozeitschriften sind das Allerletzte, was ich lese. Stimmt nicht ganz, da fallen mir noch die Zeitschriften über Geld ein. *Börse aktuell* oder *Der Aktienmarkt*. Auch eher für männliches Publikum geeignet. Ich träume nie von dem Moment, wenn ich so viel Geld übrig habe, dass ich zu einem Bankberater gehen würde, um zu sagen: Lass uns mal über eine geeignete Geldanlage sprechen.

Meine Geldanlagen sind mein Geldbeutel und meine Jackentaschen.

Seltener sieht man im Wartezimmer die anderen auf Männer zugeschnittenen Zeitschriften wie *Fleisch, Fleisch und nochmal Fleisc*h oder *Taktische Sicherheitswesten im Test*, eine Sonderausgabe der monatlichen *Neue Bumm-Bumms – moderne Schußwaffen*. Schon eher Dinge über Angelsport (*Der Karpfen des Jahres, Angelhaken im 10.000.000sten Test*), Jagdsport oder Fußball (Ist auch Sport, glaub ich.).

Edel sind Praxen, die die *Geo* im Programm haben. Schöne Bilder und Reportagen, da lernt man doch direkt was.

Wenn ich dann ganz verzweifelt alles andere ausgelesen habe, nehme ich mir entweder den *Spiegel* wieder und gucke tatsächlich nach einem der langweiligen Artikel über wahre Verbrechen oder ich greif mir ein zerlesenes *Donald Duck*-Heft, welches eigentlich für Kinder da ist.

Ich habe die Faszination dieser Hefte nie verstanden. Was ist so spannend daran, die Abenteuer von Wesen zu beobachten, die sich nie weiterentwickeln? Die dürfen das ja auch nicht. Dagobert muss immer geizig bleiben und dieser ekelhafte Gustav Gans muss immer Glück haben, obwohl er es nicht verdient hat. Die Themen sind auch nur total aktuell, wenn die drei Neffen ins Spiel kommen. Die sind dann Klimaschützer oder recyclen auch schon mal. Ansonsten sind doch alle Figuren furchtbar rückständig.

»Ich brauche nur eine ... also ... ich habe irgendwie einen Zusammenbruch gehabt oder so. Und das brauche ich bestätigt«, sage ich, als ich endlich im Behandlungszimmer sitze. Normalerweise ist da mein Arzt: Ein älterer Herr, freundlich, aber irgendwie mehr mit dem Computer beschäftigt als mit mir. Er murmelt und nickt, meistens hört er mich kurz ab, klopft tatsächlich mit einem Reflexhämmerchen auf mein Knie und verschreibt mir dann etwas. Aber heute ist es eine junge Ärztin. Sie wäre jetzt auch hier, hat sie mich informiert. Weil der Doktor bald in Rente geht. Sie sieht mich dabei an und hat nur kurz auf den Bildschirm geschaut, um meinen Namen abzulesen.

»Einen Zusammenbruch?«, fragt sie neugierig. »Ich kann Sie leider nicht rückwirkend krankschreiben.«

»Ich konnte nicht mehr aufhören zu weinen und dann habe ich zwei Tage oder so einfach geschlafen.«

Sie nickt verständnisvoll. Bin ich in einer meiner Serien? Tagträume ich? »Bitte jetzt nicht lachen, aber hatten Sie vorher Stress?«

»Ich kann Ihnen das nicht sagen. Ich weiß nicht genau, wann ich Stress habe und wann nicht. Ich habe bis jetzt immer funktioniert und manchmal war es anstrengender als sonst.« Wie blöd hört sich das denn an?

Es macht der lieben Ärztin nichts aus, dass ich nur Quatsch rede. »Wir machen auf jeden Fall mal ein Blutbild, um irgendwas Körperliches auszuschließen. Sind Sie vielleicht schwanger?«

Ich zucke zusammen. Besteht die Möglichkeit? Das wäre ... furchtbar? Schön? Katastrophal?

»Ich glaube nicht?«, sage ich, halb Aussage, halb Frage.

Sie lächelt. »Das testen wir gleich mal.«

Nun soll ich in Zimmer Zwei gehen. Für ein paar Untersuchungen und ich bin froh, dass sie nicht weiter fragt. Und auch wieder nicht. Sie hat mir das Gefühl gegeben, ich wäre wirklich krank. Es ist ein gutes Gefühl, nicht weil ich krank sein möchte, sondern weil ich mich ernstgenommen fühle. Ich gebe Urin ab und dann warte ich. Diesmal lese ich nicht, sondern grüble. Wir waren eigentlich vernünftig. Ich nehme keine Pille, aber Björn hat immer Kondome und ... wann hatte ich denn das letzte Mal ... Was würde passieren, wenn? Was würde Silke denken? Was meine Mama?

Wie blöd bin ich denn? Wen interessiert es, was Silke denkt? Ja, sicher, meine Mama hätte eine Meinung. Ihre erste Frage wäre, ob wir dann heiraten. Das würde sie aber auch fragen, wenn sie wüsste, dass wir zusammenziehen möchten. Meine Mama lebt nämlich noch im letzten Jahrhundert. Obwohl selbst ihre Hauszeitschrift *Bella* inzwischen zugibt, dass Schwule heiraten können sollen und auch Lesben ein durchaus erfülltes Familienleben haben können, weigert sie sich, ihre Jahrhunderwendetraditionen über Bord zu werfen. Ich glaube, sie denkt, dann müsse sie direkt ein Hippie sein und wehende Kleider anziehen.

Meine Schwipptante Margit war ein Hippie. Ich weiß, es gibt keine Schwipptanten, aber ich nenne sie so. Sie war die Nachbarin meiner Großeltern und hat sich derart um meine Oma gekümmert, dass sie für mich fast wie eine Tante war. Und meine Mutter hat sie natürlich gehasst. Margit war BH-los und traditionslos. Sie war herzlich und lachte viel, ich glaube, sie hat sich auch gerne mal einen Joint reingezogen. Sie war exakt alles, was meine Mutter nicht war. Ich sage hier *war*, denn Margit ist leider an Krebs gestorben. Für meine Mutter ist sie allerdings immer noch ein rotes Tuch.

Vermutlich, weil sie frei war. Das erzürnt Menschen, die gefangen sind.

»Ich bin nicht schwanger«, sage ich zu Björn, als er nach Hause kommt. Ich hatte nach dem Arztbesuch eingekauft, zuhause aufgeräumt und gekocht. Nicht, um meine Mutter- oder Ehefrauqualitäten zu beweisen, sondern einfach, weil ich es wollte.

»Aha«, sagt Björn und sieht mich komisch an.

»Ja«, sage ich. »Es gab da einen Moment der Unsicherheit. Und weißt du, das hat ganz schön viel bei mir ausgelöst.«

»Aha.«

Er sieht jetzt wirklich hilflos aus. Ich muss dennoch lachen. Es ist eine Mischung aus Hysterie und Liebe. »Nein, ich will jetzt nicht schwanger werden, aber ich wusste das dann auch sofort. Ich wusste aber auch, dass es gut gewesen wäre, weil du ein guter Papa sein wirst, irgendwann. Weil wir zusammen gut sind. Weil unsere Beziehung gut ist. Und es wird gut sein, wenn ich zu dir ziehe.«

»Hier, in diese Wohnung?«

»Ich welche sonst?«

»Und Silke?«

»Wir machen ein Silke-Ausrottungsritual. Wir werden durch alle Räume gehen und an den Regalen rütteln. Wir werden Sachen umstellen und vor allem werden wir die Keramikmesser nicht mehr benutzen.« Ich umarme ihn und dann darf er sich an den Tisch setzen. Ich erzähle ihm von der neuen Ärztin. »Sie hat gesagt, ich soll mir noch ein paar Tage Zeit lassen. Morgen ruft sie mich an und wir besprechen das Blutbild.«

»Aha.«

»Du bist aber nicht sehr gesprächig heute.«

»Ich bin überrumpelt. Und froh. Und beunruhigt.«

»Warum beunruhigt?«

»Du bist jetzt so aufgekratzt. Hast du was genommen?«

»Ich habe noch mehr runtergesetzte Osterschokolade gekauft. Bei meiner üblichen Dealerin.«

Er seufzt. »Sorry. Ich bin allerdings auch grad sauer. Mein Prof meint, meine Diplomarbeit wäre nicht gehaltvoll genug.«

»Mist!«

»Ja. Der Spinner. Ich soll mir noch etwas ausdenken, um sie stichhaltiger zu machen.«

»Aua.«

»Danke fürs Kochen.«

»Hast du überhaupt Hunger?«

»Wann hatte ich schon mal keinen Hunger?«

Tatsächlich verputzten wir alles bei einer Folge unsrer aktuellen Lieblingsserie.

Am Ende knurre ich ungehalten. »Wie doof ist das denn, dass die jetzt wieder anfangen, Serien nach und nach einzustellen? Ich komme mir vor, als wäre ich sechs Jahre alt und müsste bis nächsten Freitag auf die nächste Folge *Bonanza* warten.«

Björn sah mich an. »Wie alt bist du?«

»Eben! So altbacken ist das!«

Normalerweise suchen wir nun lange nach neuen Sachen, die wir gucken wollten, oder Björn zeigte mir etwas auf *YouTube* . Aber irgendwie ist er immer noch sehr ernst.

»Ist was?«

»Ja«, sagt er. »Ich weiß, das ist total klischeemäßig, aber ... das mit dem Schwangersein hat mich umgehauen. Willst du wirklich Kinder?«

Ich erschrecke ein wenig. »Ja, voll das Klischee. Manchmal ist das Leben schlimmer als 'ne amerikanische Sit-Com. Und ja, klar. Ich studiere Lehramt, oder?« Dann fallen mir Udo und Harry ein und ich muss lachen. Ich erzähle Björn von den beiden kinderhassenden Lehrern.

»Ja, genau, siehst du?«, sagt er. »Nee, weißt du, das ist schon so ... also ... keine Ahnung. Vielleicht ist eine Beziehung wie ein Jahreskreis. Man fängt im Frühjahr an und da wächst und gedeiht alles ...«

»Ich bin nicht schwanger!«

»Ich weiß! Aber ... ach, das Bild hinkt ! Ich wollte was von Jacken erzählen, die man dann zumachen muss wegen dem frostigen Wind im Herbst ...«

»Jacken?«

»Wenn unsere Beziehung enger wird!«

Ich verstehe ihn gerade nicht. Das ist nicht gut. Mein Selbstbewusstsein ist noch sehr zerbrechlich. »Fragst du, weil du keine Kinder willst?«

Björn schüttelt den Kopf. »Eigentlich hatte ich schon Kinder«, sagt er dann.

»Was?«

»Ja, Silke hatte unser Leben durchgeplant. Dass wir das Geschlecht der Kinder nicht bestimmen könnten, hat sie fertig gemacht.«

»Und jetzt willst du keine Kinder mehr, weil du schon welche hattest, die du nicht wolltest?«

»Ist das blöd?«

Ich zucke mit den Schultern. »Keine Ahnung. Es ist halt in deinem Kopf. Vielleicht musst du auch mal ein paar Tage schlafen.«

»Schön wäre es. Urlaub wäre toll.«

Ich seufze. Björn sucht weiter nach etwas zu gucken im Programm.

»Wir tun uns gerade schwer, oder?«, frage ich leise.

»Kann sein. Mist.«

»Björn, ich hab meine Wohnung noch nicht gekündigt!«

Er wirft die Fernbedienung weg und nimmt mich in den Arm. »Bist du des Wahnsinns? Nein, mir geht es nicht um die Wohnung! Ich will auf jeden Fall, dass du bei mir einziehst, und ich will auch noch mehr. Glaub ich. Aber ... das mit dem Studium, das hinterfrage ich gerade. Und Janne.«

Wir haben ganz schön viele Frauengespenster hier rumsausen. »Was ist mit Janne?«

»Nun, mal ganz ehrlich: Wenn wir wirklich den Streifen hier durchziehen, also dann unser Referendariat und das Diplom und alles dann sollen wir das alles hinwerfen und mit Janne und dem Kli-Kla-Klawitterbus rumfahren?«

Ich denke nach. Ja, wir haben tatsächlich schon eine Weile nichts mehr von Janne gehört. Und Björns Einwurf ist leider valide.

»Aber der Bus?«

Er nickt betrübt. »Ja ich weiß. Der Bus. Aber nochmal ganz ehrlich: Hatten wir da nicht einfach nur einen netten Traum? Der aber halt auch genau das bleiben darf? Muss man jeden Traum wahr werden lassen?«

»Ich sah mich doch schon Tacos an tanzende Menschen verkaufen! Wir singen bis spät in die Nacht mit unseren Kunden und sie sind so glücklich, dass sie uns ihre Kinder über die Theke reichen, damit wir sie segnen.«

»Kannst du so gut kochen, dass dir jemand sein Kind reichen würde? Und wer soll tanzen? Die deutschen Büroangestellten, die in der

Mittagspause kommen? Und fünf Cent als angemessenes Trinkgeld empfinden?«

»Jetzt redest du das aber bewusst schlecht!«

»Naja, schau mal in die Küche!«

»Was soll ich denn da sehen? Hat es dir nicht geschmeckt?«

»Es war hervorragend. Aber jetzt müssen wir abspülen. Das muss man auch in einem Streetfood-Bus am Ende des Tages. Während die anderen Salsa tanzen.«

»Naja, was ist mit den Reisen? Wir wollten doch reisen!«

»Nach Pusemuckel und Hintertupfingen? Denk dran, dass Janne speziell in Deutschland reisen wollte.«

»Und Italien und so ...«

»Denk bitte an die Butterfahrt.«

»Aber da haben wir uns kennengelernt!« Das muss etwas zählen!

Er lächelt jetzt nett. »Stimmt. So schlecht war die eigentlich nicht.«

»Siehst du?«

»Ja, aber du wirst nicht auf jeder Fahrt jemanden kennenlernen, Mia. Die meisten Fahrten werden mühsam sein. Wir werden es mit Ansprüchen zu tun haben, die wir oft nicht erfüllen können. Und Menschen, die dann unangenehm werden.«

»Wieso sollten wir die Ansprüche nicht erfüllen? Das ist doch immer eine Frage der ordentlichen Absprache vorher?«

»Genau, da schlagen wir den Bogen zu uns und unserer Beziehung: Was wollen wir von uns und was erwarten wir vom Leben?«

Ich fühlte mich bis gerade recht wohl in seinen Armen. Jetzt rücke ich zur anderen Seite des Sofas, nehme ein Kissen und halte es mir vor den Bauch. Der tut ein wenig weh. »Das ist jetzt aber echt viel verlangt.«

Björn kratzt sich am Kopf. »Du hast mir Angst gemacht. Als du da so lange geschlafen hast, sind mir viele Gedanken durch den Kopf gegangen.«

Ich drücke das Kissen ganz fest an mich. »Ich habe das Gefühl, ich habe etwas nachzuholen. Ich habe noch nicht so viel nachgedacht.«

»Ich glaube, ein Teil von dir hat schon nachgedacht und dann beschlossen, erst mal drüber zu schlafen. So funktionieren wir. Schlaf ordnet alles. Du hattest ein Gefühlschaos.«

»Ich hatte jedenfalls noch nie einen Kerl, der das besser wusste als ich.«

Björn grinst und klopft sich auf die Schulter. »Ich bin halt super.«

»Das bist du.«

Ich kuschle mich wieder an ihn. »Aber wenn wir jetzt Janne absagen ... ist das nicht gemein?«

»Noch haben wir nichts abgesagt. Noch ist alles offen. Ich sag dir nur, was ich so fühle.«

»Ich könnte heulen«, sage ich.

»Nicht!«, sagt er. »Aber wenn du unbedingt musst ... Ich bin da.«

»Vor Glück, Björn! Bei meinen Eltern war es immer: Willst du das nun oder nicht? Es gab nie ein: Was fühlst du dabei? Oder so etwas. Ich musste mich immer entscheiden.«

»Naja, wie soll man sich denn entscheiden, wenn man nicht weiß, was man fühlt?«

»Ja, und die wahren Gründe wurden nie ausgesprochen! Also wenn es zum Beispiel hieß: Wir gehen in die Kirche an Weihnachten. Und ich so sagte: Ich mag nicht mehr. Dann gab es diesen Moment der Stille und dann die Frage: Bist du dir sicher? Und ich wusste, dass ich mir besser mal nicht so sicher wäre. Und dass ich besser mal drüber nachdächte. Und besser mal umdächte. Und darum auf jeden Fall so täte, als wäre das ein Scherz und ich würde selbstverständlich mit in die Kirche gehen. Wie immer halt. Etwas anderes käme nicht in Frage. Egal, was ich wirklich fühlte.«

»Verstehe.«

»Wie war das bei dir? Wie sind deine Eltern?«

Björn grinst. »Anders. Aber du wirst sie sicher bald kennenlernen.«

»Wieso das denn?« Ich zögerte, dann sagte ich schnell: »Wieso habe ich sie eigentlich nicht schon lange ...?«

»Sie sind meistens im Ausland.«

»Aha.«

»Aber sie kommen in drei Wochen zu Besuch.«

»Aha.«

»Siehst du, jetzt bist du in der Aha-Phase angelangt. Sie kommen rechtzeitig zu meinem Geburtstag.«

»A- schön!«, kann ich gerade noch sagen.

»Ja. Und weil Papa drei Tage nach mir Geburtstag hat, wird das ein Ritt. Wir werden wahrscheinlich kurz an meinem Geburtstag zusammenkommen, aber zu Paps‘ rundem Anlass wird sich die ganze Familie treffen.«

»Uff«, sage ich nur. »Da habe ich aber gar keinen Bock drauf.«

»Frag mich mal.«

Seit ich weiß, dass Björn bald Geburtstag hat, suche ich nach einem perfekten Geschenk.

Geschenke sind mir wichtig. Nicht unbedingt an den Feiertagen. Ich schenke auch gerne einfach so. Zu Weihnachten kann man ja schon mal gemeinsam abmachen, dass man sich nichts schenkt. Aber Geburtstage? Das ist bitter. Jeder möchte Geschenke zu seinem Geburtstag. Ich habe also meinen letzten Krankentag damit verbracht, zu grübeln und online zu gucken. Jetzt bin ich auf dem Weg in mein heutiges Einsatzzentrum und schaue unterwegs in die Schaufenster.

Dabei ist mein heutiger Arbeitsplatz tatsächlich wie gemacht für die Frau, die ein Geschenk für ihren Mann sucht. *ABC-Bohnen* heißt der Laden. Ja, ich weiß, dass sagt nix aus und man kann der Sache auch schlecht ein Label geben. Es gibt hier alles Mögliche, was man suchen könnte, wenn man dringend etwas braucht, was sicher keiner hat, derjenige aber auf jeden Fall braucht.

Ihr wisst nicht, was ich meine? Also zum Beispiel den Korkenzieher mit Weintemperaturfunktion und Dekantier-App . Den Taschenwärmer mit USB-Anschluss. Den Grill, der Steaks und Waffeln machen kann (35 zusätzliche Dingeslis, die man dran-drum- und reinmachen kann). Die passende Grillschürze für den Mann, aber auch als Partneredition. Es ist wahlweise ein männlicher nackter Oberkörper mit Sixpack drauf oder ein Frauenkörper im Bikini. Dann gibt es den Taschenstaubsauger, den Nasenhaarentferner, das Tischspielzeug für den gestressten Manager etc. pp...

Ja, wahrhaftig, hier gibt es alles!

»Hallo, äh, ...« Mein heutiger Chef ist jemand, der seine Haare über die Glatze kämmt.

»Mia«, sage ich.

»Mia. Ich bin der Herr Bohnen, aber ... naja, sag halt, äh, Gerd zu mir.« Er hat schlechte Zähne und ein labberiges Hemd an. Es ist eines von der Sorte: *Sie müssen nie wieder bügeln, wenn Sie dieses Seersucker-Hemd kaufen! 3 für 2!* Leider sehen diese Art Hemden immer blöd aus. Sie sind an manchen Stellen gekräuselt und je nachdem, wie man sie wäscht, sind die Kräusel hart wie diese Betonplatten, auf denen man sich als Kind die Knie aufschrammt. Außerdem sind die Hemden immer kariert, in Blassrot mit Weiß und ab und zu in Blassblau mit Weiß und ab und zu Rot.

»Wichtig ist mir, äh, dass es keine Lücken in den Regalen gibt. Also wenn Sie, äh, Mia, da gucken können und immer mal auffüllen.« Er zeigt mir das Lager und ich bin beeindruckt. Jemand der gerne Tetris spielt, hatte hier Spaß.

»Ich werde beraten und, äh, auspreisen.«

»Alles klar. Soll ich nochmal eben durchsaugen?«

Sein Blick irrt durch den Raum. »Nein, äh, wir saugen immer erst nach Feierabend.« Hat das dann wohl gestern jemand vergessen?

Ich nicke aber. Nach Feierabend muss das jemand anders machen. Da bin ich dann schon weg. Ich komme zwar immer früher, gehe aber meistens pünktlich. Die zahlen mir doch keine Extrastunde? Ich wandere nun durch die Reihen der Waren, um mir einen Überblick zu verschaffen. Gerd hat alles auf Tischen aufgebaut. Es ist ein wildes Sammelsurium und ich kann keinerlei System darin erkennen.

Es wäre sinnvoll gewesen, die Gewürzstreuer, bei denen unten ein Licht angeht, wenn sie mahlen, neben den Grill oder zumindest zu dem praktischen Campingzeug zu stellen. Aber stattdessen stehen sie offenbar bei allem, was sonst noch Licht macht. Spezielle Taschenlampen – von winzigst in Schlüsselanhängergröße bis zu Baseballschlägergröße, und ach, da ist tatsächlich der beleuchtete Baseballschläger für den Hausherren, der dem Dieb damit auflauern will.

Gerd hat Besuch bekommen. Die beiden kennen sich offenbar schon länger.

»Ist es jetzt endlich gekommen?«

»Nein«, sagt Gerd. »Die Lieferungen hängen in Hongkong fest.«

»Das erzählen die uns!«

»Ich kann leider nichts tun.«

Der Kunde ist ungehalten. »Meine Baustelle nervt.«

»Ich habe da die ...«

»Nein, die will ich nicht. Die anderen haben Automatik!«

»Die hier kann man aber programmieren.«

»Wenn ich das wollte, dann hätte ich die genommen, die du Anfang des Jahres mal hattest.«

»Die waren nur zum Testen. Ich war nicht überzeugt.«

»Hast du da noch welche?«

»Muss ich gucken.«

Gerd geht ins Lager und der Kunde geht zum Grill.

Es ist einer dieser Grills, die gerade noch so Tischgrill genannt werden können. Wenn der Tisch nicht so klein ist, wie mein ehemaliger Esstisch in der Studi-Wohnung. Also etwa so groß wie Björns Tisch, an dem sage und schreibe acht Personen tafeln können mit identischen Stühlen dazu. Auf den Grill hier passt ein halbes Spanferkel. Der Kunde trägt zu seinem leichten Übergangsblouson ein Hemd und einen Pullunder.

Pullundermenschen sind schon eine eigene Sorte. Sie mögen es, dass ihre Körpermitte warm ist. Weil man unter dem Pullunder aber noch etwas tragen muss, haben sie ein Hemd an. Das sind jedenfalls die Pullundermenschen, die hier einkaufen. Hipster haben T-Shirts unter Pullundern an, wenn sie denn Pullunder tragen. Wenn man das Wort Pullunder mehrfach hintereinander sagt, wird es völlig sinnfrei, denn es ist ja eigentlich ein Pullover. Also man zieht es über dem Hemd an, nicht unter, wie der Name suggeriert.

Dieser hier trägt unter dem Plastikripppullunder eines der bügelfreien Hemden. In rotkariert mit leichten blauen Akzenten. Er öffnet jetzt den Grill, um die Kontaktfläche zu inspizieren.

»Tolles Teil«, sage ich.

Er ist überrascht, nickt dann aber. Sein Blick hat mich nur kurz gestreift, er ist deutlich mehr an dem Grill, als an mir interessiert. Oder er erkennt mich nicht als Dienstleister. Oder ... er ist ein Experte, der es sowieso besser weiß als ich. Die liebe ich. Ich bin Expertin im Experten aushorchen.

»Hmhm«, sagte er aber nur.

»Da kann man schon ordentlich was drauf grillen.« Eine goldene Regel im Verkauf wie im Smalltalk. Sage erst einmal etwas völlig Blödsinniges. Etwas so Offensichtliches, dass man auf jeden Fall zustimmen muss. Es ist absolut nicht wichtig, was es ist, es muss nicht originell oder interessant sein. Hauptsache, man hat etwas gesagt.

»Ich grille mindestens einmal die Woche«, sagt er nun. Angebissen!

»Ja, kann man machen«, sage ich. Offene Antwort. Er kann sich nun angegriffen fühlen oder bestätigt.

»Ich hab jetzt drei Kurse beim Supergriller Johannsen hinter mir.«

»Ah, dann weiß man, was man tut.« Das ist ebenfalls eine sichere Aussage. Denn entweder weiß er nun wirklich, was er tut, dann ist es super, oder er weiß es nach drei – DREI – Kursen immer noch nicht, würde das aber nie zugeben, weil es eine Menge Geld gekostet hat.

»Der hat seine eigenen Saucen.«

Oha, hier steht ein Vorwurf im Raum. »Kann man die hier kaufen?«, frage ich unschuldig.

»Nein.« Er klappt den Grill zu und befingert das Zubehör. Eine riesige Grillzange, mit der man vermutlich auch Babys entbinden kann, hängt zusammen mit einer Stahlbürste und einer martialisch aussehenden riesigen Gabel an einem Ständer, der selbst ein Mordwerkzeug sein könnte. Alles schwarzes Eisen, rau und wild.

»Schade.«

Nun kommt Leben in den Kunden. Er zieht seine Basecap aus und kratzt sich das schüttere Haar. »Ich sag dem Gerd schon lange, er soll den Johannsen mal buchen. Der könnte hier show-grillen. Und dann würde das weggehen, also das Zubehör von dem, wie warme Semmeln – oder eher wie heiße Steaks, haha!« Er findet seinen Witz super. »Aber dann kauft der immer so was hier und sagt, das Show-Grillen geht nicht wegen der Rauchmelder.«

Wir gucken beide gleichzeitig an die Decke, wo die weißen Zylinder hängen.

»Ah, verstehe«, sage ich. »Ja, Rauchmelder sind aber Pflicht.«

»Dann holt man sich halt 'ne Genehmigung. Oder macht das draußen und die Leute kommen dann hierher zum Kaufen. Der Johannsen hat auch 'ne eigene Grillinie. Die sind besser als das hier. Aber der ...« Er unterbricht sich, weil der Gerd jetzt kommt.

»Ich hab hier noch ein Dreierpack, aber der war schon mal offen«, sagt Gerd.

»Ist da noch Garantie drauf?«

»Komm halt wieder her, wenn sie nicht gehen.«

Der Kunde ist nicht begeistert. Ich rufe ihm noch nach: »Auf Wiedersehen und viel Spaß beim Grillen!«

»Der Spinner«, sagt Gerd. Er holt einen kleinen Grill unter dem Tisch hervor und schiebt die anderen Waren so zusammen, dass er den auch noch platzieren kann. Es ist überhaupt das einzige Konzept, was man in dem Laden wirklich erkennen kann. Von allem gibt es eine Ausführung in unglaublich winzig, mittel und unfassbar riesig.

»Aber er grillt halt gerne.«

Gerd schnaubt. »Er wohnt allein und hat einen Grill für eine sechsköpfige Familie. Allein der Stromverbrauch! Und dann macht er so einen Aufriss, weil die Lampen, die er will, ein bisschen weniger Strom verbrauchen, als die, die ich hier neu habe. Dauernd kommt er mit Verbesserungsvorschlägen, welche Produkte ich noch hier haben sollte. Aber das ist alles Mist. Der hat einfach keine Ahnung.«

Oha, da ist aber viel Stress zwischen den beiden. Wer hätte das gedacht. Am Eingang wird es laut.

»Ach nee, hier rein?«

»Ich brauch noch was für deinen Vater. Der hat morgen Geburtstag.«

»Echt? Nee, ne? Muss ich da dabei sein?«

Neene ist ein Kunstgeschöpf. Sie erinnert mich an diese seltsame Familie, die nichts können und dennoch berühmt sind. Die heißen irgendwie so wie Kaschmir oder so. Egal, jedenfalls ist Neene leider dicker als ihre Ideale. Sie hat dennoch eine beigefarbene Leggins an, ein enges schwarzes Oberteil, welches zwar einen Rollkragen hat, aber irgendwie – vielleicht unfreiwillig – bauchfrei ist. Ihr Gesicht ist maximal mit Schönheitsprodukten maskiert. Da sind sicher zwei oder drei Foundations drauf: Rouge, künstliche Wimpern, tätowierte Augenbrauen und Lidstrich und vermutlich ist auch ihr Lippenrand tätowiert. Das sieht man aber nur schwach, denn darauf ist ein sogenannter Nude-Lippenstift. Ihre Lippen sehen jetzt wie ihre Haut aus, bis auf die Stellen, die sie schon abgeleckt hat. Sie kaut Kaugummi, als wäre es ein Wettbewerb, und ihre schwarzen Haare sind oben auf dem Kopf zu einem Knuddel frisiert, aus dem blondgefärbte und strohige Strähnen entfleuchen wollen.

Die nackten Lippen sind zudem aufgeblasen und schmollen nun dauerhaft, was zur Stimmung passt. Sie stolziert in hochhackigen Ankle Boots hinter ihrer Mutter her, die ihrerseits aussieht, wie so eine Mutter Kaschmir eben aussieht. Sie hat den Anstand, ihre Formen mit etwas Fließendem zu kaschieren. Der Hühnerhals ist schalumschlungen, eine Sonnenbrille wird nun auf das so glattgebügelte und hinten geknotete Haar geschoben, dass man meinen könnte, es wäre lackiert oder gar aufgemalt.

Gerd hat fast Schnappatmung und ich ahne auch Schlimmstes. Mein Chef flüchtet. Er sucht noch nicht mal eine Ausrede. Ich stehe allein an der Front. Irgendwo höre ich Kriegstrommeln.

Ach nein, das ist nur die *Musik* aus Neenes Kopfhörernupsies.

»Lass doch einfach irgendwas nehmen und dann tauscht er es halt um«, sagt Neene.

»Dann denkt er, wir lieben ihn nicht.«

»Mir doch egal.«

»Red nicht so über deinen Vater. Er bezahlt deine Kreditkarte.«

»Und dafür soll ich ihm ewig dankbar sein? Was ist das denn alles hier für ein Schrott?«

»Sie da, Frau Verkäuferin«, spricht mich Mama Kaschmir nun zu meiner Überraschung an. »Wir brauchen irgendwas Elektrisches. Mein Mann liebt alles, was elektrisch ist.«

Vermutlich meint sie eigentlich, dass ihr Mann alles liebt, was elektronisch ist, aber ich lasse das mal so stehen. »Was hat er denn für Hobbys?«

»Wie meinen Sie das? So was wie 'ne Modelleisenbahn?«

»Haha, Papa und kleine Züge«, sagt Neene, während sie ein Schmollmundselfie macht. »Der spielt allerhöchstens so was auf seiner Playsie .«

»Ja«, sagt Mama Neene und nickt vorsichtig. »Er hat so ein Gerät in seinem Zimmer, da spielt er manchmal.«

»Was spielt er denn da?«

»Wie, was er da spielt? Keine Ahnung?«

»Papa spielt Gränd Seft.« Neene hält sich jetzt eine Lichterkette über den Kopf und verrenkt diesen so derart, dass ich Angst habe, er fällt ihr gleich ab.

»Ah. Mag er Autos?«

»Er ist ein Mann.« Mama Kaschmir sieht mich an, als habe ich gefragt, ob Papa Kaschmir atmet.

»Dann schauen sie doch mal hier.« Ich zeige ihr ein kleines Automodell, welches gleichzeitig ein Handyladegerät ist. Man kann das Handy in den Fahrersitz stecken und dann leuchten auch die Scheinwerferchen. »Es gibt da auch eine App, dann macht es Fahrgeräusche. Es kann sogar hupen, wenn man es sucht, oder wenn es fertig geladen ist.«

»Super. Gibt es das auch in Gold?«

»Das haben wir nur so hier, wie es da steht. Ist aber das letzte. Sehr beliebt.«

»Dann nehme ich das.« Mama Kaschmir zeigt mit einem zentimeterlangen Fingernagel darauf. »Packen Sie das auch schön ein?«

Ich habe keinen blassen Schimmer, ob wir Geschenkpapier haben. Aber ich werde schon was finden. Natürlich ist es vermutlich nicht das letzte Auto, wir haben sicher noch eine Handvoll davon, aber solche Menschen wollen das Gefühl haben, sie sind etwas Besonderes.

»Mama, ich brauch das!«, schreit Neene. Sie hat die Grillschürzen gefunden und macht jetzt ein Selfie als Bikinischönheit.

»Sag nicht immer Mama zu mir. Bring es der Dame zum Verpacken.«

»Das ist für mich, nicht für Papa.«

»Dann nimm die andere auch noch mit, dann hast du was für deinen Vater.«

»Das zahl ich aber nicht.«

Mama Kaschmir tippt etwas mit zentimeterlangen Nägeln auf ihrem Handy. Ist auch 'ne Kunst, sowas. »Das geht auf meine Karte. Aber du gibst es ihm und dann gibst du ihm einen Kuss auf die Wange.«

»Das ist voll cringe ! Ich will keinen alten Sack küssen.«

»Er ist dein Vater.« Mama Kaschmir ist jetzt damit beschäftigt, eine Ansammlung Kühlschrankmagnete, die an der Kasse liegen, zu begutachten. Sie tippt jeden einzelnen mit ihren Fingernagelwaffen an und schubst manche damit fast von der Auslage. Dann krallt sie sich einige, die wie riesige Diamanten aussehen. »Die brauch ich.«

»Ich auch!«, quietscht Neene.

»Nix da. Du bist ein undankbares Kind.«

»Ich bin fast 18. In drei Monaten hast du mir gar nichts mehr zu sagen. Dann kauf ich mir die selber!«

»Das könntest du jetzt schon.«

»Aber das kostet doch Geld!«

»Du hast eine Kreditkarte. Für die dein Vater zahlt.«

»Ja, darum muss ich ihn küssen. Ich hab jetzt schon Herpes.«

Ich habe das Gefühl, mir läuft bald Blut aus den Ohren. Ich bin sehr froh, als ich die beiden aus dem Geschäft stöckeln sehe.

»Das war aber nicht das letzte Auto«, sagt Gerd. Er hat sich versteckt und taucht nun wieder auf. Seine Haare wehen fast im Wind, den er machte, weil er es so eilig hat, mir das zu erzählen.

»Ich weiß. Aber das sollten die denken. Bevor sie auf die Idee kam, es nicht zu kaufen, weil es silbern ist und nicht zur restlichen Deko seines Man Caves passt.«

»Tatsächlich gibt es das nicht nur als *Porsche*, sondern auch als *Bentley* und *Mustang* und *Rolls-Royce* und *Käfer*.«

»Aha«, sage ich und versuche, so uninteressiert zu klingen, wie ich war. »Hätte es die dazugehörige Kerze mit Motorölgeruch noch gegeben, hätte sie die vermutlich auch gekauft, wenn sie mit Strass besetzt gewesen wäre.«

»Ich verkaufe meistens eher an Männer«, sagt Gerd vorsichtig.

Erzähl mir was Neues, dachte ich. »Auch Männer schätzen es, wenn Dinge einen sinnvollen Zusammenhang ergeben.«

»Wie meinen Sie das?«

»Naja, es sollte thematische Cluster geben. Dinge, die zusammenpassen. Und eines führt dann zum anderen. So wie die Kaffeeröster das machen.«

Gerd war überfordert.

»Na, *Tschibuscho*«, sage ich. »Die haben keine Waren, die haben Themenwelten. Das hat mal jemand erfunden, der mit Sicherheit nicht genug Geld dafür bekommen hat.«

Gerd ist unglücklich. »Und was heißt das jetzt?«

»Nix. Wenn Sie zufrieden sind, wie das bei Ihnen läuft, dann lassen Sie das einfach so. Ansonsten könnte man vermutlich einiges verändern.«

»Sind Sie Unternehmensberaterin?«

Ich muss lachen. »Nee, Studentin. Keine Sorge, ich lege keine Stundenabrechnung mit drei Stellen vor dem Komma vor.«

Das findet Gerd lustig. Ich darf dann einen Tisch selbst zusammenstellen.

Da Ostern ja nun knapp vorbei ist, zentriere ich alles um einen Eierkocher drumerhum. Und natürlich ist es kein schlichter Eierkocher. Er kann Radio spielen, eine Einkaufsliste führen und Rezepte mit Eiern aufsagen. Dazu gibt es dann die passende Waffelpfanne. Ja, es ist eine Pfanne, in die man auch Waffelmustereinsätze machen kann. Und sie ist doppelt, damit man sie drehen kann. Ein kleiner elektronischer Bilderrahmen kann die Zeitung aufrufen, wenn man ihn mit dem Handy koppelt, welches dann natürlich geladen wird. Das Handy steuert dann auch die Kaffeemaschine oder den Teezubereiter. Bei Bedarf kann man tatsächlich alles mit dem *Unity300* zusammenstecken, der erledigt die Koordination der Geräte auf

Zuruf. Bloß abspülen muss man am Ende. Aber die per USB-Kabel wärmenden Eierbecher dürfen nicht nass werden.

Supergriller kommt wieder. »Die Dinger taugen nix, Gerd«, sagt er vorwurfsvoll.

»Sag ich doch. Nimm lieber die da drüben. Die haben auch noch Farbwechsel.«

»Was ist das denn?«, fragt Supergriller, als er meinen Tisch sieht.

»*Frühstück 2000*.« Ich führe ihn gekonnt durch die Anlage. Als er hört, dass *Unity300* auch seinen Grill und den Smoker steuern könnte, ist er überzeugt. Er nimmt den Unity und die Waffelpfanne.

Ich freue mich und will gerade Gerd davon erzählen, da kommt Neene zurück. Sie läuft mit spitz gespreizten Fingern auf mich zu und sagt: »Sie haben doch Ahnung hier, oder? Ich muss etwas für meinen Erzeuger kaufen. Sie sagt, die Schürze reicht nicht.«

»Ist Ihr Vater ein Freund von Apps?« Das ist eine sichere Sache, denn ich weiß ja noch von vorhin, dass er das ist.

»Alter, der würde sogar mit 'ner App atmen, wenn es das gäbe. Aber dann der wieder hat null Plan, echt jetzt, also der ist voll der Digital-Volliidiot.«

»Haben Sie einen smarten Fernseher oder ein Licht, welches man mit einer Alexa oder einer anderen App steuern kann?«

Sie lacht. »Ja, klar!«

Ich bin verwundert, warum sie lacht. Aber sie klärt mich auf: »Ich glaube, der Fernseher ist smarter als mein Papa.«

»Was ist dein Vater von Beruf?«

»Keine Ahnung. Der hat irgendeine Firma. Die verkaufen Sachen.«

Oh, wow. Sogar ich wusste, was mein Vater von Beruf macht. Neene ist mir wirklich unsympathisch. Und egal, was ich versuche, es wird nicht besser. »Du sagst, dein Vater spielt.«

»Naja, Playsie. Also *Playstation*.« Neene erklärt mir das, als wäre ich ihrer Meinung nach auch so ein Digital-Idiot.

»Guck mal, hier gibt es ein Mikrofon, das man mit dem Fernseher oder der *Playstation* verbinden kann. Und dann kann man ...«

»Karaoke!«, schreit Neene. »Wie geil ist das denn?« Sie hat das Ding schon fast in der Hand, da erkennt ihr Shopping-Auge adlerartig, dass es auch eine Version gibt, die mit Strasssteinen besetzt ist.

»Es soll schon für deinen Vater sein«, sage ich.

»Meh«, sagt sie. »Dann muss ich das hier nehmen. Aber ich kann ja mein eigenes haben! Mama hat gesagt, ich kann 50 Euro ausgeben, und das reicht für beide?« Sie tut so, als würde sie mich fragen, dabei will sie nur, dass ich Ja sage und sie bestätige.

Sie kauft beide und macht an der Kasse schnell noch ein Selfie. Ich hoffe, dass ich mich weder Papa noch Mama gegenüber für diesen Verkauf verantworten muss.

»Da hast du aber mal wieder in die Vorurteilkiste gegriffen«, sagt Björn missgelaunt, nachdem ich ihm von den Ereignissen des Tages erzählt habe.

»Die waren exakt so!«

»Wenn du meinst.«

»Alles klar bei dir?«

Er wirft die Arme hoch und stampft durch die Wohnung. »Ich möchte alles hinwerfen. Mein neuer Vorschlag gefällt dem Dok auch nicht. Und die Schule, in der ich das Referendariat machen will, muss es sich noch überlegen. Ich glaube, die haben jemand anderen. Also jemanden mit Beziehungen.«

»Das tut mir leid.«

»Muss es nicht. Vielleicht bleiben wir doch bei Janne. Wir haben es ja noch nicht endgültig entschieden.«

Ich hab ein bisschen Bauchweh, aber er hat recht. »Wir sollten das entscheiden. Björn, du hast recht.«

»Das ich das erleben darf!«

»Du redest, als wären wir seit tausend Jahren verheiratet.«

»Ist das ein Antrag?«

Was will er denn nun? Eins nach dem anderen! »Wir ziehen doch gerade erst zusammen? Bist du verrückt?«

»Keine Ahnung. Meine Eltern wären begeistert.« Björn wirft sich mürrisch aufs Sofa.

»Ehrlich? Waren sie nicht Silkes Freunde?«

»Oh ja. Meine Mutter und Silke waren Best Buddies. Sie folgen sich gegenseitig auf Facebook und Insta. Sie tauschen regelmäßig Kochrezepte und Schminktipps. Zum Kotzen. Mein Vater dagegen weiß vermutlich nicht mal mehr, wie sie heißt, außer dass sie heiß war.«

»Ihh.«

»Ja, Paps ist ein echter Macho. Du musst wirklich aufpassen. Er kommt ganz altmodisch um die Ecke mit Komplimenten und diesem gutbürgerlichen Charme. Aber schwupps hast du seine Hand irgendwo. Silke hat das gehasst, aber sie war auch beeindruckt.«

»Wieso beeindruckt?«

»Naja, diese Männer, die halt echte Männer sind, verstehst du? Mein Vater ist so einer. Der mit den Augen zwinkert, wenn man ihn beim Schummeln erwischt. Der lange darüber redet, bevor er einen Euro in den Hut eines Bettlers wirft. Der Bergsteigen, Tauchen und Motorradfahren kann.«

»Bis auf das mit dem Euro ist das alles isoliert gesehen nichts Schlimmes.«

»Ja, aber das Gesamtpaket. Mein Vater hat ein bisschen Geld geerbt und das vermehrt. So weit wenig verwerflich. Aber ich glaube auch, er hätte es nie so weit gebracht, wenn er nicht dieses Startkapital gehabt hätte.«

»Was macht er denn?«

»Pappkartons.«

»Echt?«

»Ja. Und während mein Großvater nur normale Kartons gemacht hat, vor allem Umzugskartons, dreiwellig, super haltbar, hat mein Vater das ausgeweitet auf Geschenkverpackungen, Weinkartons, Präsentkartons, alles Mögliche.«

»Ok. Du bist also ein Kartonerbe.«

Björn schüttelt energisch den Kopf. »Ich will das nicht erben. Das macht meine Schwester.«

»Du hast eine Schwester? Warum weiß ich da nichts von?«

»Iris ist in den Staaten. Schon seit Jahren. Ach, sie wird übrigens auch an Papas Geburtstag da sein. Und ich befürchte«, er seufzte schwer, »auch Silke wird da sein.«

»Ich brauch jetzt was zu trinken«, sage ich. »Du hast heute zu viele miese Nachrichten.«

»Haben wir was?«

»Nein.«

»Dann gehen wir heute aus.«

Nach einer kurzen Fahrt sitzen wir in dem Restaurant, in welches mich Björn damals als erstes nach der Butterfahrt ausgeführt hatte, und bestellten Rippchen für die Rippchen.

»Ich würde mir gerne ein oder zwei Bier reinschrauben«, sagt Björn. »Kannst du fahren?«

»Du bist ja ein Quell der Freude«, sage ich. »Klar kann ich fahren. Komm, lass uns konspirieren, wie wir den Geburtstag überstehen. Was soll ich zum Beispiel anziehen?«

»Es ist völlig egal, was du anhast, solange meine Mutter dich mag. Wenn sie dich nicht mag, dann ist es auch völlig egal. Es könnte dann von Frau Prada selbst sein und sie würde es verbal zerreißen.«

Wundervolle Aussichten! »Was muss ich also tun, damit deine Mutter mich mag und die nächste Frage: Will ich das? Zuletzt: Willst du das?«

Björn seufzt. »Es ist alles nicht so leicht. Meine Eltern können nett und großzügig sein. Aber dann musst du eben auch nach ihren Regeln spielen. Und diese Regeln sind manchmal echt altbacken und doof.«

»Zum Beispiel?«

»Naja, also man muss immer alles toll finden, was sie toll finden. Wenn sie gerade Wein aus Australien toll finden, dann sagst du das ebenfalls, auch wenn dir auf der Zunge liegt, dass letzte Woche nichts außer Wein aus dem Languedoc erträglich war.«

Ich kategorisiere Wein nach dem Preis. Alles über fünf Euro ist teuer und darum wahrscheinlich gut. Von Ländern habe ich keine Ahnung, schon gar nicht von Lagen. »Wie reich seid ihr eigentlich?«

Björn zögert ein bisschen. »So reich, dass sie sicher versorgt sind, auch wenn sie noch Unsinn im Sinn haben sollten. Aber nicht so reich, dass es lächerlich wäre und sie es nicht doch noch verprassen könnten, bevor sie sterben. Das betonen sie immer wieder.«

»Und Silke hat vor ihnen gebuckelt?«

»Silke kennt sich in dem Milieu aus.«

»Milieu ist ein lustiges Wort. Was meinst du damit?« Ich greife schnell nach einem Sparerib, bevor sie weg sind. Björn futtert, als gäbe es die nächsten 14 Tage nichts.

Er hat inzwischen Barbecue-Sauce links und rechts auf den Wangen, lässt jetzt seine verschmierten Hände sinken und überlegt sichtlich, wie er denn das Bierglas anfassen könnte. »Sie wusste, welche Sprache die sprechen. Die, das sind die Reichen – es sind ja nicht nur meine Eltern. Reiche ziehen Reiche an. Das ist genauso ein Klüngel wie überall. Und da gibt es Regeln. Silke wusste einfach, wen man anlächelt und wen man links liegen lassen muss. Das schaffst du nur ab einer gewissen Stufe des Reichtums. Vorher hasst du entweder alle oder du bist zu allen nett.«

»Gibt es denn nette Reiche?«

»Ja, ich hab ein paar kennengelernt. So richtig hohe Tiere in großen Konzernen. Manche sind dumm, aber viele sind nur durch eine große Menge an tollen Eigenschaften dorthin gekommen. Die kennt man nur nicht so, weil sie meistens keine Rampensäue sind. Solche wie der Maschmeyer oder so gibt es natürlich auch. Die sind dann in der *Bunten* Thema. Die Netten sind allerhöchstens in Anlegerzeitschriften mal abgebildet. Oder wenn sie auf Spendengalas erwischt werden.« Er leert das zweite Glas in einem Zug. Ich seufze.

»Ich hab also keine Chance, oder?«

Björn möchte meine Hand tätscheln, aber ich wehre ab. Er lächelt. »Ich hab dich beobachtet. Du kannst lange die Klappe halten und mitspielen. Ich glaube, sonst wärst du auch nicht für diese Zeitarbeiterei gemacht.

Aber irgendwann wird es dir zu viel und dann kannst du ganz schön bissig werden. Wir müssen eine Art Safeword ausmachen.«

»Ich weiß was: Wir nutzen im schlimmen Falle irgendeinen Anhaltspunkt im Gespräch und leiten darauf über, wie wir uns kennengelernt haben. Und dann erzählen wir beide völlig unterschiedliche irrwitzige Geschichten. Die jedes Mal verrückter und unwahrscheinlicher werden.«

Björn grinst. »Ok. Ich hab jetzt schon Angst. Und dann küssen wir uns lang. Das mögen die alle nicht.«

Das war es für den letzten Zwiebelring. Was für eine Völlerei! »Ich will schon, dass die uns mögen. So auf die Art, wie man ein kleines niedliches Haustier niedlich findet, welches sich in Scheiße gesuhlt hat.«

»Ja, das kommt so etwa der bisherigen Liebe meiner Eltern zu mir gleich.«

»Krieg ich Cheesecake zum Nachtisch?«

»Ich möchte dich mit dieser Sauce einreiben und vernaschen«, sagte Björn genießerisch und tunkt einen Chili-Cheese-Nugget in die Sauerei auf seinem Rippchenteller.

»Solange ich nicht vorher gegrillt werden muss«, sage ich kichernd.

»Ob man die mitnehmen kann?«

Wir haben keine Lust mehr auf Familien-Stories. Aber auf uns schon.

Heute bin ich im Nerd-Paradies. Irgendwie freu ich mich, gleichzeitig hab ich Angst, dass sie merken, dass ich nur so ein halb-Nerd bin. Ja, in deren Welt ist das so was wie ein Halb-Elf, oder ein Halb-Orc. Ich erinnere mich noch vage an meine Erfahrungen in der LARP-Kneipe.

Hier geht es aber um das eher theoretische Elf oder Orc sein. Ich arbeite in einem Games-Laden. Nein, nicht *Halma* oder *Mensch ärgere dich nicht*. Eher so: *Halflife*, *Bioshock* oder *World of Warcraft*. Und schon bin ich fast raus. Mist.

Es geht hier um Computerspiele. Und wenn man denkt, einige Regale für die Plastikverpackungen der silbernen Scheiben würden ausreichen, dann ist man völlig schief gewickelt. Erstens sind es oft noch nicht mal mehr CD/DVD/Blu-rays, sondern nur noch Downloadcodes, und zweitens ...

»Hilfe, ein Alien«, versuche ich, spontan witzig zu sein. Es wimmelt hier von Pappaufstellern und sogar Vollplastikfiguren. Lebens- und Überlebensgroß. Wahnsinn. Monster und Menschen mit riesigen Waffen. Und ein Alien. Das erkenne ich. Beim Rest bin ich hilflos.

»Ich bin Jaysie«, sagt eine blauhaarige Elfe. Das verstehe ich zumindest. Später wird mir klar, dass es vermutlich die Abkürzung JC ist und englisch ausgesprochen wird. Sie ist so dünn, dass ich glaube, mein Oberschenkel ist dicker als ihre Taille. Ihre langen seidigen Haare sind lila und blau. Ich bin sofort neidisch.

»Mia. Und ich habe keine Ahnung.«

»Das macht nichts. Die Ahnung bringen eigentlich alle selbst mit. Du musst nur zuhören.«

»Das kann ich.«

»Prima. Du vertrittst den G-Man, aber ich werde jetzt erst mal richtig scheiße sein und dich fragen, ob du vielleicht mal Staub wischen kannst? Ich komm nie dazu und der G-Man ist zu blöd dazu.«

»Ich frag jetzt besser nicht, wie man zu blöd zum Staubwischen sein kann, oder?«

»Der G-Man ist voll der ADHSler. Der ist wie ein Eichhörnchen, vor allem wenn er seine Tabletten nicht genommen hat. Und dann putzt der und vergisst sofort, wo er geputzt hat, fängt an umzuräumen und dann ist alles durcheinander.«

»Ah, verstehe.«

Sie lacht. »Ja, das ist ganz putzig manchmal, aber sauber wird es dadurch nicht.« JC zählt jetzt die Kasse und fährt den Rechner hoch. Draußen vor der Scheibe stehen schon vier Jugendliche und warten, dass wir öffnen.

Ich bin ein bisschen unruhig, weil ich keinen coolen Namen habe, aber letztlich wird mich vermutlich keiner fragen. Tatsächlich ist auf den Kartons der kleinen Plastikfiguren mit dem großen Kopf eine Menge Staub und ich will gerade ansetzen, einen abzuwischen, als JC quietscht.

»Der Lappen ist aber nur leicht feucht, oder? Am besten nimmst du einen Microfaserlappen und machst das trocken.«

Ich hab die Schachtel noch in der Hand. Ein Joker blickt mich fett grinsend an und ich gucke wieder zu JC. Sie zuckt lächelnd mit den Schultern. »Das sind Sammelfiguren. Wenn der Karton auch nur im geringsten beschädigt ist, dann sind die weniger wert. Ich will schon längst eine Vitrine für die Dinger, damit die nicht einstauben.«

Ich gehe also in den kleinen Pausenraum und suche nach einem Microfasertuch. Als ich zurückkomme, ist der Laden schon voller Jugendlicher.

Glaubt mir, ich war auch mal jugendlich. Jetzt zähle ich nicht mehr dazu. Alle, die über die Hälfte ihres Studiums hinter sich haben, sind definitiv nicht mehr jugendlich. Und jeder Versuch, das zu sein, ist heutzutage cringe. Cringe ist so was wie peinlich, nur schlimmer. Also versuche ich erst gar nicht, zu verstehen, was die um mich herum sagen, sondern putze.

»Alter! Die haben den *Joker* immer noch? Ich dachte, der wäre schon längst verkauft?«

»Digger, der ist hart teuer?«

»Ja, aber episch, Alter?«

»Nee, auf der Liste ist der nur selten, nicht episch.«

»Batman ist doch out. Seit der Affleck den macht ist der voll lame.«

»Alles von DC ist trash, Alter.«

»Guys, hört auf, ihr habt eh keine Kohle um euch das zu kaufen?«

»Aber du, Digger? Hast du irgendwo Bitcoins rumschimmeln?«

»Ach guck mal, da ist der Sammlerpin von *Pewdiepie* .«

Ja, das habe ich verstanden. Ich bin raus, so was von raus. Alter, Digger und Guy diskutieren nun, ob jeder so einen Pin kauft, oder ob es reicht, wenn einer den kauft und die anderen die anderen nehmen, also jeder einen unterschiedlichen. Ich poliere derweil das Grinsen des Aliens, bis der Sabber wieder glänzt. Ich will gerade auch den Bizeps eines lebensgroßen Actionhelden putzen, als jemand mich offenbar erkennt.

»Ey, dich kenn ich«, sagt Neene. »Ich bin voll trash, du! Meine Mutter sagt, das war Beschiss mit den zwei Mikros. Ich soll noch was kaufen. Alter, ey, das ist voll anstrengend! Und jetzt bist du hier, weil ich dachte, mein Vater der mag ja seine Playsie und vielleicht gibt´s ein Spiel dafür. Also so günstiger, checkst du, was ich mein? Das wär voll Ehre!«

»Hi«, sage ich erst mal überrascht. Ich muss ihre Aussagen in eine richtige Reihenfolge bringen, um zu verstehen, was sie genau von mir will. »Ja, sicher haben wir hier Spiele für die *Playstation*. Dein Budget ist wieder 25 Euro?«

»Hä?«

»Was du ausgeben willst, meine ich.«

»Alter? Ich hab doch ‘ne Karte.«

Ja, gut, Neene. Du hast eine Karte. Dann lege ich halt los. »Schau, hier ist das Regal mit den Spielen für die *Playstation* .«

Sie guckt noch nicht mal eine Sekunde hin. »Hey, warte, ich hab da voll keinen Plan?«

Ich war nicht weg. Ich wusste das. »Du sagtest dein Vater spielt *Grand Theft Auto* ?«

»Ja, oder? Du meinst Dschiti-O? Also so Autos klauen und Leute umfahren?«

Ich nicke. »Wir können ja mal schauen, ob es da was Neues gibt.« Und schon bin ich genauso überfordert wie Neene. Es ist nicht so, dass es einfach Teil 1-4 gibt. Nein, man muss offensichtlich bei Spielen noch Zusatzinhalte kaufen oder auch nur das gleiche Spiel Deluxe oder Vintage oder Loot ... verdammt!

»Für 25 Euro bei Grand Theft? Vergiss es.« Einer der Jugendlichen hat offenbar mitgehört. Er passt optisch zu Neene. Sie wirft sich auch sofort in Pose.

»Ich kann auch mehr ausgeben. Ist schließlich mein Vater«, sagt sie. Ich blinzle kurz. War er nicht zuletzt noch als *DER Erzeuger* geschmäht? Und waren das zwei ganze Sätze, grammatikalisch fast korrekt?

Der Junge ist cool. Er greift in die Auslage. »Ja, guck, dann solltest du das hier holen. Da kann dein Vater dann modden und sich mit den anderen der Community treffen. Ist er eher ein Fun Racer oder Competitive?«

»Ich glaub, der macht das zum Spaß. Aber er will gewinnen.« Neene lächelt nett und spielt an ihren Haaren. Sie ist eindeutig angefixt. Aber nicht auf das Spiel.

»Also beides«, sagt der Junge. Er hat viele Ketten und einen Brustbeutel. Nun zupft er an letztem und denkt nach. »Ist er auf Loot aus?«

»Keine Ahnung«, sagt Neene. »Du könntest mir den Unterschied aber bei *Starbucks* erklären?«

Er lacht. »Klar, jederzeit. Aber ich bin gay, das sollte ich dir sagen.«

Neenes Haarsträhne wird ruckzuck oben wieder in den Messy Bun auf ihrem Kopf eingeknödelt. »Ah, cool«, sagt sie gepresst. »Ja, ich nehm das dann.« Sie greift nach einer der Plastikhüllen und gibt sie mir.

Der Junge grinst und sagt: »Ja, viel Spaß!«, dreht sich weg und geht zu seinen Freunden.

»Wie blöd«, seufzt Neene. »Die Süßen sind alle gay. Ich sollte auch gay werden.«

Ich verkneife mir das Seufzen. Es nutzt nix. Das ist das, was Björn meinte: Niemand mag Klugscheißer. Ich muss einfach die Klappe halten. *Ommmm, Mia, Ommmm* .

»Was? Das soll 65 Euro kosten? Das nehm ich nicht«, schmollt Neene dann an der Kasse. Vor Schreck fällt ihr fast die Sonnenbrille in die winzige Handtasche, die eigentlich nur eine Kreditkartenaufbewahrung ist. Und das Handy würde hereinpassen, aber das hat sie ja stets in der Hand. »Geben sie mir das andere, das billiger war.«

Ich hole eine der Hüllen, auf denen etwas von *Bonus-* und *Zusatz-*Inhalten steht. Vermutlich ist das völlig überteuerter Mist, den man jemandem schenkt, der eigentlich alles hat, aber hey, das ist genau das, was hier gebraucht wird, oder?

»Ja, Mama«, sagt Neene jetzt in ihr Handy, welches sie wie ein Minitablett vor ihren Mund hält.

»Das ist auch auf jeden Fall was für ihn?«, quäkt es aus dem Lautsprecher.

»Ja, Mama. Die haben mich hier beraten. Ich geh jetzt Boots kaufen.«

»Du sollst nach Hause kommen! Heute kommt Desirée und macht uns die Nägel, das weißt du genau!«

Neene schmollt. »Aber ich hab so süße Stiefelchen gesehen und die waren runtergesetzt?«

»Wenn du nicht rechtzeitig zuhause bist, dann musst du halt deine Nägel selber machen.«

Neene drückt ihre Mutter weg. »Boah, die Alte kapiert nicht, dass es so out ist, sich zuhause die Nägel machen zu lassen! Hier sind so süße Boys in dem Nagelstudio! Ich sollte das einfach machen.« Sie nimmt ihre Tüte entgegen und stolziert davon.

»Uff, ich hab was verkauft«, sage ich zu JC.

Die nickt. »Ich hoffe, sie behält ihre Quittung.«

»Glaubst du, das wird umgetauscht?« Ich versuche, nicht beleidigt zu sein.

»Naja, es ist schon schwierig, oder? Die hatte ja null Ahnung, was ihr Vater wollte.«

»Das stimmt.«

»Spielst du?«

Ich nicke. »Aber nur manchmal. Das letzte Mal ist auch schon ewig her. Ich mag diese Spiele, wo man so viele kleine Männchen hat. Ich hatte da mal eines, wo man Dörfer aufbaut und so. Aber wenn es dann Krieg gibt, dann habe ich meistens keine Lust mehr.«

»Ah, *Siedler* .« JC lächelt. »Die Spiele werden auch nie alt.«

»Ich bin absolut kein Typ, der stundenlang spielen will, aber da waren schwupps ganze Tage weg. Dann habe ich es mal mit *WoW* probiert, aber allein kommt man da nicht weit. Und wenn man es dann nicht regelmäßig macht, wird man nur verarscht.«

»Inwiefern?«, fragt JC.

»Naja, wer weiß, wer da auf der anderen Seite ist? Ich hab mal mit einem gespielt und dachte zwei Stunden lang, ich rede mit jemandem meines Alters, und dann kam raus, der war erst elf Jahre. Kein Wunder dass der überhaupt nicht verstanden hat, wovon ich sprach.«

JC lacht. »Naja, die Leute sind zum Spielen dort, nicht zum Reden.«

»Ich weiß. Aber manchmal muss man doch was fragen und da kamen auch nur so Buchstaben statt ganzer Sätze. Und bis ich dann was getippt hatte, waren wir irgendwo und alles musste irre schnell gehen. Am Ende bekam ich aus der Schatzkiste nur das epische Zeug, das Legendäre hat er genommen.«

»Nur recht so«, mischte sich einer aus der gay Gruppe ein. Ich nehme jetzt einfach mal an, dass alle gay waren. Sie sahen jedenfalls aus, als hätten sie sich beim Einkleiden nicht nur die Augen verbunden, sondern auch vergessen, was wo angezogen wird. Einer trug, glaub ich, einen Pullover wie einen Minirock und drunter eine Radlerhose? Aber was rede ich da? Sollen die doch anziehen, was sie wollen? Sagte ich schon, dass ich alt bin? Zombieoma-alt. Verflixt!

»Ich hatte danach jedenfalls keine Lust mehr«, sage ich.

»Verständlich«, sagt ein anderer aus der Gruppe. Er hat magentafarbene Haare und seine Arme sind völlig bekritzelt. »Ich mag diese MMORPGs auch nicht.«

Uff, ich wusste nicht mal, dass das die Bezeichnung für das war, was ich da gespielt hatte.

»Digger, du bist ja auch ein Ego-Shooter-Freak.«

»Nicht nur, Alter?«

»Guys, so lange wir alle nicht *Fortnite* spielen, ist doch alles gut, oder?« Der Berater von vorhin ist ein Diplomat. Er legt seinen Arm um die Schultern seiner Freunde. »Legen wir jetzt zusammen und kaufen uns den *Joker*, oder was?«

»Ich hab noch Geld von Ostern. Ich möchte aber auch das Loot von dem …«

Sie sagen wieder Worte, mit denen ich nichts anfangen kann.

»Ich bin so dermaßen nicht in der Szene«, sage ich leise zu JC. Sie hat Listen vor sich liegen und vergleicht diese mit Listen aus dem Internet. »Ich geh mal wieder staubwischen.«

»Glaub mir«, sagt sie lächelnd. »Niemand ist ganz drin. Dazu gibt es zu viele Szenen. Hier laufen ja Gamer und andere Nerds rum. Da treffen sich Leute, die eigentlich nur Filme mögen, mit Leuten, die eigentlich nur spielen wollen. Aber irgendwo gibt es immer Schnittmengen.«

»Ich fühle mich, als ob ich deren Sprache nicht spreche.«

»Geht mir auch so. Ich lerne täglich neue Wörter.«

Ich merke, dass sie abgelenkt ist. Sie will ihre Listen fertig machen.

Während ich die Auslagen im Schaufenster poliere, sehe ich Frau Schmidt-Haufärber. Sie ist intensiv im Gespräch mit einer anderen Dame. Immer etwas zu meckern, Frau Schmiddelfärber? Es ist schlimm genug, dass ich mir inzwischen ihren Namen merken kann.

Dann kommt Tine und ich möchte sie grüßen. Ich sitze aber inzwischen so eingekeilt zwischen dem Gott des Krieges und einer Ansammlung weiterer Wackelkopffiguren, dass ich mich kaum rühren kann. Als ich mich endlich umgedreht habe, beobachte ich, wie Tine mit der Gay-Group kleine Päckchen austauscht. Das geht blitzschnell. Sie herzen und umarmen sich dabei, als würden sie sich seit Jahrtausenden kennen. So schnell, wie sie in den Laden gekommen ist, so schnell ist sie auch wieder draußen. Frau Schmidt-Haufärber sieht ihr intensiv hinterher.

Ich beginne zu grübeln. Was habe ich gesehen? Die Gays verlassen den Laden und Frau Schmidt-Haufärber zerrt Justin hinter sich her, um in die gleiche Richtung zu verschwinden.

»Du hast mir nicht das neue *Ich reite in den Sonnenuntergang, nachdem ich alles niedergeschossen habe* mitgebracht?«, fragt Björn am Abend, als er erfährt, dass ich im Games-Laden gearbeitet habe.

»Das ist erst um 15 Uhr angekommen und du glaubst es nicht, plötzlich war der Laden pickepacke voll und die haben sich fast drum geprügelt.«

»Ja, so was erfahren die dann über ihre sozialen Netzwerke », sagte Björn und gähnt. »Ich kann auch noch ein paar Tage warten. Schließlich habe ich genug zu tun.«

»Hat dein Dok sich endlich geräuspert?«

»Ja. Ich weiß jetzt, wie es weitergeht.«

»Und? Ist das gut?«

»Ach ja. Irgendwie schon. Ich warte aber damit bis nach dem Geburtstag.«

Ich möchte ihm gerne sagen, dass ich das Spiel doch bekommen habe und es ihm schenken will. Er sieht so aus, als wäre Geburtstag eher so etwas wie Zahnarzt. Aber ich kuschle lieber ein bisschen mit ihm und kann meine Klappe halten. Ich will ja auf jeden Fall ein Geschenk haben!

»Alles Liebe, mein Lieber!«, rufe ich also am nächsten Morgen und schiebe Björn einen Kaffee und mein Geschenk hin.

»Oh, danke«, sagt er und gähnt. »Was ist es? Ein Buch?« Er reißt das Papier weg, als gäbe es dafür einen Preis. Gibt es auch. Sein Gesicht leuchtet sofort auf. »Wie geil!« Er springt aus dem Bett und erinnert sich gerade noch daran, mich zu küssen, bevor er die Spielkonsole anwirft. Die nächsten zwei Stunden erklärt er mir, warum es so toll ist, alles niederzuschießen, warum man manche Gegner aber dennoch besser nicht erschießt und warum welche Waffe am besten ist. Ich nicke brav und schaue zu, wie bergeweise Leichen seinen Weg pflastern und er tatsächlich ab und zu in den Sonnenuntergang reitet.

»Mist, wir müssen uns fertig machen!«, rufe ich irgendwann.

Björn konnte abwenden, dass seine Eltern hierherkommen, und das macht mich sehr froh. Wir treffen uns mit ihnen zum Brunchen in einem renommierten Restaurant. Ich erlebe nun live, wie aus meinen fröhlichen Spielbärchen ein gestresster Sohn wird. Er schaut mich auch sehr seltsam an.

»Was?«, frage ich. »Ist das nicht gut?« Ich habe mir Mühe gegeben. Ich trage die Geburtstagsschuhe und etwas aus Leinen. Leinen ist ja so ein Ding für Reiche. Wer arbeiten muss und überhaupt bequem ist, der trägt Sachen mit Elasthan. Gott sei gedankt für Elasthan! Aber Leinen? Man muss es am besten reinigen lassen, stets bügeln und es sieht dennoch sofort zerknittert aus. Das sind die Reichenknitterfalten. Sie zeigen, dass sie nun alles getan haben, um gut auszusehen, aber rumliegen nun echt seinen Preis hat. Leinen ohne Elasthan ist gnadenlos. Jedes Polster wird modelliert, denn da ist das Leinen glatt, überall sonst knittrig.

Nein, natürlich weiß ich, dass man oft nicht durch Rumliegen reich wird. Irgendjemand arbeitet schon. Oder hat mal gearbeitet. Oder hat sich durch irgendwelche schmutzigen Tricks das Geld und den Besitz angeeignet. Und daraus werden dann manchmal Erben, die noch reicher werden, weil sie ja schon eine gute Grundlage haben. Es ist halt eine andere Welt.

»Doch«, sagt Björn jetzt. »Du siehst super aus. Ich mache nur oft den Fehler, die Welt plötzlich mit den Augen meiner Mutter zu sehen.«

»Und was passiert dann?«

»Das willst du nicht wissen.«

»Ich bin ein großes Mädchen. Komm, sag´s.«

Er sieht gequält aus, tut es dann aber. »Meine Mutter sieht sofort, dass du schon lange nicht mehr beim Friseur warst. Sie bemerkt den fehlenden Schmuck und die leichte Staubschicht auf den Schuhen. Sie sieht, dass ein Zahn in deinem Unterkiefer schief steht und du oben an dem einen

Vorderzahn eine Ecke rausgebrochen hast. Sie könnte glaub ich sogar sagen, wann du das letzte Mal eine professionelle Zahnreinigung bekommen hast.«

Ich speichere ab, dass ich schnellstmöglich einen Termin beim Zahnarzt brauche. »Noch nie?«, sage ich geknickt. »Zahnreinigungen kosten Geld?«

»Genau. Es tut mir so leid.«

Ich lache. »Es ist doch alles wahr? Mach dir keinen Kopf, Björn. Egal, was ich täte, ich könnte ihr offenbar nicht genügen. Also habe ich einen netten Kompromiss gewählt. Ich werde lächeln und dich nicht hängen lassen.«

»Du bist ein Schatz.«

»Immer gerne.« Ich finde einen Lappen, der schnell den Staub von den Schuhen erledigt und denke kurz nach. »Schmuck? Ich hab irgendwo ...«

»Lass es«, sagt er sanft.

Wir fahren zu dem Restaurant und nachdem wir fünf Minuten zu spät ankommen, sitzen die Eltern schon am Tisch. Vater Helmut ist gut gebräunt, aber nicht zu sehr, dennoch bringt es seine blauen Augen gut zur Geltung. Ich finde in diesem Gesicht nur wenig Ähnlichkeit mit Björn, aber als die Mutter ihren an ihren Mann gerichteten Satz gemütlich zu Ende gesprochen hat, obwohl wir schon neben ihr stehen und ihr Blick kurz zu uns geflackert ist, sehe ich Björn.

Wenn er eine Frau wäre und absolut kein Unterhautfettgewebe besäße. Menschen, die viel hungern, sehen immer irgendwie aggressiv aus. Mutter Regina hat scharf geschnitzte Falten um die Lippen herum und zwischen den gezirkelt gezupften Augenbrauen. Sie lächelt jetzt, aber es gilt zunächst mir und ist höflich. Dann wird es etwas ambivalent und gilt Björn. Sie muss ihre letzten Informationen mit dem Bild abgleichen, welches sie zuletzt von ihm hatte.

»Du hast zugenommen!«, sagt sie dann auch statt einer Begrüßung. »Wie kommt das? Hast du deine Diät vernachlässigt? Setzt euch.«

Ich werde davon unterrichtet, dass Björn ein bestimmter Stoffwechseltyp ist und darum manche Lebensmittel meiden sollte. Noch bevor ich meinen Kaffee habe, weiß ich jetzt, dass die Handhabung des Menschen namens Björn recht kompliziert ist und ich offenbar viel zu lernen habe.

»Ja, dann erst mal Prost auf das Geburtstagskind«, sagt Helmut, als der bestellte Sekt kommt.

Brunch, und speziell ein Anlassbrunch, ist etwas Furchtbares. Es gibt doch diese sieben oder neun Höllen, keine Ahnung, wie viele genau, aber seit einiger Zeit hat die Welt mindestens eine mehr, und das ist der Brunch. Er fängt so spät an, dass man als Frühaufsteher nicht anders kann, als schon gefrühstückt zu haben. Wenn auch wenig. Also hat man rasenden Hunger, obwohl der Körper erst wieder zu Mittag was haben sollte. Nun ist es aber elf Uhr, klassischerweise Brunch-Beginn, und man soll alles genießen, was das üppige Büfett liefert.

Da wir in einem exklusiven Restaurant sind, müssen wir selbstverständlich nicht aufstehen und uns selbst bedienen. Wir bekommen Miniportionen auf Minitellern gebracht. Es ist wunderschön und natürlich will ich alles probieren. Aber erst mal muss ich Sekt trinken. Ich weiß, dass ich nun entweder den Rest des Tages regelmäßig Puffbrause nachlege oder irgendwann Kopfschmerzen und Kreislaufbeschwerden bekomme. Kneifen ist nicht, also weg mit der Scheiße.

»Schön, dich kennenzulernen, äh, …« Helmut sucht nach meinem Namen und seinen Zigaretten.

»Du rauchst jetzt noch nicht, Maus«, sagt Regina. »Mia heißt die neue Freundin deines Sohnes. Das habe ich dir doch gesagt.«

»Mia, genau. Haben die hier überhaupt einen Raucherbereich?«

Regina überhört das. »Was macht das Studium?«, fragt sie Björn.

Er erzählt folgsam und seine Stimme klingt dabei etwas atemlos. Er steht stark unter Stress.

»Aha«, sagt Regina, die bisher unter der Auswahl nur ein Minicroissant und einen Klecks Magerquark ansprechend fand. Ich greife nach dem Rührei und tu Björn auch was auf den Teller. Vor allem den einzigen knusprigen Baconstreifen. Das unterscheidet gute von schlechten Restaurants: Bacon. Es gibt alles von zentimeterdick und geleeartig wabbelig bis zu verkokeltem Pergament. Guter Bacon ist himmlisch, schlechter ist ein Verbrechen an den armen Schweinen.

»Wir hätten den vegetarischen Brunch nehmen sollen«, sagt Regina und schaut missbilligend auf unsere Teller. »Das ist ja barbarisch.«

»Deine Mutter denkt sogar darüber nach, vegan zu werden«, sagt Helmut. Er verfolgt den Weg des Bacons mit den Augen und nimmt dann Camembert zum Brötchen.

»Das kann sehr lecker sein«, sage ich.

Regina nickt und sieht mich prüfend an. »Es ist besser für Helmut. Nach dem ersten Herzinfarkt und den Blutdruckproblemen mussten wir etwas tun. Und Björn, denk dran, du hast die Veranlagung.«

Björn schnauft. Ich kann einem Marmeladentöpfchen nicht widerstehen. Die süßen Aufstriche sind in essbaren Waffelschüsselchen angerichtet. Etwas Sonnengelbes muss her!

Regina verfolgt mein Tun mit den Augen und spricht aber zu Björn. »Wir müssen demnächst einmal einen Termin mit dir machen. Schicke mir deine verfügbaren Termine morgen und übermorgen.«

»Beim Arzt? Mama, ich studiere Sport!«

»Unsinn.«

»Worum geht es?«

»Wir müssen einiges regeln. Unser Hausnotar drängt darauf.«

Jetzt vergeht meinem Freund sichtlich der Appetit. »Was denn?«

»Ich wollte das jetzt nicht an deinem Geburtstag ansprechen.«

Aha, denke ich. Sie hat es aber getan. Was soll das? So ein blödes Spiel.

Björn findet das nun scheinbar nicht ungewöhnlich. »Ich habe in den nächsten zwei Tagen nichts vor. Ich dachte, dass Papa und ich mal squashen.«

Regina schüttelt den Kopf. »Daraus wird nichts. Dein Vater und ich, wir machen jetzt Yoga. Wir haben einen neuen Trainer.«

Helmut sieht jetzt auch gestresst aus und steht auf. »Ich frage jetzt mal, wo der Raucherbereich ist.«

»Treiben Sie auch Sport?«, fragt Regina mich, nachdem sie erfolglos versucht hat, Helmut mit Blicken daran zu hindern.

Ich verberge mein Grinsen schnell hinter der Serviette. »Eher nicht. Ich habe zu wenig Zeit.«

»Zeit muss man sich nehmen. Es ist extrem wichtig, dass man auf sich und seinen Körper achtet. Sonst ist man schnell in einer ungesunden Zone.«

»Geht es Papa gut?«, fragt Björn jetzt. Er hat aufgehört zu essen und sieht seine Mutter streng an.

»Ach, ja.« Regina macht eine wegwerfende Handbewegung.

»Glaub ich dir nicht.«

»Ach, Bömmelchen, das mag ich ja immer an dir.«

Bömmelchen? Ich war hin und hergerissen zwischen völligem Ausflippen über diesen Kosenamen und Empörung über das Verhalten der Mutter.

»Er ist halt in der Spät-life-Crisis. Er braucht ein neues Knie und die Hüfte ist auch nicht mehr gut. Er will das nicht wahrhaben.«

Björn nickt und entspannt sich etwas.

Regina schaut sich um. »Wenn er aber gerade weg ist: Wir werden die Firma Iris überschreiben. Du bekommst Anteile und der Rest wird dir ausgezahlt. Darum der Notartermin. Bring bitte alle deine Papiere mit. Mia, es tut mir leid, dass ich kurz geschäftlich werden musste. Bitte lassen Sie sich nicht vom Essen abhalten.« Mir ist irgendwie der Appetit vergangen, aber das kann ich mir auf keinen Fall anmerken lassen. Also noch ein bisschen Lachs aufs Brötchen! »Ich hoffe, dein Ausweis ist nicht abgelaufen oder so etwas unschönes.«

Jetzt fällt Björn doch das Messer fast aus der Hand. Er lehnt sich zurück und starrt seine Mutter an. »Verschweigst du mir was?«

Ich bin überrascht: Das kam sehr scharf, so kenne ich ihn nicht.

Regina nimmt einen langen Schluck irgendeiner grünen Plörre.

»Mutter!«

Sie seufzt. »Ich habe da was. Aber das ist nicht schlimm, ich muss halt in Behandlung.«

»Was hast du?«

»So eine Frauensache.« Regina sieht mich an und lächelt.

»Wenn ihr über Frauensachen redet, dann geh ich wieder«, sagt Helmut, der jetzt zurückkommt. »Außer es handelt sich um sexy Kleidung oder Schuhe.«

Regina wedelt mit ihrem Minicroissant (Wie lange kann man an so einem Ding herumknabbern?) und sagt scheinbar entspannt zu Björn: »Nettes Lokal hast du dir ausgesucht. Obwohl ich schon ein bisschen mehr Auswahl erwartet hätte. Es gab noch nicht mal frische Früchte!«

»Soll ich sie dir bestellen?«, fragt Helmut und will schon wieder aufstehen.

»Nein, lass mal, Lieber. Ich habe unseren Sohn übrigens doch schon vorgewarnt. Es wäre wunderbar, wenn wir das morgen erledigen könnten.« Regina sieht mich an. »Sie haben doch morgen sicher etwas zu tun, oder?«

»Lass Mia da raus«, sagt Björn. »Ja, mir egal, morgen ist recht.«

»Ich muss arbeiten«, sage ich und will mir die Zunge abbeißen. Als ob das hier jemanden gerade interessiert.

Aber Regina stürzt sich darauf. Vermutlich will sie vom Termin ablenken. »Ach ja, Sie arbeiten als Aushilfe, oder?«

»Ja, neben dem Studium. Es ist großartig.«

Das schockt Regina sichtlich.

»Mein Vater sagte damals auch, ich müsse jede Arbeit machen, die ich kriegen könnte«, sagt Helmut. Er schiebt eine halbe Brotscheibe auf seinem Teller herum. Regina zeigt auf die Putenbrustscheiben. Erleichtert nimmt Helmut welche und tut sie ohne Butter auf die Scheibe. Ohne ... er tut mir so leid. »Ich habe mich in der Firma dann hochgearbeitet.«

»Bitte jetzt nicht diese ollen Kamellen«, sagt Regina. »Mia wird das nicht hören wollen.«

Mia will das auch nicht hören, das stimmt. Ich überlege kurz, ob ich Regina ärgern will und es dennoch hören will. Aber Björn sagt: »Wann kommt Iris?«

»So weit ich weiß, ist sie schon da«, sagt Helmut. Regina wirft ihm einen eisigen Blick zu.

»Sie ist heute Morgen angekommen. Die Arme hat sicher einen furchtbaren Jetlag.«

Björn sieht mich an. Sein Blick ist so finster, ich kenne ihn gerade wirklich nicht. »Wenn ihr keinen Hunger mehr habt, können wir ja auf die Mittagsgänge verzichten, oder?«

»Hast du noch etwas zu tun?«, fragt Regina. »Ich dachte, wir plaudern hier und ich lerne Mia mal kennen. Was macht Silke denn so?«

Spannend, dass sie mich kennenlernen will, aber nach Silke fragt.

»Keine Ahnung, Mutter. Silke lebt nun ihr eigenes Leben.«

»Sie war zuletzt auf Ibiza. Die ist ja immer noch gut in Schuss im Badeanzug.« Helmut bekommt nicht mit, wie sich nun zwei Augenpaare auf ihn richten und Eiszapfen verschießen. Ihh, Augen verschießen Eiszapfen, das ist ein furchtbares Bild, aber ich schaudere tatsächlich kurz. Herrje, jede Arbeit, die ich bisher machen musste, war entspannender als dieses Familienfrühstück!

Ich grinse aber unwillkürlich, als ich darüber nachdenke, wie meine Eltern sich hier schlagen würden. Papa hätte sich durch alle Wurst und die Eier gekämpft und würde allerhöchstens ab und zu grunzen, wenn er etwas gefragt wird. Mama hätte schon die Fotos rausgekramt. Sie hat immer einige dieser kleinen Plastikalben dabei, wo man auf jeder Seite ein Foto in eine Tasche einschiebt. Zuhause hat sie große Alben für jedes Jahr, aber unterwegs nimmt sie kleine mit, die dem Betrachter einen Eindruck des Durchschnittsalltags unserer Familie geben sollten. Da drin waren Bilder jedes Raumes in unserem Haus und auch der Garage. Der Garten, unsere lebenden und toten Haustiere, einige Nachbarn und Verwandte und natürlich ich.

Mein Bruder fehlt allerdings. Er gehört nicht mehr in ihr Narrativ. Die engere Familie weiß das und niemand würde ihn erwähnen, wenn es mal zu Kommunionen oder anderen Anlässen entsprechende Treffen gibt.

So, wie Helmut Silke nicht hätte erwähnen sollen, denn sie gehört auch nicht in Reginas Narrativ ... oder doch? Schließlich war sie ja mit denen im Urlaub auf Ibiza? Ich bin sehr verwirrt. Familien können so was – einen maximal verwirren mit diesen Dingen, die im Raum stehen, aber nicht erwähnt werden sollen. Dieses Wissen, das jedes Familienmitglied hat, woraufhin sich dann aber für den Uneingeweihten ein nicht mehr verständliches Schmierentheaterstück entfaltet.

Plötzlich lacht Björn. »Haha, Papa, du guckst dir echt meine Ex auf Instagram an?«

Ach guck, ich dumme Nuss. Instagram .

»Es wäre unhöflich, es nicht zu tun? Immerhin habe ich lange Zeit gedacht, sie würde meine Schwiegertochter werden? Und damals dachte ich auch noch, du würdest vielleicht doch den Betrieb übernehmen?«

»Ich will nicht ...«, beginnt Regina, aber Björn ist schneller. So werde ich leider nie erfahren, was Regina nicht will.

»Nee, auf keinen Fall. Lass Iris mal die Kartons. Ich werde auch ohne Pappe glücklich.«

Helmut lächelt. Björn lächelt. Regina sieht kritisch aus. »Dieser Platz hier ist unglaublich zugig«, sagt sie dann. »Ja, ich möchte lieber aufstehen. Dein Vater und ich werden noch einen kleinen Spaziergang machen. Ich maile dir dann die Daten des Notartermins. Bitte habe deine Papiere bereit.« Ui, das hat sie jetzt wie oft gesagt?

Sie wartet nur minimal, bis Helmut reagiert und kurz vermeldet, dass er sich um die Rechnung kümmert, ihr dann den Stuhl zurechtrückt und in die Jacke hilft.

»Ach, Mia, es war sehr nett, Sie kennenzulernen. Sie sind so erfrischend anders.«

Ich bleibe sitzen, weil Björn sitzen bleibt. Ich sehe ihn an. Wir sind beide stumm. Als seine Eltern den Raum verlassen haben, atmet er tief durch, lehnt sich zurück und winkt dem Personal. »Mann, bin ich geladen«, sagt er.

»Ein bisschen Yoga?«, frage ich. »Man muss doch auf sich achten.«

Ich rechne fast damit, dass Björn ein bisschen sauer ist, aber er lacht. »Am Arsch. Ich will jetzt noch einen Kaffee und diesen Nachtisch. Bitte packen sie uns alles andere ein.« Das Letzte sagt er zum Kellner. Der nickt nur, obwohl Björn das Wort *Alles* schon arg betont hat.

»Ich bin anders«, sage ich. »Das heißt wohl, ich bin scheiße, oder?«

»Nein, dann wärst du *interessant*«, sagt Björn. »Anders heißt, die hat sich noch nicht festgelegt. Aber es ist eher auf der negativen Seite der Skala.«

Ich habe es mir fast gedacht. Björn nimmt meine Hand. »Nicht auf meiner, das weißt du.«

»Klar weiß ich das. Wieso hätte ich auch seit heute Morgen etwas verändern sollen? Schließlich hast du immerhin von mir ein echtes Geschenk bekommen.«

Jetzt lacht er. »Ja, stimmt! Wow, wie lange ich schon kein Geschenk mehr bekommen habe, von dem ich nicht lange vorher wusste!«

Silke stand kurz geisterhaft im Raum, dann verschwand sie, als Björn schwungvoll sagte: »Mann, hab ich Hunger!«

Wir löffeln gemeinsam jeden Nachtisch aus, dem wir habhaft werden können, bis uns die eingepackten Speisen gebracht werden. Es sind drei große Tüten. »Verdammt«, sage ich. »Hast du echt damit gerechnet, dass wir das alles essen?«

»Nein. Aber ich wusste, dass Papa bezahlt. Wir haben jetzt die nächsten zwei Tage etwas davon.«

Ich verbeiße mir zu fragen, ob er das denn überhaupt nötig hat. Jetzt, wo er reich wird. Aber wird er es denn? Ich habe keine Ahnung, was diese Kartonfabrikanteile wert sind. Keine.

»Du bist mir zu still«, sagt Björn auf der Rückfahrt. »Ich ahne, was dich beschäftigt.«

»Echt? Eigentlich denke ich nur daran, ob ich mir ein Mittagsschläfchen leisten kann.«

»Du bist eine miese Lügnerin.«

»Mist. Vielleicht sollte ich da mal einen Kurs machen. Ich denke über Geld nach. Über deins. Obwohl es mir nicht zusteht. Also, dass ich mir Gedanken darüber mache. Mein ich. Du weißt schon.«

Er nickt. »Ich werde viel Geld bekommen. Und natürlich darfst du dir da Gedanken machen. Und: Mach dir keine Sorgen wegen Iris. Die ist nett. Sie ist anders, aber ok. Mit Glück wirst du meine Eltern nicht oft zu Gesicht bekommen. Vermutlich werden sie demnächst in freundlicherem Klima leben. Was weiß ich ... Dubai oder Malle.«

»Das ist aber ’ne seltsame Paarung.«

»Was?« Björn ist abgelenkt. Ich sehe es an den angespannten Kiefernmuskeln.

»Na, Dubai oder Malle. Ist Malle nicht eher so ein Asi-Paradies?«

»Dubai doch auch. Also ja, du hast recht, es ist schon ein Unterschied ... ach, was rede ich da? Als ob ich da Bescheid wüsste!« Er lacht seltsam.

»Nicht?«

Er seufzt. »Mia, ärgere mich bitte nicht. Ich will hier nicht raushängen lassen, dass so viel Geld mir nicht gefallen würde, oder so. Ich mache mir ganz andere Sorgen.«

»Um deinen Vater?«

»Um den auch, ja. Um beide. Irgendwas ist da nicht ganz koscher.«

Ich halte also die Klappe, obwohl ich noch viele Fragen habe. Auch, ob ich jetzt auf Instagram sein muss. Wegen Helmut.

Heute muss ich im Service arbeiten. Das sind die netten Menschen, die im sogenannten Food Court – also dem Essensbereich der Mall – die Tablettwagen bewegen und auch schon mal Tische abräumen. Die Arbeit an sich stört mich nicht, aber man hat niemanden zum Quatschen. Bis auf Lady Madonna.

Ich nenne sie so, weil sie tatsächlich Madonna heißt. Sagt sie. Und sie ist eine wundervolle Black Madonna in weißer Uniform.

»Erste Regel:«, erklärt Madonna, »Lass dir nix gefallen. Du bist keine Bedienung. Und du hebst nix auf. Nimm diesen Wischer und wische runtergefallene Sachen in den Bereich dort und kehre sie zusammen. Fass nix mit deinen Fingern an. Und schon gar nicht ohne Handschuhe.«

»Gibt es noch 'ne zweite Regel?«, frage ich.

»Was?«, fragt Madonna zurück. Sie hat ihr Handy in der Hand und kaut Kaugummi im Akkord. »Ja, immer lächeln und denken: Ihr Pisser.«

Ich blinzle. Das ist nie meine Einstellung, aber Madonna macht das hier schon, seit ich dieses Zentrum besuche. Sie grüßt jeden Angestellten und manche grüßen sie zuerst. Sie ist tatsächlich die Queen hier. Queen Black Madonna. So einen Titel muss man sich verdienen!

Oha, das wird der Tag der Musikmetaphern. Musik ist ja immer gut und so summe ich irgendetwas (vermutlich den letzten Hit, der über das Mall-Soundsystem unterschwellig läuft), während ich die ersten Tablettwagen in den Spülbereich karre. Dort plärrt ein Radio gegen die Kakophonie der riesigen Maschinen an und gibt mir einen anderen Beat. Ich nehme einen leeren Wagen, will zurück in den Food Court und erblicke direkt Tine, die im Eingangsbereich mit einer größeren Gruppe Frauen steht. Sie sieht mich nicht und ich überlege noch, ob ich mich darüber freue, dann ist es mir egal. Nur weil ich heute eine Schürze trage und eine sogenannte niedere Arbeit verrichte, bin ich selbst ja nicht schlechter geworden.

Im Zentrum des Essenskönigreichs hat sich eine Großfamilie eingerichtet. Mehrere ältere Damen okkupieren einige zusammengeschobene Tische. An einer Ecke sitzen zwei halbwüchsige Jungs und tickern auf ihren Handys, ein paar Stühle weiter tut eine Gruppe Teenagerinnen das Gleiche. Eine Mutter füttert ihr Baby und zwei andere haben Kinderwagen, die sie während des Chattens (sowohl analog als auch auf den Handys) wiegen. Im Orbit dieses Mütterplaneten kreisen eine unzählbare Anzahl kleiner Kinder kreischend und kichernd.

Um diesen Tempel des Verzehrs schöner zu gestalten, gibt es hier tatsächlich einen Teich. Also ein gekacheltes Becken, in dem ein paar bemitleidenswerte Fische dümpeln. Eines der Kinder hängt über beide Ellenbogen im Wasser, während ein anderes Essenreste in Richtung der Fische wirft.

»Das solltest du nicht tun«, sage ich. »Die Fische essen keine Pommes.«

»Jeder isst Pommes!«, ruft das Kind. Es ist nicht beeindruckt von meinem Versuch, mit Logik zu kommen.

»Das Wasser wird schmutzig und dann sterben die Fische.«

Der Junge guckt mich an, überlegt und zeigt dann mit seinem ketchupverschmierten Finger auf die Bescherung. »Mach es sauber!«

Ich schnappe ob der Hybris des kleinen Königs nach Luft, aber Lady Madonna hat kein Problem. »Wenn du damit nicht aufhörst, dann gibt es Hausverbot!«, sagt sie laut in Richtung der Mütter.

»Tizian, lass das!«, schallt es zurück.

»Das macht er wieder sauber!«, legt Lady Madonna nach.

»Mach ich nich!«, schreit Tizian. Sein Gesicht wird knallrot. Das andere Kind steht jetzt tatsächlich im Teich. Unbemerkt und unbeeindruckt vom Drama hat sie ihre Schuhe und Strümpfe ausgezogen und sammelt alle Pommes wieder ein. Sie hält mir nun die triefenden Kartoffelstäbchen hin und sagt: »Nicht die Fisse s-terben!«

»Danke«, sage ich und nehme einen Teller, auf den sie dann die matschigen Pommes ablädt. »Jetzt komm aber bitte da raus.«

»Die machen mich fertig«, sagt Lady Madonna. »Die und die da.«

Ich schaue in die Richtung, in die sie zeigt. Tatsächlich sitzt dort Tine und hat auch einen kleinen Hofstaat. Ohne Kinder, aber mit viel Makeup und diesen Rettungswesten, die in einer gewissen Bevölkerungssschicht ein unverzichtbares Kleidungsstück sind.

Westen – ich habe ja schon einmal darüber gesprochen und kann auch noch mehr sagen: Westen sind das Cape der Mittelschichtfrauen. Die Heldinnen des Alltags, der einen gutverdienenden Mann und einen Nebenjob beinhaltet. Deren Kinder entweder nicht existent oder schon aus allen Grobheiten raus sind. Die Frauen, die Zeit haben. Um noch mehr Zeit zu haben, haben sie eine Putzfrau und lassen auch regelmäßig die Fenster machen. Manche haben auch Gärtner und Pool-Boys. Ihr versteht. Aber die Zeit, die sie dann gewinnen, benutzen sie, um fit zu bleiben oder einem Hobby nachzugehen. Und ja, Shoppen ist auch ein Hobby. Jedenfalls braucht diese Sorte Frau viel Maintenance. Fast so viel, dass sich ein Hausmeister – äh – Personal Assistent lohnen würde. Sie brauchen Hilfe bei den Nägeln, gehen öfter zum Friseur als viermal im Jahr und lassen sich massieren, fahren in Outlets oder auch schonmal zur Wellness.

Und ihre Uniform ist die Weste. Ich sagte *Cape*, weil sie sind ja Heldinnen. Sie meistern ihren Alltag. Sie machen aus ihrem Leben das Beste. Sie sind die Premiumrubbellose. Ihre Männer können sich nicht beklagen, denn sie haben eine immer makellose Gefährtin, die sicher auch bestens in der Zufriedenstellung ihrer Partner unterrichtet sind. Moderne Geishas, ausgebildet durch Frauenzeitschriften: *Wie Sie für ihn begehrenswert bleiben, 200 Tipps, wie das Sexleben aufregend bleibt, Ist der Orgasmus immer wichtig oder ist der neue Trend KUSCHELN?*

Aber zurück zu den Westen ... sie sind manchmal aus Tweed, aber meistens aus Plastik. Sie sind so gerippt, wie die Reifen des *Michelin*-Männchens und passen natürlich zum Rest des Outfits. Ich weiß nicht, wann es begonnen hat und was genau der Sinn ist, aber vielleicht liegt es an dem steten Wechsel zwischen Auto und der Einrichtung, die gerade aufgesucht wird, für den man sich nicht jedesmal fett an- und ausziehen möchte. Eine Weste hält die Körpermitte warm und man kann auch noch eine Jacke oder einen Mantel darüber ziehen, falls es nötig ist.

Tine ist keine Westenfrau. Sie hat aber ihren Beutel bei sich und nun kramt sie darin. Ihr Blick hebt sich, trifft auf meinen und unwillkürlich hebe ich die Hand. Tine sieht kurz verwirrt aus, dann zieht sie die Hand aus der Tasche, presst diese an sich und winkt mir ebenfalls. Die Gruppe der Westenfrauen blickt zu mir, als wären sie ein Schwarm Krähen, die eine Beute erspähen. Aber Tine sagt etwas und alle trinken plötzlich Kaffee oder löffeln in ihrem Eis.

Aha. Also bin ich doch als Tellerschieberin sozial abgeschossen. Ich bin jetzt tatsächlich sauer. Als mir eines der Kinder vor den Tellerwagen rennt, raste ich fast aus, schlucke dann aber meinen Kommentar herunter und denke mir meinen Teil. Meine Laune sinkt allerdings auf den Tiefpunkt.

»Die kommen jeden Tag«, sagt Lady Madonna. »Irgendwas machen die hier. Aber ich sag nix.« Kaugummikauend schiebt sie ihren Tablettwagen weiter. Ich auch, aber in die andere Richtung.

Einige Teller später läuft mir auch noch die Schmidt-Haufärber über den Weg. Ohne Justin. Sie setzt sich tatsächlich und nippt immer wieder an ihrem Latte. Irgendwie verhält sie sich seltsam. Macht die Fotos vom Food Court? Sofort denke ich, es ist wegen mir. Weil ich die Tische nicht ordentlich abgewischt habe, oder so. Aber das kann nicht sein. Dennoch sinkt meine Laune noch ein Stück ins quasi Bodenlose und ich war selten so froh, am Feierabend meine Schürze abgeben zu können.

Black Lady Madonna hat meine Hochachtung.

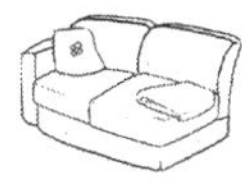

»Sozialdünkel«, sage ich abends. Björn grunzt nur, als ich ihm vom heutigen Tag erzähle.

»Wenn dir das schon was ausgemacht hat, dann weiß ich nicht, ob du wirklich mit zur Feier morgen kommen solltest.«

Ich werfe mich in Pose. »Kommt nicht in Frage, dass ich kneife!«

»Das wird schlimm.« Sein Blick ist bis jetzt starr auf den Bildschirm gerichtet, aber nun sieht er mich an. »Ich hab noch 'ne schlechte Nachricht.«

»Sie haben dich doch enterbt?« Heute war ja der Termin beim Notar. Björn ist jetzt wohl eine richtig gute Partie.

»Quatsch. Aber Mama hat Silke eingeladen.«

Ich bin kurz fassungslos. Dann merke ich, wie ich innerlich schrumpfe, und werde wütend. Kommt nicht in Frage, dass ich mich klein mache! Es ist mir doch völlig egal ... nein, das ist es mir leider nicht. Ich dachte bisher, ich gehe halt hin, um mir alles anzugucken und hinterher mit Björn fett abzulästern, aber Silke ändert alles. Plötzlich ist es wie ein mittelalterliches Turnier und sie ist der böse schwarze Ritter. Ich habe zwar das Taschentüchlein des Prinzen an der Lanze, aber der hat ja nun auf den Thron verzichtet und was soll man davon halten? Die Menge freut sich über das Drama und riecht schon Blut und Tränen.

Gott bin ich theatralisch.

»Ich werde es überleben«, sage ich. »Weißt du denn mehr darüber, was mit deiner Mutter ist?«

Björn schüttelt den Kopf. »Ich hab versucht, Papa auszuhorchen, aber er stellt sich dumm. Immer ein Zeichen dafür, dass Mama ihm verboten hat, auch nur ein Sterbenswort zu verraten.«

»Hast du irgendeinen Verdacht?«

»Sie hat beim Brunch plötzlich eine Tablette genommen. Ich habe es gesehen, obwohl sie echt versucht hat, es zu verbergen. Vielleicht ist sie krank.«

»Ah, und das Gerede über die Krankheiten deines Vaters war Ablenkung?«

»Ja. Papa hatte immer mal Zipperlein, aber er war halt auch ein heißer Hecht in seiner Jugend. Der hat nix ausgelassen, was ihm seine Gelenke bis heute übelnehmen. Klettern. Tennis, Wasserski, Schneeski ...«

Wir lachen ein bisschen zu viel über diesen schwachen Witz.

»Aber was könnte sie haben?«, frage ich dann. Ich will zumindest Neugier – äh Interesse heucheln.

»Ich weiß es wirklich nicht. Mutter war immer gesund wie ein Pferd.«

»Pferde sind gar nicht so gesund. Ich habe Freundinnen, die geben einen Mittelklassewagen im Jahr für Tierärzte aus.«

»Ja, das stimmt. Ich kann mich nur einfach nicht mit dem Gedanken anfreunden, dass meine Mutter irgendwie krank wäre. Das ist undenkbar.«

Ich nicke. »Ich wäre vermutlich die Letzte, die erfahren würde, wenn meinen Eltern irgendwas passiert. Ich könnte mir vorstellen, dass ich eines Tages nach Hause komme und meine Mutter nur zum Kaminsims nickt. *Ja, dort ist dein Vater, es ging ganz schnell. Wir wollten dir keine Umstände machen.*«

Björn sucht nach den Resten des Brunches. Wir haben immer noch kleine Schachteln und Plastikdöschen voller Leckereien. »Meine Mutter würde mir jeden Umstand machen, den sie sich ausdenken kann. Aber krank sein ist nur was für Schwächlinge. Und das ist sie nicht. Eigentlich war meine Mutter die Chefin in der Firma. Aber sie hatte halt nix gelernt.«

»So ist das in Deutschland: Hast du keinen Schein dafür, kannst du es nicht.«

Wir starren eine Weile auf die Serie, die wir gerade gucken, und mampfen. Ich bin irgendwie raus. Björn guckt so was gerne, aber ich kann mit diesen epischen Sci-Fi-Dramen nix anfangen. Die Haupdarsteller sind immer kaputte Typen, die dennoch die hübsche Frau abbekommen und natürlich den Fall lösen. Denn letztlich sind es auch nur Krimis. Ob man nun im All oder in Midsomer herausbekommen muss, wer gegen wen und warum und wer letztlich ein paar abgemurkst hat ... gut, bei Sci-Fi-Schlachten sind es schon ein paar mehr als beim guten alten Barnaby, obwohl Midsomer inzwischen eigentlich auch bevölkerungsleer sein sollte.

Zum Vergleich:

Sci-Fi Drama: »Wir müssen die Xtrmixtes präventiv angreifen«, sagt der echsenartige Alien zu dem gestressten Raumschiffkommandanten.

Barnaby: »Du befragst Lady Thopplewor th und ich gehe ins Pub, den Besitzer befragen.«

Ergebnis: Die Xtrmixtes werden ausgelöscht und Lady Thopplewor th wirft den Sergeant hochkant raus. Sie redet nur mit Barnaby persönlich, und zwar mit der Rosenschere im Wintergarten.

Aber: Es kommt heraus, dass die Xtrmixtes die Guten waren und sich nun die bösen Frolp`phtiten freuen, weil sie einen Gegner weniger haben. Das bevölkerte All wir von der sprichwörtlichen Scheiße aus dem Ventilator beworfen. Beim Barnaby weicht die alte Kratzbürste bei der Begegnung mit dem Kommissar auf und lässt durchblicken, dass ihr Neffe nicht im Cottage geschlafen hat, sondern mit dem *Bentley* bei seiner Mätresse war. Somit ist er raus und die Schwiegertochter hat ein neues Motiv.

Während nun im Sci-Fi-Drama zig weitere Fraktionen auftauchen, dünnt es sich im britischen Hinterland mit jeder Minute weiter aus. Ab etwa der Hälfte der Sendezeit geschehen nochmal 2-4 Morde, dann können die Gesetzeshüter den letzten gerade so verhindern. Während der steingesichtige Kommissar anfangs nur ein paar gewählte Worte brauchte, breitet sein Nachfolger im Endgame ein reichhaltiges psychologisches Psychogramm aus. Und am Ende ist wieder alles Friede, Freude, Weißwein oder Ale. Jeder britische Krimi endet mit einem lustigen Familienmoment. Das unterscheidet sie ja auch dramatisch von den Schweden-Krimis, wo am Ende immer noch alle depressiv sind und kurz vor dem Selbstmord stehen. Nur gut, dass sie zum nächsten Mord aber immer noch leben.

»Das wird schon klappen«, sage ich während einer langen Szene eines Weltraumkampfes. Sirr, summ, zisch, krach, ... gähn. Ich hole dann meistens Chips. Kein Wunder, dass ich zugelegt habe.

»Was?« Björn hat offenbar an etwas anderes gedacht.

»Ich werde Silke einfach ignorieren.«

Er lacht freudlos. »Du bist ja süß. Als ob sie dich ignorieren würde.«

»Ich sag´s ja.«

»Was?«

»Sozialdünkel ...«

Der Tag fängt *eigentlich* super an. Björn sieht gut aus, riecht wunderbar, die Vöglein singen und meine Leinenhose passt trotz Brunch-Leckereien noch. Auch wenn ich beim Büfett nicht wieder so zuschlagen sollte. Aber: *Noblesse oblige* ... oder so?

Ich sage *eigentlich*, denn Björn ist natürlich alles andere als gelassen. Er hat keinen Bock.

»Ich hab keinen Bock«, sagt er.

»Das ist offensichtlich. Wenn ich eine hätte, würde ich dir 'ne Valium geben.«

»Die würde vermutlich nichts nutzen.«

Wir stehen dann nicht lange später vor dem Restaurant, in dem die Feier stattfinden soll. Es war eine lange Fahrt, denn die Eltern haben tatsächlich so etwas wie einen Bauernhof gemietet. Es ist ein wunderbarer Ziegelbau, sauber auch unterm Blumenkübel und dekoriert mit Pferden, Hunden und Hasen. Ein Partybauernhof. Später erfahre ich, dass man auch im Heuboden übernachten kann und in dem anderen Gebäude Pferdefreizeiten stattfinden. Unsere Feier findet im Hinterhof statt, super rustikal unter einem Scheunendach. Die Tische sind Fässer, das Buffet steht auf rohen Planken und es gibt auch eine lange, geschmückte Tafel. Die Sonne scheint, aber nicht zu hell, und Bedienstete laufen auch schon mit Sonnenschirmen hin und her, um alles besonders gemütlich zu machen. Denn: Reiche mögen Sonne nur entweder auf ihrer Yacht oder im Solarium. Oder aufgesprüht. Künstliche Bräune macht keinen Hautkrebs oder unschöne Falten.

Eine große dunkelhaarige Frau kommt auf uns zu, sie hat ihre Haare in einer Art Dutt, der so akkurat ist, dass ich fast vermute, es wäre ein künstlicher zum Aufstecken. Aber dann wieder ist da eine Winzigkeit Verspieltheit in Form einzelner Strähnen, die braun geringelt im Wind wehen.

»Iris«, ruft Björn. Er will seine Schwester in den Arm nehmen, aber diese knufft ihn erst einmal an den Bizeps, dreht sich dann einmal im Kreis und ruft: »Du hast mich erkannt?«

»Sicher.« Er nimmt sie jetzt doch in den Arm und ganz kurz lässt sie es sich gefallen, dann hakt sie sich bei ihm ein und ruft: »Das muss Mia sein, oder? Brüderchen, die ist ja ganz bezaubernd! Fabulös, dass du da bist!« Sie lässt Björn jetzt los und reißt mich an sich, um mir zwei Luftküsse auf die Wangen zu herzen. Sie riecht nach etwas sündhaft teurem, welches irgendwie an verbotene Gärten in Südfrankreich denken lässt.

Ich mag sie. Aber nur, weil Björn gesagt hat, dass sie nett ist. Ansonsten würde ich sie hassen. Nichts an ihr ist falsch. Jede ihrer Posen und Ausdrücke, das gesamte Outfit und die Frisur würde zig Likes auf Instagram bekommen . Man könnte sie auf Litfaßsäulen platzieren und ein 50 Meter hohes Gewebe mit ihr bedrucken, damit sie von einem Hochhaus lächelt – alle würden sie lieben. Puh ...

»Es ist schon ein bisschen cringe, dass Mutter Silke eingeladen hat«, sagt sie nun. »Ich entschuldige mich schon mal im Voraus für alle unschönen Momente.«

»Du mochtest Silke«, sagt Björn.

»Naja, sie hat schon einiges Gutes bei dir bewirkt? Und was gab es an ihr nicht zu mögen?«

»Genau. Sie ist durch und durch amerikanisch und das schätzt du ja inzwischen.«

»Bruderbjörni, ich bin mir der schlechten Eigenschaften der Amis durchaus bewusst. Aber ein bisschen Competition tut dir sicher gut.«

»Nein, danke. Es reicht, wenn du das gut findest. Aber, Iris, warte mal, bevor du dich wieder ins Getümmel schmeißt: Was ist mit Mutter?«

Iris zögerte einen Moment zu lange und dann war da dieser Seitenblick zu mir. »Nichts? Was soll schon sein?«

Björn wartet, aber Iris sieht jemanden und eilt davon.

»Sie weiß etwas«, sage ich.

»Klar weiß sie was. Ach, da ist Silke.« Seine Miene verfinstert sich.

Silke begrüßt Björn mit zwei Luftküsschen. »Du hast zugelegt, mein Lieber«, sagt sie locker. Sie hat ebenfalls Leinen an, aber ihr natürlich weißes (Profis tragen Weiß, Anfänger wie ich Schwarz) Kleid fällt so, wie so etwas eben fallen soll – wie es auf den Anzeigen der Kleidungsgeschäfte aussieht.

»Hallo, Mira«, begrüßt sie mich. »Schön, dass du auch noch da bist.«

Oh, wow, mindestens zwei Beschimpfungen in einem Satz! Soll ich sie berichtigen? Ach nein. Aber: MIRA? Und ja, ich bin AUCH da! Immer NOCH! Also waren es drei Beschimpfungen.

»MIA, lass uns mal ein Getränk holen«, sagt Björn dann aber betont. Er möchte mich wegführen. Silke gibt allerdings nicht so schnell auf.

»Mia, stimmt! Ja, ich bin mir bewusst, dass das eine unangenehme Situation ist mit euch beiden.«

»Nicht mit uns, Silke. Mit dir«, sagt Björn. »Wenn du ein bisschen Anstand hättest, wärst du nicht gekommen.«

Silke reckt das Kinn hoch, dann zittert ihre Lippe. »Ich dachte, es wäre eine gute Gelegenheit, damit wir uns nochmal aussprechen können.«

»Spinnst du?«

»Ich habe viel Zeit gehabt und viel nachgedacht. Meine Therapeutin sagt ...«

»Silke, ich will jetzt mal unhöflich sein«, sagt mein lieber Teddybär Björn. Ich komme mir vor wie im Showdown eines Westerns: *Es kann nur eine geben!* »Mich interessiert es nicht, was deine Therapeutin sagt. Die Zeit ist vorbei. Wir sind jetzt schon lange getrennt und da führt kein Weg zurück. Für mich gibt es nichts, was auszusprechen wäre. Und wenn du etwas hast, dann hast du ja deine Therapeutin. Mein kostenloser Rat ist: Such dir einen neuen Kerl.«

Damit wendet er sich ab und geht. Ich gucke Silke kurz an, lächle und folgc ihm dann.

»Das war schon hart«, sage ich, als wir ein Glas irgendeines Aperitif-Kultgetränkes in der Hand haben. Wir stehen abseits vom Gewimmel. Björn muss ab und zu nicken, wenn Menschen ihn begrüßen. Aber mehr macht er kaum. Manche bekommen ein »Ach, hallo!«, aber keiner scheint ihm mehr wert.

»Die hat doch den Schuss nicht gehört«, sagt er leise. Er lächelt nicht, aber es soll schon keiner merken, dass er geladen ist. »Ehrlich! Kommt die nach über einem Jahr an und will sich aussprechen. Spinnt die? Und Aussprechen heißt bei ihr sowieso nur: Sie redet und ich höre zu. Nee. Sicher nicht. Und guck mal, wie sie auf lieb Kind macht bei meiner Mutter ... die will mich doch nur wiederhaben, weil sie weiß, dass ich Geld bekommen habe. Allerdings hätte sie das Angebot meiner Eltern nicht so hingenommen und sicher noch was rausholen wollen ...«

»Björn!«, rufe ich.

»Was?« Er ist derart mit schimpfen beschäftigt, dass er richtig zusammenzuckt.

»Was machen die da?«

»Wer?«

»Deine Mutter und Silke?«

»Was meinst du?«

Silke hat so eine winzige Handtasche, die noch nicht mal einen Umhängegurt hat. Daraus hat sie etwas gekramt und drückt es Regina in die Hand. Beide tun das sehr schnell und unauffällig. Hätten wir nicht zufällig hingeschaut, wäre es uns entgangen.

»Verdammt«, sagt Björn.

»Jetzt weiß ich!«, sagen wir beide gleichzeitig.

»Was weißt du denn?«, fragt er.

»Was Tine macht!«, sage ich.

»Wer ist denn Tine?«

»Eine aus der Mall. Das ist sicher der Grund, warum ich aufmerksam sein soll! Aber was weißt du denn?«

»Dass Mama wieder Pillen schluckt.«

»Genau!«, rufe ich.

»Kein Grund zur Freude.«

»Nein, sicher nicht, tut mir leid. Aber Björn, ich habe das heimliche Kramen und hastige Übergeben erkannt ... Tine handelt damit ... in der Mall. Jeden Tag!«

Jetzt habe ich Björns komplette Aufmerksamkeit. »Und du kennst die?«

Ich nicke. »Ich hab dir von ihr erzählt. Die Nette. Nicht die andere.«

»Ok, erzähl mir das später nochmal eins nach dem anderen. Nachdem ich mit Papa geredet habe.«

»Ja, das hat bis morgen Zeit. Ich muss jetzt mal diese Platten dahinten inspizieren.«

Ich lasse Björn zu seinem Vater gehen und nehme mir einen Teller, um möglichst viele der winzigen Köstlichkeiten zu probieren. Scheiß auf die Linie! Ich bin Sherlock Mia! Ich hab mir das verdient!

»Gut, dass ich dich mal allein erwische«, sagt es über meine Schulter. Silke. Die hat Nerven.

»Du hast Nerven«, sage ich.

»Wir haben doch kein Problem miteinander, oder?«

»Nicht?«

»Ich bin dir nicht böse.« Das bedeutet, dass sie mir doch böse ist. »Ich will nur mal Klarheit.«

»Was ist dir denn unklar?«

»Du hast Björn doch kennengelernt, als wir noch zusammen waren, oder?«

»Ja.« Tatsachen sind Tatsachen.

»Und ist da was gelaufen?«

»Wann?«

»Als ihr euch kennengelernt habt?«

»Klar. Wir haben uns kennengelernt. Diese Miniquiches sind der Hammer.«

Sie guckt mich böse an. »Du weißt, was ich meine.«

»Ja.« Tatsachen, gell?

»Also?«

»Was? Ich kann auch die Gurkensandwiches empfehlen.«

»Hattet ihr was miteinander, während Björn und ich noch zusammen waren?«

»Silke, erstens: Frag das doch bitte Björn. Und zweitens: Würde es irgendwas ändern? Und drittens: Glaubst du, ich sollte auch den Eiersalat probieren oder was wird es später noch geben? Du bist doch noch so eng mit Regina, du weißt doch sicher mehr über den Ablauf des Tages als ich.«

Silke sieht mich kurz sprachlos an. »Du bist ja eine«, sagt sie dann laut. Als ob ihr gerade etwas klar geworden wäre, aber niemand in der Umgebung hört ihr zu. Sie vergewissert sich tatsächlich, ob jemand da wäre, mit dem sie lang und breit über mich diskutieren kann, aber nein, alle sind mit sich, ihrer Kleingruppe oder Essen und Trinken beschäftigt.

»Ja, bin ich«, sage ich zufrieden, obwohl ich mir nicht sicher bin, was für eine ich bin. Aber das macht gerade nichts. »Ich glaub, jeder ist irgendwie jemand. Das war mein heutiger Beitrag zur Philosophie. Aber ich kann dann annehmen, dass du nichts über die weitere Speisenfolge weißt?«

»Lass Mia in Ruhe«, sagte Björn, der offenbar mit seinem Vater fertig ist. »Silke, wenn ich dir nachweisen könnte, dass du meiner Mutter wieder Pillen gegeben hast, würde ich nicht zögern und dich handgreiflich rauswerfen. Aber da ich nur den Verdacht habe, rate ich dir dringend, dich schnell höflich vom Acker zu machen, oder ich erzähle meinen Eltern mal ein paar der unschönen Dinge, die du im Laufe der Zeit über sie gesagt hast.«

Silke braucht nur ein paar Sekunden, um sich an diese Dinge zu erinnern. Dann runzelt sie die Stirn und bekommt einen unschönen harten Zug um den Mund. »Ja, dann werd halt glücklich mit deiner Kuh.« Sie geht tatsächlich, ohne sich zu verabschieden.

»Ist Silke gegangen?«, fragt Iris später irritiert.

Björn nickt. »Gegangen worden. Ich denke, auf Nimmerwiedersehen. Iris, Mutter nimmt wieder Pillen und du weißt das.«

Iris sieht mich an. »Mia kann das ruhig wissen«, sagt Björn. »Raus mit der Sprache.«

»Verdammt, was soll ich machen? Sie kommt mit dem Älterwerden nicht klar. Sie hat einen Schatten auf der Brust und will nicht zum Arzt. Es geht ihr nicht gut und Papa ist keine Hilfe. Was meinst du, warum ich hier bin? Ich hatte ein schönes Leben drüben.«

»Und warum sagt mir keiner was?«

Iris zeigt ihre Zähne in einem freudlosen Grinsen. »Weil du halt der kleine Bub bist. Mach dir nix draus. Ich regel das schon.«

»Manchmal möchte ich euch alle verhauen«, sagt Björn. »Wieso soll ich jetzt wieder ausgeschlossen werden? Nix da. Nach dieser Feier will ich ein Familientreffen. Und dann wird mal Tacheles geredet. Ich hab da viel zu lange den Vogel-Strauß gemacht.«

Iris nickt. »Gut. Machen wir das so. Ist mir auch recht.«

Heute ist der Tag der Tage. Björn hat meine Beobachtungen an die Vorgesetzten weitergegeben und ich habe auch ein Protokoll ausgefüllt. Heute wird zugegriffen! Und ich darf im Zentrum der Macht agieren: Endlich gehört mir das Eiscafé! Natürlich werde ich nicht als Bedienung dort sein, aber hinter dem Tresen. Und das ist auch gut so.

Ich denke mir nämlich: Wenn es zu einer Schießerei kommt, dann bin ich hinter dem Eis und den Torten in Sicherheit. Da ist eine Scheibe davor und Buttercreme ist doch sicher eine gute Panzerung, oder? Ja, ich weiß, ich bin dramatisch. Aber es ist so aufregend! Nachdem ich nämlich das Protokoll aufgesetzt hatte, wurde ich nochmal angerufen. Ich solle quasi nochmal aussagen. Richtig bei der Polizei! Und da ist etwas sehr, sehr Überraschendes geschehen!

Sicher erwartet man auf einer Polizeiwache Uniformierte. So blau, mehr oder weniger schick und passend. So sehen Polizisten aus. So sollen die auch aussehen. Also die richtigen. Dann gibt es noch die Kommissare, die sind in Zivil. Weiß man ja aus dem Tatort. Manche latschen da mit Trenchcoat durch, der Schimmi in Jeansjacke und seit einiger Zeit sind die auch alle so neurotisch wie die Schweden-Ermittler. In dem Verhörraum – der übrigens überhaupt nicht aussah wie in den Fernsehserien immer, sondern eigentlich ganz nett, wenn auch so, wie man es sich in der ehemaligen DDR immer vorgestellt hat – war zunächst ein Kommissar von der Drogeneinheit bei mir und dann sollte nochmal ein Sonderermittler kommen.

Ich schlürfe meinen Plastikbecherkaffee (was muss, das muss, oder? Verhöre ohne Getränke sind keine) und war extrem überrascht, als Frau Schmidt-Haufärber den Raum betrat!

»Ach, sind Sie auch zur Aussage hier?«, frage ich.

»Nein, ich bin die Sonderermittlerin«, sagt die doch tatsächlich.

Mir wäre fast der dünne Becher aus der Hand gefallen. Die ist Polizistin? Und nun versteht ihr, warum ich über Uniformen sprach! Irgendwie kann ich meinen Kopf nicht drumherum schrauben, dass die nervigste Person des Einkaufszentrums jetzt plötzlich hier sitzt und meine Ansprechpartnerin ist! Ja, es gibt welche in Zivil, aber Frau Schmidt-Haufärber ... die war doch nicht zivil! Ich bin verwirrt.

»Jetzt ergibt alles Sinn! Ich fand Sie furchtbar unecht!«, platze ich heraus. »So nervig kann eine einzelne Person gar nicht sein!«

Frau Sonderermittlerin grinst. »Nun, ich tat mein Bestes«, sagt sie. »Aber lassen Sie uns mal nicht abschweifen.«

Ich kriege mich mühsam ein und wir rollen alles auf. Die Deals in Clowntown, auf den Gängen, im Food Court ... überall, wo ich Tine *erwischt* habe. Nein, nur beobachtet. Verdammt, ich hätte echt schon früher darauf kommen können! Ich bin so ein Schaf!

Tine vertickt scheinbar sogenannte Upper und Downer. Also Valium und Speed und Konsorten.

»Neuerdings auch Oxi. Das ist von Amerika hierher eingewandert.« Die ehemalige schlimmste Kundin der Welt ist voll professionell!

Ich denke an Iris und blinzle nervös. »Sie hatten doch aber schon einen Verdacht, oder? Also bevor ich ausgesagt habe.«

»Ja, aber Tine war – ist – nicht meine einzige Verdächtige. Ich glaube, dass es in dieser Gruppe mehrere Verteiler gibt. Ich befürchte zudem, wir werden damit nur die Dealer erwischen. Weder Tine noch die anderen sind die, die das Zeug in größeren Mengen beschaffen.«

Ich denke an bullige Russen. Mit schlimmem Akzent und Polyester-Rollkragenpullovern. Und Kunstlederjacken in hellbraun. »Vielleicht kann man sie unter Druck setzen und dann singen die?«

Frau Schmidt ... nein, wie heißt sie denn nun? Sie lacht jedenfalls. »Wir sind hier nicht im Fernsehen. Aber wir gucken mal, was sich mit Ihrer Aussage so machen lässt.«

»Ich? Muss ich Angst haben?« Ich habe sofort Angst.

»Nein. Sie werden bis zum Prozess anonym bleiben. Keine Sorge.«

»Und dann?«

»Schauen wir weiter. Wir regeln das schon. Vertrauen Sie uns.«

Uff. »Ist Justin wirklich Ihr Kind?«

»Nein, das ist der Sohn meiner Schwester.«

»Dachte ich mir. Ich hatte Sie schon im Verdacht, das Kind entführt zu haben.«

Sie lacht. »Ja, der Kleine war zwar willig, aber bekam irgendwann mit, dass es langweiliger ist, als er dachte, und dann wollte er bessere Belohnungen. Außerdem ist er nicht allzu clever.« Das ist ihr so rausgerutscht. Jetzt fängt sie sich und sagt schnell: »Naja, halt so clever, wie man in dem Alter ist, meine ich. Merkt man, dass ich Kinder eigentlich nicht mag?«

»Wie heißen Sie wirklich?«

Sie zeigt mir ihren Ausweis. Frau Wagner. Langweilig ...

Jetzt widerstehe ich also der Versuchung, ständig eine der Eissorten zu probieren, in die Schokostreusel zu greifen oder mich an den Nüssen gütlich zu tun. Ich esse, wenn ich nervös bin. Es kann doch nicht sein, dass Tine ausgerechnet heute nicht kommt, oder?

Wo sind die Russen? Keiner passt hier in mein Schema. Obwohl, das Ehepaar da drüben, die sehen verdachtig aus! Ach, nein, das sind die Vorreiters aus dem Reisebüro.

Vor lauter gucken nach Tine übersehe ich glatt, dass meine Lieblingskunden da sind.

»Ach guck mal, Udo«, sagt Harry. »Da ist ja unsere Lieblingsverkäuferin.«

»Sie ist doch keine Verkäuferin«, sagt Udo. »Sie will mal Lehrerin werden, die arme Verblendete.«

Ich muss lachen und das ist wunderbar. »Eis oder Kuchen?«

»Erst Kaffee und Kuchen, dann ein Eis auffe Hand«, sagte Udo.

»Das Kino fällt heute aus.« Harry sieht mürrisch aus.

»Warum?«

Harry stöhnt. »Ich gucke keine Zeichentrickfilme.«

»Die sind aber gut geworden!«

»Die sind für Kinder.«

»Unsinn. Die haben neuerdings so viele Anspielungen, die man nur als Erwachsener versteht. Die ganzen Popkulturreferenzen …«

»Zeichentrick ist für Kinder.« Harry ist stur.

»Er denkt auch, Comics wären nur für Kinder«, sagt Udo ein bisschen genervt.

»Welcher Kuchen soll es denn sein?«, frage ich jetzt endlich.

»Nuss für mich und die Zitronenrolle für Udo.«

»Glaub mir, der würde dir gefallen!«, sagt Udo. Er ist hartnäckig.

»Woher willst du das denn wissen? Hast du ihn schon gesehen?«

»Ich hab mir die Vorschauen auf *YouTube* angeschaut. Ich bin drauf und dran, allein reinzugehen.«

Ich gucke hoch und sehe Tine. Vor Schreck fällt mir die Zitronenrolle in die Auslage. Ich gebe einen kleinen jammernden Ton von mir.

»Was ist denn, meine Liebe?«, fragt Udo.

»Äh, nichts, aber …« Ich fische den Kuchen aus dem Eis und sehe Udo an. Er weiß sofort, was mir durch den Kopf geht.

»Was war das denn für eine Sorte Eis?«

»Mandarine-Joghurt«, sagt Harry. »Das magst du. Tun Sie das ruhig auf den Teller.«

Ich schaue zu meinen Mittortenverkäufern. Gino und Sophia nicken. Sie sind eingeweiht und wissen, dass ich nervös bin. Also bugsiere ich schnell die Rolle auf den Teller und sage: »Gehen Sie schon mal zu DIESEM Tisch, bitte.« Ich zeige auf einen, der weit weg vom Geschehen ist.

»Was? Nein, sicher nicht, Liebes. Wir wollen jeden sehen. Das ist doch die Hauptsache, warum wir hier sind.« Harry grinst und Udo grinst.

»Nein, nein«, sage ich. Ich gucke hektisch in Richtung Tine und sie sieht mich und winkt. Mist! Was mache ich? Ich habe keine Kontrolle über mich und winke zurück. »Ihr solltet euch unbedingt da drüben hinsetzen«, sage ich aus meinem Mundwinkel.

»Deine Lieblingslehramtsstudentin ist heute seltsam«, sagt Harry.

»Vielleicht gibt es einen Grund«, sagt Udo.

Ich nicke dankbar und lege Udo drei der kleinen steinharten Kekse auf den Kaffeeunterteller. Da ich dann aber zittere, als ich die Kaffees an den Tisch bringe, werden sie nass und durchweicht.

»Was ist denn los?«, fragt Udo einfühlsam.

»Es wird vielleicht gleich was passieren ...«

»Was?«, sagt Harry. »Hier passiert doch nie was.«

»Doch doch«, sage ich. »Ganz viel. Man muss nur genau hinschauen.«

Udo sieht mich an, eine Gabel auf dem Weg zum Mund und die andere Hand tätschelt meine, die sich aus irgendwelchen Gründen am Tisch festhält. Irgendwas in mir bricht und ich erzähle ihnen stockend und wirr alles, was ich mir zurechtfantasiere.

Die beiden ehemaligen Lehrer hören mir zu und dabei auf zu essen. Es tut so gut. Ich sehe jetzt auch Björn, der natürlich ebenfalls Dienst hat und mit einem seiner Kollegen gerade hier patrouilliert. Ich gestikuliere ihm, aber er schüttelt nur unmerklich den Kopf. Verdammt, eigentlich hat er mir versprochen, dass er heute nicht hier in den Gängen rumlaufen muss! Ich bin den Tränen nahe, denn er soll doch nicht im Schusswechsel stehen! Dafür wird er nicht bezahlt und ich liebe ihn wirklich sehr, zu sehr, um ihn jetzt zu verlieren!

Ich laufe los. »Björn ...«

»Malte, können wir mal kurz allein reden?«, fragt Björn seinen Kollegen. Malte hat eine neue Frisur. Er will vermutlich aussehen wie einer, der aus einem amerikanischen Film entsprungen ist. Diese Art Film, die in Militärkreisen spielt. Haare an den Seiten raspelkurz, oben auch nur fingerlang, aber stachelig aufgestellt. Wenn Malte in den Spiegel sieht, dann steht ihm eine echte Kante gegenüber, Schultern und Nacken stierbreit. Fehlen nur die Hörner. Aber in Wirklichkeit ist er immernoch schwabbelig und stinkt nach *AXE-Wenn Sie die Kontrolle über ihr Leben haben und die Chicks das wissen sollen*. Er hat seine Daumen im Gürtel eingehakt und nickt. »Klar können wir reden, Björn-Schatz.«

»Was ist?«, fragt Björn leise, nachdem er Maltes blöden Witz weggelächelt und ignoriert hat.

»Heute ist doch die Razzia«, sage ich. »Du sollst nicht hier sein.«

»Aber du?«, fragt Björn. »Wenn du hier bist, bin ich das auch.« Er ist ein Held! Furchtbar!

»Ich ...« Ich sehe Frau Wagner, die mir ungeduldig gestikuliert, dass ich zurück an meinen Arbeitsplatz gehen soll.

»Geh hier weg!«, sage ich noch schnell zu Björn. »Oder misch dich nicht ein.«

Ich laufe möglichst entspannt in Richtung Harry und Udo, die mich auch schon erwarten. Ich tue so, als würde ich eine Bestellung aufnehmen.

»Ich hab Angst«, sage ich.

»Da wird nichts passieren«, sagte Harry. »Wir sind hier nicht in Amerika oder Frankfurt.«

»Wie kommst du denn jetzt auf Frankfurt?«, fragt Udo. »Aber ich glaube auch, dass nichts passieren wird. Niemand hier außer der Polizei hat eine Waffe.«

»Was machen die da?«, frage ich entsetzt. Ich sehe Björn seinem Kollegen folgen, der nun entschlossen auf die Gruppe rund um Tine zusteuert. Es sieht so aus, als würde Björn seinen Kollegen aufhalten wollen, aber dieser schüttelt ihn ab wie eine Fliege. Zu meiner Begeisterung bleibt mein Schatz aber wie ein Terrier an den Fersen des deutlich größeren Mannes und dieser dreht sich plötzlich zu ihm um. Das Gesicht knallrot, die Fäuste geballt. Es scheint fast, als wolle der Kerl Björn eine reinhauen!

»Da ist was im Argen«, sagt Udo.

Björn argumentiert heftig. Die Fäuste des anderen heben sich und ich habe jetzt mehr Angst um meinen Freund als vorher! Was ist da los? Aber dann gibt es einen anderen Tumult.

»Zugriff!«, ruft Frau Schmidt- ... Wagner und rasch wird die Gruppe rund um Tine von Polizisten, die aus allen Himmelsrichtungen auftauchen, gesprengt.

»Ich verhafte Sie wegen des illegalen Handels von Betäubungsmitteln und Arzneien«, sagt Frau Wagner streng und fasst Tine am Arm.

»Was?«, will diese sich wehren. Die Frauen rund um sie herum versuchen noch wie eine Schar Spatzen, schnell vor der Katze zu fliehen, aber die Polizisten sind überall. Björn versucht inzwischen handgreiflich, Malte festzuhalten. Dieser schüttelt meinen Freund ab wie ein Bär den Jagdhund (Ich habe das Gefühl, die große Kreuzung der Mall ist heute voller Tiere)!

Was auch immer Malte jetzt vorhat – es scheint fast, als wolle er flüchten –, wird von unerwarteter Seite her vereitelt. Unbeeindruckt vom Tumult, vermutlich aufgrund von massiver Lautstärke auf den Kopfhörern und dem parallelen Versuch eines Videobeweises, dass sie gleichzeitig laufen und sprechen kann, prallt Neene nun gegen Malte. 100% Kaschmir-Glamour trifft auf 100% Eiweißdrinkmuskelschwabbel.

»Alter!«, kreischt sie undamenhaft. »Pass doch auf!«

Malte hat Reflexe. Und die sagen ihm: So ein Geschöpf muss beschützt werden. Im Film gäbe es jetzt eine Zeitlupe und anhand der Musik würde der Zuschauer wissen, dass sich hier zwei Menschen für immer gefunden haben. Sie zögern beide, kosten den Moment aus, nicht ahnend, dass es nicht der Beginn einer Romanze sein wird, sondern der Untergang eines Kleinkriminellen. Ich möchte nicht darüber nachdenken, ob Neene Malte später Videos und Selfies in Unterwäsche in die Haftanstalt schickt. Mein einziger Gedanke gilt Björn, der jetzt seinen Kollegen in einen lupenreinen Polizeigriff nimmt.

Malte wehrt sich nicht mehr. Neenes Gesicht wird erst blank, dann versteht sie langsam, dass es nichts wird mit der Neuauflage von *Bodyguard*, mit ihr und Malte in der Hauptrolle. Sie vergisst kurzzeitig sogar zu filmen. Natürlich lief die Aufnahme weiter und sie wird später viel wackeligen Boden und verwischte Personenaufnahmen posten. Ihr *Alter! Pass doch auf!* wird sie kurzzeitig zum TikTok-Star machen, weil viele den Vorfall in der Mall durch die darauffolgende Berichterstattung in Zeitung und Radio nachverfolgen.

Neene bekommt sogar einen Plattenvertrag und ihre Single *Alter! Pass doch auf!* schafft es ins Radio. Es gibt dann noch eine Danceversion davon und eine mit den Schlümpfen. Auf Ballermann-Partys wird es ein beliebter Beginn für Tanzflächenrandale.

Das ist mir aber im Moment erstens nicht bewusst und zweitens total schnurz. Ich sehe nur das Gewusel und denke, dass Björn in Gefahr ist. Ich möchte zu ihm laufen und bemerke, dass Harry und Udo mich festhalten. »Die haben das alles im Griff«, sagt Harry ruhig.

»Endlich passiert hier mal was!«, sagt Udo begeistert. »Wie gut, dass wir heute nicht ins Kino gegangen sind!«

»Siehst du?«, sagt Harry. »Wir müssen doch auf unsere Lieblingsmitarbeiterin aufpassen.

»Danke«, sage ich.

»Jederzeit, Liebes«, sagen beide.

In Windeseile werden alle Verdächtigen abgeführt. Björn ist auch weg. Die normalen Shopper haben fast nichts davon mitbekommen. Es gab keine Schießerei und keine Verletzten. Wahnsinn! Innerhalb von Sekunden ist alles wieder normal!

Wir setzen uns, ich bin fix und fertig. Gino bringt mir einen Kaffee, ich esse die Zitronenrolle und bekomme noch ein Stück Käsesahne. Ich schaffe es aber nur, die Dekomandarine zu essen, als Björn endlich um die Ecke kommt. Ich stehe auf und umarme ihn. Mir doch egal, was alle hier denken!

»Ich hatte solche Angst um dich!«, sage ich.

»Und du meinst, ich nicht um dich? Musstest du hier arbeiten?«

»Ich musste die doch identifizieren ...«

»Das hätte ich auch allein geschafft«, sagte Frau Wagner, die nun dazu gekommen ist. »Aber danke dennoch. Ihre Aussagen müssen nun noch mit anderen abgeglichen werden, aber ich denke, die Beweise, die wir heute vor Ort gefunden haben, reichen aus.«

»Was ist denn nun mit den Hintermännern und Drahtziehern?«

»Wir verdächtigen immer noch einige Händler hier.«

Ich gehe in Gedanken alle durch, aber ...

»Hildchen!«, sagen Björn und ich gleichzeitig.

Frau Wagner guckt verstört. »Sie haben also einen Verdacht?«

Björn räuspert sich und schaut sich um. »Ja. Und mir wird auch gerade etwas anderes klar.«

Es stellt sich heraus, dass Hilde und Malte, der Kollege vom Sicherheitsdienst, die Drahtzieher des Medikamentenhandels sind.

»Darum ist der plötzlich so steil gegangen!«, sage ich.

Björn nickt. »Der wollte Tine warnen.«

»Mensch, die Hilde«, sage ich. »Wer hätte das gedacht?«

»Darum musste Malte auch das eine Mal unbedingt mit ihr reden. Die machen das wohl schon einige Zeit. Ich bin so dämlich, dass ich nichts gemerkt habe.«

»Ich doch auch nicht! Wir haben nur an unsere Schokogelüste gedacht!«

»Was für ein Drama. Ich hab da keinen Bock drauf. Manchmal denkt man vielleicht, das Leben wäre langweilig. Aber dann passiert so was und einem wird klar, dass es eigentlich viel zu aufregend ist. Ich möchte jedenfalls in nächster Zeit etwas weniger Stress haben.« Ich bin ganz still. Mir geht es ja genauso. Aber ich habe jetzt Angst, dass Björn sich einiges anders überlegt. »Ich möchte, dass du so schnell wie möglich hier einziehst, Mia. Und dann studieren wir beide in Ruhe fertig. Kein Zeitarbeiten mehr. Wir lassen das, es ist mir egal, was es kostet.«

Ich bin so erleichtert, ich möchte heulen. Aber ich schlucke nur und sage: »Du willst mich aushalten?«

»Naja, so teuer bist du nicht. Dir reichen ja ein paar Schokoeier.« Er lächelt. »Ja, ich will dich aushalten. Ich habe lange überlegt, was ich mit dem ganzen Geld mache. Ich wollte sogar einiges spenden. Aber ich kann es ja auch an dich spenden. Wenn du es annimmst.«

»Äh. Also, ich nehme kein Geld an! Aber Pizza und Rippchen und Eis und Kuchen und ... Wir sollten da auch noch mit Janne telefonieren«, sage ich.

»Stimmt. Das machen wir jetzt auch gleich.«

Er stellt auf Lautsprecher und es tutet.

»Ach, Björn«, sagt Janne sofort. »Schön, dass du anrufst!«

»Mia hört auch zu. Janne, wir müssen reden.«

»Ja, müssen wir. Wir sollten uns treffen. Ich bin hier und möchte einiges Auge in Auge bereden.«

Björn und ich sehen uns an. Dann lächeln wir. »Prima. Umso besser«, sage ich.

Ich erkenne den Bus kaum wieder.

»Wow, sogar die Sitze sind neu!« Auf dem glatten grünen Leder lässt sich super herumrutschen.

»Ja. Fast alles an dem Ding ist neu«, sagt Janne. Sie hat abgenommen. Nicht so viel, dass man sie nicht mehr erkennt, aber genug, dass sie irgendwie fremd aussieht. Ihre Haare springen aber immer noch lebendig aus dem Knoten, den sie mit einem Schal auf dem Kopf gebunden hat. Ihre Kleidung ist immer noch bunt, leckere Dinge stehen auf einem Tisch vor dem Bus, eine Lampionkette leuchtet – dennoch habe ich ein seltsames Gefühl.

»Gute Arbeit«, lobt Björn, nachdem er alles begutachtet hat. »Jedenfalls nach meinem Ermessen. Ich habe nicht viel Ahnung, das weiß ich.«

»Ja, er ist tipptopp.« Janne macht eine seltsame Pause. »Ich habe mit Silke gesprochen.«

»Die hat es gewagt, dich anzurufen?«

»Ja, hat sie. Ich hab sie aber abblitzen lassen. Sie meinte, mich mit billigen Tricks hinters Licht führen zu können. Du hättest ‚Ja' gesagt, dass sie den Bus doch noch bekommt und so was.«

»Ich könnte sie erwürgen.« Björn mag sich kaum setzen. Er geht ein paar Schritte und kickt dann gegen einen der riesigen Reifen.

»Ich bin ja nicht drauf reingefallen. Du hättest mich nie so verraten.« Janne macht ein Bier auf und winkt Björn zu sich heran. »Los, setzt euch. Ich hab was zu erzählen.«

Ich möchte mich am liebsten auf Björns Schoß setzen, aber das kommt nicht in Frage. »Janne, wir ...«, sage ich.

»Lass mich zuerst, bitte.«

Ich sehe Björn an, der nickt und so hören wir zu.

»Also ... das fällt mir ein bisschen schwer«, beginnt Janne. Ich nehme schon mal vorsorglich in jede Hand eine der knusprigen Stangen, die sie vermutlich selbst gebacken hat. Sie sind buttrig und kräuterig und haben einen Hauch Urlaub. Magie. Jannes Magie.

»Ich bin ja mit dem Vorsatz hier weggefahren, den Bus reisetauglich zu machen. Ich wollte Spezialreisen anbieten. Aber egal, welches Fach ich recherchierte, alles schien mir entweder zu ausgelutscht oder zu exotisch. Ich wollte mich aber nicht in etwas einarbeiten, um dann Menschen zu fahren, die sich noch besser damit auskennen. Ich wollte Menschen glücklich machen. Aber ich war selbst nicht glücklich. Du weißt das, Mia.« Ich nicke und will was sagen, aber Janne winkt ab.

»Also dachte ich, ich muss herausfinden, was mich glücklich macht, alles andere würde sich dann schon ergeben. So kam es dann auch. Der Mann, der meinen Bus reparierte, heißt Moses. Und Moses ist mir wichtiger geworden, als ich gedacht hätte. Ich dachte ehrlich, ich wäre nicht liebenswert genug und es wäre auch kein Platz in meinem Leben für einen Moses.« Sie kichert ein wenig. *Wie ein junges Mädchen,* denke ich. »Er ist riesig, müsst ihr wissen. Ein großer Mann. Innen und außen. Da kann man schon mal Angst bekommen. Aber wie sich herausstellte, war da ganz viel Platz für ihn bei mir und für mich bei ihm. Moses hat zwei Hunde und eine Tochter. Diese Tochter ist fünf Jahre alt. Die Mutter möchte nun, dass dieses Kind zu Moses kommt, da sie einen neuen Partner hat.« Janne nimmt einen Schluck Bier und ich auch. Das verspricht, spannend zu werden. Mehr Knusperstangen sind nötig.

»Ich dachte, nun ist es vorbei. Er kann nicht ernsthaft eine fremde Frau und sein Kind in seinem Leben haben wollen. Aber ich habe ihn unterschätzt. In seinem Leben und seinem Herz ist genug Raum. Aber nun kommt das Problem: Moses ist aus dem Senegal nach Frankreich gekommen und er möchte seiner Muriel alles zeigen, bevor diese schulpflichtig wird.«

»Was heißt denn alles?«, fragt Björn heiser.

»Wir wollen mit dem Bus nach Frankreich und dann vielleicht übersetzen und eine Weile durch Afrika fahren.«

»Uh«, sage ich. »Das ist teuer, oder?«

»Moses hat Geld.« Sie erklärt das nicht weiter. Ist es wichtig? Nein.

Ich denke aber dennoch, dass das schon ein seltsamer Zufall ist. Ich möchte alles wissen, gleichzeitig möchte ich auch, dass es ein Rosamunde Pilcher-Roman wird. Oder eher ein Tanja Blixen, oder was weiß ich. Ich sehe sofort einen Moses Jannes Haare waschen. Auf einer Holzveranda, ganz liebevoll, die Kopfhaut massierend und mit einer tiefen dunklen Stimme Gospels brummend. Ich möchte vor allem, dass das wahr ist und gut geht.

»Er möchte mich dabeihaben. Er würde dir den Bus abkaufen, Björn. Er – wir machen dir wirklich einen guten Preis.«

Björn winkt ab, aber Janne ist streng. »Doch, doch. Was anderes kommt nicht in Frage. Oder willst du ihn etwa auf jeden Fall behalten? Auch wenn ich dir sage, dass es nichts mit *Janne-Tours* wird?«

Björn schließt die Augen und atmet tief. Dann schaut er mich an und ich nicke.

»Janne, wir wollten dir auch sagen, dass es von unserer Seite aus nix wird mit *Janne-Tours*.«

Jannes Erleichterung ist spürbar. »Aber warum?«, fragt sie dann sofort misstrauisch.

Björn knibbelt am Etikett der Bierflasche. »Wir wollen erst unser Studium beenden. Und das braucht mehr von uns als nur mal eben nebenher zur Uni gehen. Und wir wollen das Zeitarbeiten aufhören.«

»Hast du geerbt?«, fragt Janne ironisch.

»Ja«, sagt Björn und ich muss kichern. Janne schaut mich an.

»Ehrlich«, sage ich. »Björn ist steinreich. Glaub ich. Ich hab seinen Kontostand noch nicht gesehen.«

»Da gibt es auch nichts zu sehen. Das sind Aktien und Anlagen und ...«

»Also habt ihr kein Problem?«

»Null.« Björn hebt die Flasche.

»Null«, sage ich und hebe meine Flasche.

Janne weint. Ich muss jetzt auch weinen. Björn seufzt. »Was wird das hier?«

»Der Beginn einer wunderbaren Freundschaft?«, frage ich und stehe auf. »Lasst uns umarmen und das Baby begraben. Wir brauchen ein Trankopfer und Gesang.«

Es gab alles und dies mehrfach, wenn auch nicht in der gleichen Reihenfolge.

»Ich bin schon ein bisschen traurig«, sagt Janne irgendwann.

»Ich hätte gerne ein paar Butter- und Margarinefahrten gemacht«, sage ich.

»Ich werde Jannes Gebäck vermissen. Ich hätte dir auch eine Bäckerei geschenkt.« Björn ist ein bisschen betrunken und größenwahnsinnig.

»Ich möchte, dass ihr Moses kennenlernt«, sagt Janne. »Aber erst morgen.«

Ich weiß nicht, wie es anderen geht, aber Freundschaft ist ein gutes und warmes Gefühl. Es ist das Wissen, dass der andere bei seinen Entscheidungen an dein Wohl denkt. Es ist aber auch das Wissen, dass es einen riesigen Dispositionskredit gibt. Auf beiden Seiten.

Natürlich werden wir Moses toll finden, er kann nur nett sein. Aber wie es mit uns weitergeht, das ist erstmal unklar. Darum fordere ich von dir, lieber Leser, jetzt einen Freundschaftsdienst: Stelle dir für uns eine herrliche Zukunft vor. Vielleicht konnten Björn, Janne und ich ja genug Kredit mit unserer Geschichte sammeln, dass du uns ein Happy End gönnst.

Wer weiß? Bis bald vielleicht!

Nachwort

So ein Buch zu schreiben ist leicht. Dachte ich. Aber während die erste *Zeitarbeiterin* noch aus einem Spaß entstand und eigentlich nur Unsinn war, ist dieser zweite Teil schon ein bisschen mehr.

Er spiegelt viele meiner eigenen Erfahrungen wieder. Ich habe lange in dieser Mall gearbeitet und kenne sie gut. Mein Arbeitsplatz war zwar nur die Frittenbude, aber ich war dadurch fast ein Jahr lang fast jeden Tag dort. Die meisten Figuren sind erfunden, aber einige würden sich schon wiedererkennen.

Viel schwerer ist es allerdings, ein solches Buch in dieser Zeit zu schreiben. Corona habe ich komplett ausgeblendet. Nein, es geht um etwas anderes: Ich möchte jetzt nicht rumfaseln, dass die neue Achtsamkeit blöd ist. Ich finde den Schutz von Minderheiten furchtbar wichtig. Ich verliere keinen Zacken meiner Krone (haha), wenn ich Rücksicht nehme, wenn ich gendere oder versuche, niemanden zu *shamen*, also zu beschämen.

Aber im Buch ... da ist es halt wichtig, mit Stereotypen zu arbeiten. Ein Mann im Jagd-Outfit, der gerne angelt, und seine dominante Frau ... nun, da hat jede sofort ihr Bild im Kopf und damit arbeite ich ja. Natürlich kommen er und sie erstmal nicht gut weg. Natürlich muss ich über seinen Körper, die Art zu sprechen und die Themen reden. Ich muss sie erwähnen und betreibe damit eigentlich schon *shaming*. Oder? Ist es nicht unvermeidlich? Funktionieren wir nicht so? Assoziieren wir nicht mit Namen und Typen sofort gewisse Verhaltensweisen?

Ja, denn das ist dem Menschen inhärent. Das ist uns eingebaut, wie die Angst vor Spinnen und Schlangen. Wir können es überwinden, aber es hatte zunächst ja einen guten Grund. Andere Menschen einzuschätzen, und zwar innerhalb von Sekunden, ist ein Überlebensmechanismus. Nun kämpfen wir aber meistens nicht mehr um unser Überleben. Darum können wir differenzierter gucken. Bewusster werden, uns lösen von Dingen, die uns teilweise immer noch anerzogen sind, z. B. Sonntagskleidung.

Ich plädiere dafür, dass wir das tun, und arbeite da auch stark an mir.

Es wäre aber unendlich mühsam, wenn man ein solches Buch schreibt, solche Stereotypen nicht zu nutzen. Vor allem, wenn Komik erzeugt werden soll.

Komik ist so eine Grauzone.

Man kann quasi nicht komisch sein, ohne Stereotype zu bedienen. Vielleicht können das große Künstler, ich nicht. Aber das soll keine Entschuldigung sein. Ich versuchte nämlich, jeder seltsamen Person in diesem Buch dennoch eine Seele zu geben. Eine Nettigkeit. Etwas, damit man merkt: Das sind nur Menschen und ich habe sie lieb. Ja, sicher, ich mache mich über sie lustig, aber nur, weil ich damit am Ende brechen will. Um zu zeigen, dass ich sie dennoch ernst nehme.

Falls mir das nicht immer gelungen ist, bitte ich um Entschuldigung.

Ich danke jedenfalls meinem Verleger Holger Kliemannel, weil ich weiß, dass ihm das alles völlig egal ist. Er hat einfach Vertrauen zu mir. Wunderbar.

Ich danke wie immer Dorothe Reimann für ihre unerschütterliche Treue auf allen Ebenen.

Und meinem Mann und meinem Kinde.

Ich danke meinen Patreons, die mir Freiheit geben, und den Leuten, die sich immer freuen, wenn ich was Witziges poste. Ihr seid der Wind unter meinen Flügeln.

Die Autorin

Anja Bagus, aktuell ein halbes Jahrhundert auf der Welt. Sie lebt im schönen Essen mit Hund, Katz, Mann und Kind. Seit einigen Jahren schreibt sie fast ununterbrochen. Am liebsten in der Ætherwelt, der von ihr erfundenen alternativen Welt des Jahres 1910. Wenn sie nicht schreibt, ist sie sicher unterwegs und verkauft Bücher.

Und wenn sie beides nicht tut, dann ist sie auf Facebook hängengeblieben. Dort wurde auch das *Amt für Ætherangelegenheiten* gegründet, welches inzwischen ein Eigenleben begonnen hat. In ihrem Webshop gibt es Merchandise zu den Büchern, für alle, die noch tiefer in den Æther eintauchen wollen.

www.anja-bagus.de

Der Auftakt der Ætherwelt-Romane; der Einstieg in eine grandiose Saga!

Seit der Jahrhundertwende steigt grüner Nebel über den Flüssen auf.
Æther ist für die Industrie ein Segen, für die Menschen ein Fluch.
Luftschiffe erobern den Himmel, Monster bevölkern die Auen.

Wir schreiben das Jahr 1910: Im mondänen Baden-Baden scheint die Welt noch in Ordnung. Doch während die Kurgäste aus aller Welt durch die Alleen und den Kurpark flanieren, sterben junge Frauen an einer mysteriösen Vergiftung. Das Fräulein Annabelle Rosenherz versucht die Ursache herauszufinden und gerät dabei selbst in große Gefahr, denn sie hat schon lange ein Geheimnis.

Das *Amt für Ætherangelegenheiten* wird gegründet, um die Forschung über die Auswirkungen des Æthers zu bündeln. Aber die Menschen im Kaiserreich wollen immer noch nicht wahrhaben, dass die Welt sich unwiderruflich verändert hat.

Entdecken Sie die Ætherwelt: Steampunk aus Deutschland

Die Fortsetzung der Ætherwelt-Reihe;
Hier gibt Naturgeister, geheimnisvolle Apparate und religiöse Fanatiker!

Hochschwarzwald 1912 Die adlige Witwe Minerva hat die Nase voll davon, weiterhin Gesellschafterin ihrer Mutter zu sein. Der Unternehmer Falk Bischoff will eine Glashütte kaufen, doch der Glasmachermeister wurde ermordet und seine wertvolle Forschung ist verschwunden. Ein preußischer Hauptmann folgt den unheilvollen Visionen einer Hexe. Seine Mission: einen drohenden Krieg verhindern.

Sie alle müssen feststellen, dass der Æther rund um den mysteriösen Glasberg vieles verändert hat. Als in der Silvesternacht uralte Mächte erwachen, müssen sich alle entscheiden, auf welcher Seite sie stehen.

Wenn Euch das Buch gefallen hat, besucht unsere Präsenzen im Netz und folgt uns auf den sozialen Medien:

roterdrache.org

www.roterdrache.org/catalog

editionroterdrache

Verlag.EditionRoterDrache

Edition Roter Drache

@EditRoterDrache

RoterDrache2006

Die Edition Roter Drache ist Fördermitglied im
Phantastik-Autoren-Netzwerk e.V.

www.phantastik-autoren.net